LA MACEDOINE

HISTOIRE • MONUMENTS • MUSEES

Editeurs:
Georges A. Christopoulos, Jean C. Bastias

Direction de l'édition: Myrto Stavropoulou
Direction artistique: Tonia Kotsoni
Traduction: Paola Staraki, Jeanne Tesson
Révision: Evi Atzémi
Secrétariat: Anna Carapanou, Maria Léventopoulou
Recherche iconographique: Evi Atzémi, Anna Carapanou
Cartes: Tonia Kotsoni (historiques),
          "CHARTOGRAPHICA HELLENICA" G.D. Tsopélas (modernes)
Cartes topographiques et plans archéologiques: EIKONOTYPO S.A.
Photographies: Sotiris Chaïdéménos, Dimitris Bénétos, Yannis Krikis, Pantélis Magoulas
Procédé couleurs: F. Sakellariou – P. Mougios S.A.R.L.
Photocomposition: G. Athanasiou
Imprimé et relié en Grèce par EKDOTIKE HELLADOS S.A.

Le texte relatif à l'idiome macédonien et à sa place dans la
langue grecque est dû à Madame Anna Panayotou,
Professeur de Linguistique à l'Université de Chypre.

LA MACEDOINE

HISTOIRE • MONUMENTS • MUSEES

IOANNIS TOURATSOGLOU

Ephore des antiquités

EKDOTIKE ATHENON S.A.
Athènes 1998

ISBN 960 - 213 - 328 - 7
Copyright © 1996
by EKDOTIKE ATHENON S.A.
1, Vissarionos St., Athens 106 72
Greece

TABLE DES MATIERES

Préface

Le Guide intitulé *La Macédoine*, oeuvre de Ioannis Touratsoglou, éphore des antiquités, nous invite à un itinéraire à travers la terre grecque de Macédoine, son histoire et ses monuments. Grâce à ses beautés naturelles et à sa richesse monumentale, la Macédoine est un lieu privilégié pour le voyage et réserve au visiteur quantité d'émotions et de découvertes. Contrée aux multiples visages, la Macédoine ne le décevra à aucun moment.

La Macédoine occupe dans toute l'histoire de l'hellénisme une place privilégiée. Selon le mot de l'historien Polybe, cette région fut dans l'antiquité le "rempart" qui protégea la Grèce des invasions venues du Nord et permit à la culture classique de se développer dans l'Hellade méridionale. C'est également la Macédoine antique qui présida à l'unification politique du monde grec antique, sous la houlette du roi Philippe, ce qui allait permettre à son fils Alexandre, le grand stratège à la tête des Macédoniens et des autres Grecs, de conquérir en moins d'une dizaine d'années l'ensemble du monde connu et de répandre l'éducation et l'esprit grecs jusqu'aux confins de l'oekoumène. Enfin, Alexandre et les Macédoniens répandirent les valeurs humaines qui étaient nées et avaient fleuri dans le monde grec; ils furent aussi à l'origine de cet esprit d'oecuménisme et d'unité spirituelle qui allait préparer la diffusion du christianisme. Lorsqu'ils arriveront en Macédoine, les Romains rencontreront cette nouvelle manière de penser, de vivre et de créer, ces nouvelles tendances artistiques qui avaient été cimentées en Méditerranée orientale et avec lesquelles ils avaient déjà eu l'occasion de se familiariser au contact de la Grande Grèce et de la Sicile.

Les riches trouvailles des dernières fouilles archéologiques entreprises en Macédoine indiquent en outre "qu'au IVème siècle av. J.-C., s'étaient opérées, au nord du monde grec, la synthèse entre les tendances artistiques des divers ateliers du monde grec et la cristallisation des formes de l'art grec, notamment en matière de peinture et d'architecture. Ce rayonnement artistique de la Macédoine contribua à modeler le caractère de l'art romain: les réalisations artistiques nées au IVème siècle av.J.-C. en Macédoine devinrent ses modèles. Que l'on songe par exemple, dans le domaine de la peinture, aux parentés entre les fresques ornant les tombes macédoniennes ou certaines stèles macédoniennes peintes et les peintures murales romaines ou encore, dans le domaine de l'architecture, aux correspondances entre la maison macédonienne et le style pompéien de la villa. Par la suite, Rome parachèvera l'oeuvre des Macédoniens en léguant à l'Occident l'héritage grec".

Le visiteur qui arpente aujourd'hui les salles du Musée archéologique de Thessalonique et des sites comme ceux de Pella, Dion, Amphipolis, Olynthe et surtout Vergina avec ses superbes tombes royales, aura l'occasion de redécouvrir l'impressionnante culture de la Macédoine antique.

La Macédoine romaine et byzantine n'a rien à envier à la Macédoine antique. Thessalonique, capitale avec Constantinople de l'Empire byzantin et l'une des plus grandes métropoles médiévales européennes, foisonne de témoignages de l'architecture et de l'art byzantins, venus s'ajouter aux imposants édifices publics datant de la période romaine. Mais l'art fleurit également dans d'autres centres urbains tels Kastoria ou Béroia. Toutefois, la perle de l'art byzantin est incontestablement l'Etat monastique du Mont Athos qui reste aujourd'hui encore une vivante Byzance.

La Macédoine moderne s'enorgueillit, quant à elle, de magnifiques demeures patriciennes (*archontika*) édifiées, du temps de la domination turque, par les commerçants de Siatista, Kozani, Kastoria et Béroia et vient rappeler au visiteur le souvenir des luttes menées par les Grecs de Macédoine pour leur libération.

Nous souhaitons que ce guide succint permette au voyageur de s'initier à l'histoire de cette terre antique, l'aide à mieux comprendre le message culturel dont elle est porteuse et l'incite à aimer cette région comme elle le mérite.

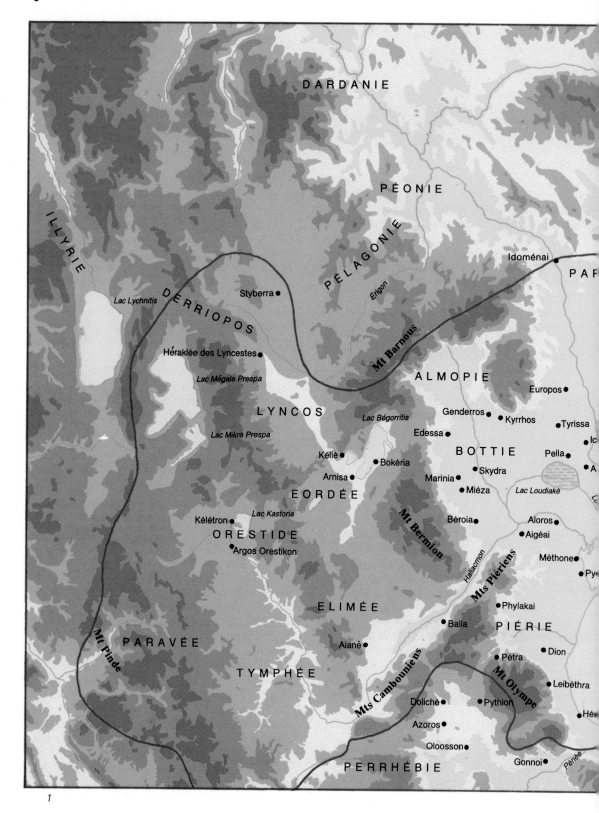

DARDANIE

PÉONIE

PÉLAGONIE

ILLYRIE

DERRIOPOS

Lac Lychnitis

Styberra

Érigon

Idoménai

PAR

Mt Barnous

Héraklée des Lyncestes

Lac Mégale Prespa

ALMOPIE

Europos

Genderros • Kyrrhos

LYNCOS

Lac Bégorritis

Tyrissa

Lac Mikrè Prespa

Edessa

Ic

BOTTIE

Pella

Kéllè

Bokéria

Skydra

A

Arnisa

Marinia

Miéza

Lac Loudiakè

EORDÉE

Mt Bermion

Béroia

Aloros

Kélétron

Lac Kastoria

Aigéai

ORESTIDE

Argos Orestikon

Méthone

Py

Mts Piériens

Haliacmon

ELIMÉE

Phylakai

PARAVÉE

Balla

PIÉRIE

Mt Pinde

Aianè

Dion

Pétra

TYMPHÉE

Mts Cambouniens

Leibéthra

Mt Olympe

Doliché

Pythion

Hé

Azoros

Oloosson

PERRHÉBIE

Gonnoi

Pénée

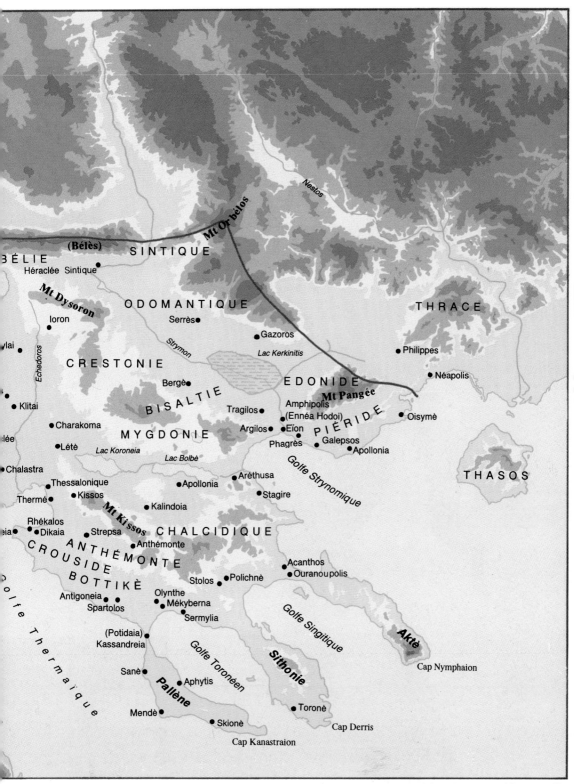

1. Carte physique de la Macédoine: les deux plaines centrales, la Bottie et la Piérie; les fleuves qui les traversent et les montagnes qui les entourent, ainsi que les limites de la Macédoine avant la conquête romaine, indiquées d'une ligne rouge.

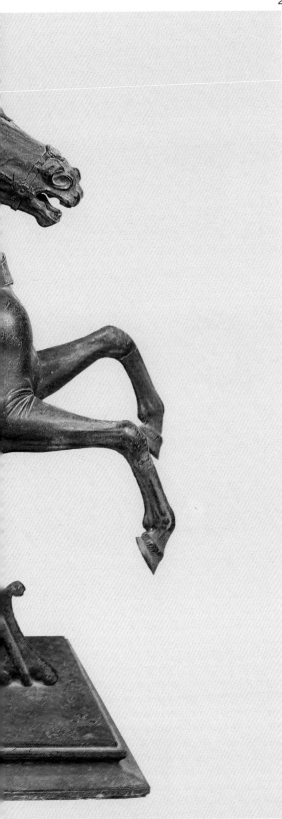

APERCU HISTORIQUE

La Macédoine, qui occupe la plus grande partie du territoire de la Grèce du Nord, apparaît dans l'histoire dès le Vème siècle av. J.-C., comme une unité géographique et politique s'étendant du fleuve Haliacmon et du mont Olympe jusqu'aux rives du Strymon. Au IVème siècle av. J.-C., elle parviendra jusqu'aux rives du Nestos. Mais l'histoire des Macédoniens remonte au début du VIIème siècle av. J.-C. Ce peuple grec, alors établi dans l'Orestide parvint, après avoir repoussé les Thraces et combattu les Illyriens, à conquérir peu à peu l'Eordée, la Bottie, la Piérie et l'Almopie et finit par s'établir définitivement sur ce territoire que Thucydide nomme la "Basse Macédoine" ou "Macédoine maritime".

La préhistoire

Avec ses montagnes élevées, ses rivières au débit abondant, ses lacs, ses plaines fertiles, la région de Macédoine fait son apparition dans le domaine culturel dès la haute époque néolithique (Néa Nikomédeia, aux environs de Yanitsa). Mais c'est surtout à la fin du Vème millénaire av. J.-C. (fin du néolithique moyen) que le nombre sans cesse croissant d'habitats dans toute la Macédoine, et principalement en Macédoine centrale et orientale, témoigne d'une étonnante mobilité et d'un formidable dynamisme. Ces habitats connaîtront une prospérité jusqu'au début de l'âge du bronze, autrement dit jusqu'aux débuts du 3ème millénaire av. J.-C. Généralement installés dans les plaines, ils se composent de maisons de plan rectangulaire ou carré, dont les murs sont tantôt étayés par des pieux, tantôt reposent sur des fondations de pierres.

L'élevage —essentiellement élevage de moutons et de chèvres— constitue un des principaux

2. Alexandre le Grand fit des funérailles particulièrement grandioses à ses compatriotes morts à la bataille du Granique. A ses vingt-cinq compagnons tombés sur le champ de bataille, il veilla à assurer une renommée posthume en commandant au grand sculpteur Lysippe vingt-cinq statues équestres en bronze. Il éleva cet ensemble, auquel il ajouta sa propre effigie, dans la ville sacrée des Macédoniens: Dion. La figure ci-dessus reproduit une statuette en bronze d'Alexandre monté sur son cheval Bucéphale, réplique de l'original de Lysippe. Florence, Musée archéologique.

facteurs de développement. Il va de soi que ce n'est pas la seule activité des habitants de cette région qui pratiquent notamment la chasse et la pêche. L'amélioration de la qualité de la nourriture atteste, par ailleurs, une polyculture: cultures des céréales (blé) et de la vigne, entretien des oliveraies. On voit aussi se multiplier les échanges de biens culturels (bijoux, céramique de qualité) qui semblent davantage correspondre à une volonté de prestige qu'à un désir de développer les relations commerciales.

L'âge du bronze est marqué, en Macédoine, par une régression du nombre d'habitats, phénomène qui traduit soit une diminution de la population, soit un développement des noyaux centraux au dépens des habitats moins étendus, situés à la périphérie. Un grand nombre de maisons, dont les murs sont étayés par des pieux, se terminent par une abside sur l'un de leurs petits côtés et comprennent souvent deux espaces séparés, l'un destiné à l'habitation, l'autre à la production des aliments. Par ailleurs, certains de ces habitats sont dotés d'un réseau routier encore très primitif.

La viande de boeuf ou de mouton et de chèvre constituent, avec les légumes et les céréales (blé, orge), l'essentiel de la nourriture quotidienne des habitants de la Macédoine qui se mettent à fabriquer des ustensiles de bronze dont ils se servent en alternance avec l'outillage de pierre.

La céramique, d'une qualité remarquable, généralement monochrome, présente des affinités indéniables avec la céramique d'Europe centrale,

6

3. Figurine féminine en terre cuite provenant de Néa Nikomédeia. Début du néolithique (vers 6000 av. J.-C.). Béroia, Musée archéologique.

4. Vase peint provenant de Servia. Milieu du néolithique (vers 4500 av. J.-C.). Florina, Musée archéologique.

5. Vase à décor incisé provenant de Tsaousitsa. Fin de l'âge du bronze (1500-1050 av. J.-C.). Thessalonique, Musée archéologique.

6. Masque funéraire en or et casque en bronze de type "illyrien", provenant d'une tombe de Sindos. Environ 520 av. J.-C. Thessalonique, Musée archéologique.

celle des contrées voisines – l'Epire et la Thessalie– et celle de l'Egée du nord-est. Avec le temps, elle s'autonomise et acquiert une identité propre même si elle subit l'influence des chefs-d'oeuvre de la céramique mycénienne, au cours des derniers siècles de l'âge du bronze.

L'exploitation intensive de la terre et la densité sans cesse croissante des habitats, qui désormais choisissent le versant des montagnes pour s'y implanter, témoignent de l'existence d'une hiérarchie et d'un pouvoir central. Les différences dans les modes d'inhumation indiquent que la société était articulée en clans familiaux (génos).

La transition entre la fin de l'âge de bronze et le début de l'âge du fer, encore mal délimitée, se caractérise par des couches très nettes de des-

truction ou d'abandon des habitats. Généralement les constructions présentent des fondations en pierres et des murs étayés par des pieux. Les défunts étaient inhumés en fonction du clan auquel ils appartenaient dans des nécropoles à *tumuli*. Chaque *tumulus* recouvrait tantôt de simples inhumations à même la terre ou dans des vases en terre cuite, tantôt un groupe de tombes à cistes.

Ce type d'inhumation constitue l'un des traits les plus saillants de cette époque qui se définit, par ailleurs, par l'apparition de motifs décoratifs protogéométriques dans la céramique locale (Vergina, Macédoine occidentale), l'usage abondant d'objets en bronze –bijoux surtout–, le choix d'emplacements plus vastes pour les habitats et l'exploitation des gisements de fer pour la fabrication des armes.

L'époque géométrique et l'époque archaïque

Du Xème au VIIIème siècle av. J.-C., la Macédoine est quelque peu isolée surtout parce que les voies commerciales Nord-Sud sont provisoirement délaissées. Mais très rapidement la région parvient à sortir de son isolement et, à l'époque archaïque, elle joue même le rôle de terre promise pour des centaines de colons, originaires des villes de la Grèce méridionale, qui parviennent sur les côtes égéennes. Ils fondent les colonies de Méthone, Sanè, Skionè, Potidée, Acanthos et un grand nombre de villes portuaires sur les côtes de la Piérie et de la Chalcidique.

Séparée du reste du monde helladique par la grande chaîne, au sud, à laquelle appartiennent le mont Ossa, l'Olympe et les monts Cambouniens au sud, par le massif du Pinde à l'ouest, par les deux grands fleuves, le Strymon et le Nestos à l'est et enfin, par les monts Orbélos, Ménoikion, Kerkinè, Boras et Barnous au nord, la Macédoine est néanmoins comprise dans les remparts de l'hellénisme, et jusqu'au VIème siècle av. J.-C. tirera parti de l'enseignement de l'épopée homérique.

Etat d'un type particulier, la Macédoine est plutôt une sorte de fédération de tribus autonomes (les Orestes, les Elimiotes, les Lyncestes) regroupées autour d'un pouvoir central, une royauté puissante mais démocratique. La société qui y vit se compose de pâtres et d'agriculteurs qui sont de taille à protéger leurs terres contre toute agression étrangère. L'évolution au fil des siècles fera de cet Etat une puissance au rayonnement mondial, du moins à l'échelle de l'époque.

Vivant initialement en autarcie parce qu'elle a la chance de disposer de denrées de première nécessité (bois, céréales, gibier, pêche, élevage, minerais), la Macédoine écoulera très rapidement ses produits vers d'autres Etats grecs moins favorisés par la nature, où elle imposera son monopole. Mais en même temps, elle acquerra des visées expansionnistes, dictées notamment par des intérêts économiques. Ce pays, qui à l'origine est essentiellement tourné vers l'intérieur, a des coutumes et des traditions conservatrices, présente une structure sociale et une organisation politique d'un archaïsme prononcé et use d'un dialecte dorique qui lui est propre, prendra les rênes de l'esprit grec antique au moment où la cité-Etat s'acheminera vers son déclin (IVème siècle av. J.-C.). Grâce à son formidable don d'adaptation face aux exigences des temps et à sa remarquable faculté d'assimiler les réussites du passé, grâce aussi à sa propension à créer et son aplomb devant les problèmes de l'avenir, elle se métamorphosera, en un temps record, en protagoniste, ouvrant des voies nouvelles à l'hellénisme, prêt à s'implanter sur les trois continents.

7-8. Bijoux macédoniens en bronze (pendentifs) d'époque géométrique. Kilkis, Musée archéologique.

7

8

La langue

Si l'on en croit le témoignage d'Hérodote, les Macédoniens étaient une tribu dorienne: (Le peuple dorien) "habitait le Pinde en s'appelant makednon (macédonien); quand il vint de là dans le Péloponnèse, il fut appelé dorien". (I, 56) Et ailleurs (VII, 43), il note: "Ceux-ci (à savoir les Lacédémoniens, les Corinthiens, les Sicyoniens etc.) étant –à l'exception des Hermioniens– de race dorienne et makedne (c'est-à-dire grande et svelte), venus en dernier lieu d'Erinéos, de Pinde et de Dryopide..." Nation dorienne donc, qui s'installa peu à peu à l'est du Pinde et bien au-delà de la chaîne montagneuse, occupant des régions où vivaient d'autres tribus, qu'elles fussent grecques ou non.

Pendant plusieurs siècles, la Macédoine resta en marge du monde grec: la vie pastorale nomade y dominait, du moins dans les montagnes. L'instruction était réservée, dans le meilleur des cas, à quelques cercles aristocratiques et à l'élite qui gravitait autour d'eux. A l'époque archaïque, il ne faut donc compter découvrir aucun texte écrit. Dans le reste du monde grec, l'écriture est liée à la structure et au mode de vie urbains: elle sert essentiellement à la codification du droit au sens large. Mais sous un régime monarchique comme celui qui prévaut en Macédoine, et de surcroît chez un peuple nomade, l'absence de documents officiels n'a rien de très étonnant.

Mais l'évolution du contexte socio-économique (sédentarisation, intensification des liens économiques et culturels avec le reste du monde grec) rend bientôt indispensable l'usage de l'écriture vers la fin du VIème siècle av.J.-C., notam-

9

10

11

9. Base de kylix d'époque classique, provenant de Polychrono (Chalcidique). La face externe de la base porte l'inscription ΦΕΡΕΚΡΑ(ΤΗΣ), vraisemblablement le nom du propriétaire du vase. Thessalonique, Musée archéologique.

10. Base de skyphos gravé, à l'extérieur, du nom ΠΥΡΟΣ. Thessalonique, Musée archéologique.

11. Vase à vernis noir d'époque classique, provenant de l'antique Edessa. Sur la base, le nom gravé: ΙΠΠΟΜΑΧΑΣ. Edessa, Musée archéologique.

12

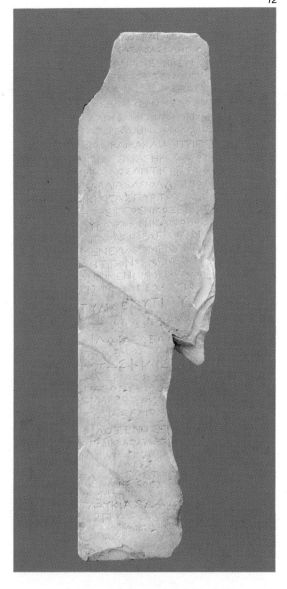

[Ἀγαθά]νωρ Ἀγάθων[ος]
[ἱερατε]ύσας<ας> Ἀσκληπιῶι,
[Ἀπόλλ]ωνι ἀνέθηκεν.
[Οἵδε] ἱερεῖς ἐγένοντο
[ἀφ' ο]ὖ βασιλεὺς Ἀλέξαν-
δρος ἔδωκε Μακεδόσι
Καλίνδοια καὶ τὰ χωρία
τὰ περὶ Καλίνδοια Θαμισ-
κίαν, Καμακαίαν, Τριπο-
ᾶτιν· Σίβρας Ἡροδώρου,
Τρωΐλος Ἀντιγόνου,
Καλλίας Ἀπολλωνίου,
Ἱκκότας Γύρτου,
Ἡγήσιππος Νικοξένου,
Λυκοῦργος Νικάνορος,
Ἀγαθάνωρ Ἀγάθωνο[ς],
Μενέλαος Μενάνδ[ρου],
Ἀντίγονος Μενάνδρ[ου],
Ἀντιμένων Μενάνδρ[ου],
Κράτιππος Εὐρυτίο[υ],
Γῦλις Εὐ(ρ)υτίου,
Κανουν Ἀσσα[.]μίκου,
Κερτίμμας Κρίθωνο[ς],
Φιλώτας Λεων[ίδου],
Πτολέμμας Μ[.....],
Μύας Φιλίσ[κου vel-του]],
Ἀμερίας Κυδ[ία],
Πάσων Σκύθ[ου],
Φίλαγρος Μενά[νδρου],
Γυδίας Κρίθων[ος],
Φιλόξενος Ε[- - -],
Περδίκκας Ἀμμα[- - -],
Νικάνωρ Νικά[νορος],
Νικάνωρ Κρ[ίθωνος?],
Γαδδῦς Ἀστί[ωνος?],
Ἀντιφάνης Σώσ[- - - -],
Παρμενίων Ἀ[- - - -],
Γλαυκίας Δαβρ[εία],
Ἄρπαλος Φα[- - -].

ment pour les relations diplomatiques. Le dialecte local qui, pour autant que nous puissions en
juger, appartenait au groupe des parlers dits du
Nord-Ouest comme le phocidien ou les dialectes
de Locride n'avait aucune tradition écrite, littéraire ou autre. Le développement de l'instruction
se fit donc au détriment du parler macédonien:
c'est l'attique qui fut choisi comme langue de
l'enseignement alors que le dialecte macédonien
vint se fondre dans la langue écrite, la langue
commune, la "koinè"; jamais ou quasiment jamais
écrit, il fut cantonné à la langue parlée et aux
échanges entre Macédoniens. Si l'on en croit les
témoignages historiques, dès l'époque d'Alexandre le Grand, le parler macédonien avait per-

du du terrain au profit de la "koinè" même dans la
langue orale et rien ne nous permet d'affirmer
qu'il était encore parlé au début de notre ère.
Seul son souvenir se perpétue dans les patronymes jusqu'au IVème siècle ap. J.-C.

En dépit du peu d'éléments du macédonien
conservés, il n'y a aucun doute que nous avons
affaire à un dialecte grec. C'est ce qui ressort de
diverses indications mais aussi de phénomènes
linguistiques qui colorent la "koinè" de la région.
Ces formes qui n'appartiennent pas à la langue attique ne peuvent provenir que d'un dialecte grec.

Ainsi, dans leur écrasante majorité, les noms
les plus anciens, dynastiques ou non, sont des
noms grecs, formés sur des racines grecques et

13

12. Stèle funéraire inscrite, connue sous le nom de "Inscription de Kalindoia", provenant de Kalamoto, près de Zanglivéri. Deuxième moitié du IVème siècle av. J.-C. Elle nous livre la liste des prêtres d'Asclépios et d'Apollon, qui étaient aussi, croit-on, les personnages les plus illustres de la ville. L'enregistrement des premiers noms sur cette liste date vraisemblablement de l'époque où Alexandre le Grand réédifia Kalindoia. Pour fonder cette nouvelle ville de Macédoine, il céda à des colons macédoniens les domaines royaux qu'il possédait dans la région.

13. Une des stèles funéraires que nous a livrées le remblai de la Grande Toumba de Vergina. Elle porte le nom des défunts: Xénocratès et Drykalos, fils de Piérion. Drykalos et Piérion sont des noms typiquement macédoniens. Thessalonique, Musée archéologique.

suivent la flexion grecque: Hadista, Philista, Sostrata, Philotas, Perdiccas, Machatas, pour ne citer que ceux-là . D'une manière générale, les survivances du dialecte macédonien diffèrent radicalement de l'ionien, ce qui prouve bien qu'il n'y a pas eu hellénisation des premiers Macédoniens, comme l'avait soutenu Kärst: en effet, si tel avait été le cas, celle-ci n'aurait pu se faire qu'à partir des colonies grecques implantées sur le littoral macédonien où dominaient les Ioniens (cf. Beloch).

Le fait qu'à l'époque romaine et byzantine, les lexicographes et les grammairiens, pour interpréter des formes propres aux épopées homériques, utilisent des exemples empruntés au dialecte macédonien prouve bien que le parler ma-

cédonien –ou du moins ce qui en était conservé à l'époque– était un dialecte très archaïque, comportant des formes qui avaient disparu des autres dialectes grecs. On ne peut logiquement imaginer que ces lettrés aient pu comparer et commenter les épopées homériques dans une langue autre que grecque. Par ailleurs, le titre d'"hétairoi", ou compagnons du roi, désignant les cavaliers macédoniens, est attesté exclusivement chez Homère: le fait qu'il se soit conservé à l'époque historique uniquement chez les Macédoniens vient corroborer notre thèse.

Le rédacteur anonyme du "Grand Dictionnaire Etymologique", reprenant vraisemblablement à son compte une remarque de son prédécesseur,

14

6128

15

14. Inscription de Chalcidique. Deuxième moitié du IVème siècle av. J.-C. Thessalonique, Musée archéologique. Le texte se rapporte à l'établissement des frontières entre les Rhamaiens et les Paraipiens qui habitaient l'arrière-pays semi-montagneux de la Chalcidique, aux alentours de Cholomon, en prenant en compte les frontières naturelles (les fleuves: Ammitis et Manis; les collines et les montagnes: l'Hermaion), les toponymes (Heptadryon, Prinos, Lampyris, Makron Ergasimon, Leukè Pétra), les sanctuaires ruraux (d'Hermès, des Dioscures, d'Artémis), les sentiers, les routes et les champs privés (les champs d'Eugéon).

15. Tuile estampillée. On y lit le nom ΠΕΛΛΗΣ. Pella, Musée archéologique.

le grammairien Didyme, signale à l'entrée Aphrodite que "le B s'apparente au Φ: en effet, les Macédoniens appellent Philippe Βίλιππον, disent βαλακρόν pour φαλακρόν (chauve), Βρύγας pour Φρύγας et au lieu de φυσήτας (à propos des vents), ils disent βύκτας. Homère, quant à lui, désigne par l'épithète de βυκτάων les vents mugissants". Et l'on pourrait multiplier les remarques de ce type.

Aux noms masculins et féminins qui suivent en attique la flexion -ης et -η correspondent dans le dialecte macédonien des formes en -ας et -α: Alcétas, Amyntas, Hippotas, Glauka, Eurydika, Andromacha et quantité d'autres.

C'est le dialecte macédonien qui a légué à la "koinè" mais également à la langue néo-hellénique le génitif des substantifs masculins de la première déclinaison en -α: Kallia, Teleutia, Pausania là où l'attique présentait une désinence en -ου.

Le α se conserve en milieu de mots, comme dans les dialectes autres que le ionien-attique: Damostratos, Damon, et les noms composés sont formés à l'aide du suffixe -λαὸς (peuple) qui précède ou suit le thème: Archélaos, Pefkolaos, Laodikè, au lieu du -λεὼς que présente le ionien-attique.

La "koinè" suit en Macédoine, en dépit de son caractère conservateur ou de sa coloration dialectale, une évolution parallèle à celle qu'elle présente dans d'autres régions même si chronologiquement apparaissent des différences. Quoi qu'il en soit, à travers l'épigraphie macédonienne, on peut suivre toutes les étapes qui marquent l'évolution de la langue grecque dans son ensemble et plus particulièrement des idiomes septentrionaux.

L'époque classique

Si Hérodote et Thucydide qui connaissaient la généalogie de la dynastie des Argéades ou Téménides, plaçaient Perdiccas Ier à la tête de la famille, lui attribuant même la fondation de l'Etat (première moitié du VIIème siècle av. J.-C.), la tradition renvoie quant à elle à des rois bien antérieurs à ce souverain (Karanos, Koinos, Tyrimmas). Pourtant, ce n'est qu'après d'interminables conflits avec les Illyriens et les Thraces et une soumission provisoire à la domination perse (de 510 à 479 av. J.-C.) —correspondant à la période où le peuple macédonien se sédentarise en Basse Macédoine— que le pays acquiert son visage définitif et son originalité. Sous le règne du premier grand roi de Macédoine, Alexandre Ier, dit le Philhellène —parce qu'en informant à temps les Grecs du Sud, il contribua à l'écrasement des

forces perses de Xerxès et de son général Mardonios–, le royaume de Macédoine s'étendit, englobant les territoires situés à l'ouest de la plaine du bas-Strymon et la région d'Anthémonte. Cette extension territoriale fut économiquement profitable à la Macédoine: elle permit à Alexandre Ier d'exploiter les mines d'argent dans la région du lac Prasias (c'est à cette époque que sont frappées les premières monnaies macédoniennes) et d'unifier les petits royaumes macédoniens autonomes à l'ouest et au nord de la Macédoine, qui s'inclinèrent devant l'autorité suprême d'un Téménide. L'entrée de l'Etat macédonien dans l'histoire de la Grèce méridionale est scellée par l'invitation faite à Alexandre Ier par les *Hellanodices* (ou juges aux Jeux Olympiques) de prendre part aux Jeux Olympiques vraisemblablement en 496 av.J.-C., auxquels seuls des Grecs étaient habilités à concourir.

Perdiccas II, le fils aîné d'Alexandre Ier qui régna pendant une quarantaine d'années (de

16. *Octadrachme en argent d'Alexandre Ier, 495-452 av. J.-C. Paris, Bibliothèque Nationale - Cabinet des Médailles.*

17. *Le Royaume des Argéades vers la fin du VIème et la première moitié du Vème siècle av. J.-C.*

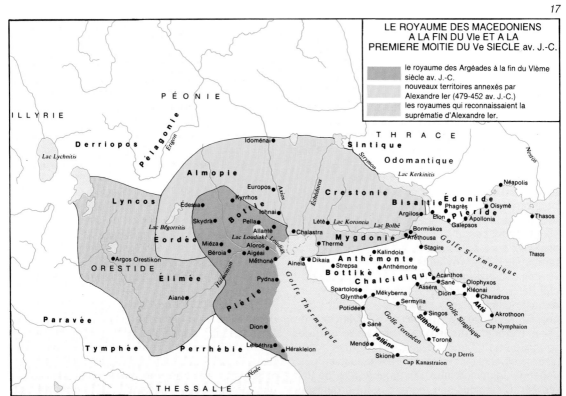

LE ROYAUME DES MACEDONIENS A LA FIN DU VIe ET A LA PREMIERE MOITIE DU Ve SIECLE av. J.-C.

le royaume des Argéades à la fin du VIème siècle av. J.-C.
nouveaux territoires annexés par Alexandre Ier (479-452 av. J.-C.)
les royaumes qui reconnaissaient la suprématie d'Alexandre Ier.

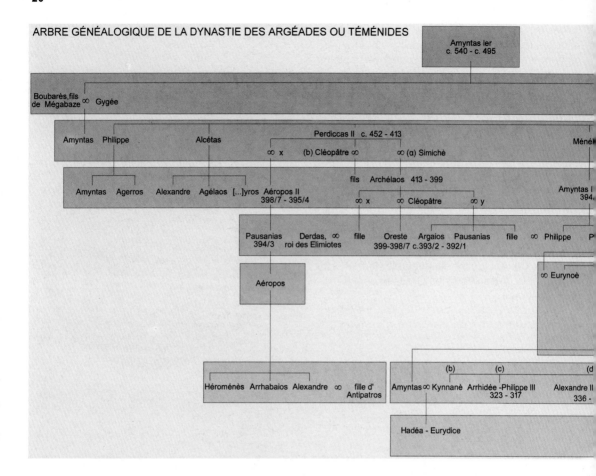

ARBRE GÉNÉALOGIQUE DE LA DYNASTIE DES ARGÉADES OU TÉMÉNIDES

Amyntas Ier
c. 540 - c. 495

Boubarès, fils
de Mégabaze ∞ Gygée

Amyntas Philippe   Alcétas   Perdiccas II c. 452 - 413   Ménél

∞ x   (b) Cléopâtre ∞   ∞ (a) Simichè

Amyntas Agerros Alexandre Agélaos [...]yros Aéropos II   fils   Archélaos 413 - 399   Amyntas I
                                398/7 - 395/4   ∞ x   ∞ Cléopâtre   ∞ y   394

Pausanias   Derdas, ∞   fille   Oreste Argaios Pausanias   fille ∞ Philippe
394/3   roi des Elimiotes   399-398/7 c.393/2 - 392/1

∞ Eurynoè

Aéropos

(b)   (c)   (d
Héroménès Arrhabaios Alexandre ∞ fille d'   Amyntas ∞ Kynnanè Arrhidée -Philippe III   Alexandre II
                        Antipatros   323 - 317   336 -

Hadéa - Eurydice

454 à 412/13 av. J.-C.) dut simultanément faire face à des querelles dynastiques et aux menaces que représentaient les tribus thraces, tout en restant vigilant face aux peuplades sujettes de Haute Macédoine, les Lyncestes et les Elimiotes. Il lui fallait en outre compter avec l'issue ambiguë de la Guerre du Péloponnèse qui, après avoir ébranlé le monde helladique pendant tout le Vème siècle, amenait jusqu'au coeur de son Etat tantôt les troupes athéniennes tantôt les troupes spartiates. Faisant passer avant tout les intérêts politiques de l'Etat, cet habile diplomate et brillant monarque, prompt dans ses décisions et souple dans ses alliances, fixa comme objectif essentiel à sa diplomatie de préserver l'intégrité territoriale de son royaume.

Les circonstances extérieures avaient empêché Perdiccas de réaliser à l'intérieur du pays un certain nombre de ses ambitions: c'est son successeur Archélaos, auquel les sources anciennes et les historiens modernes prêtent une grande sagacité et attribuent de vastes réformes administratives et militaires et une réorganisation des échanges commerciaux, qui se chargera de les réaliser. C'est sous son règne que fut organisée

la défense du pays, que se multiplièrent les contacts avec le Sud de la Grèce dans le domaine culturel et artistique et que furent jetées les bases du réseau routier. Ami des lettres et des arts, le roi invita dans le nouveau palais de Pella où il avait transféré la résidence princière précédemment installée à Aigéai, des poètes et des tragédiens dont le grand Euripide qui y rédigea deux de ses tragédies, *Archélaos* et *Les Bacchantes*. Il fit venir à sa cour d'illustres peintres –dont Zeuxis– et institua à Dion en Piérie –l'Olympie de la Macédoine– les "Olympia", une fête religieuse en l'honneur de Zeus Olympien et des Muses, comportant des concours musicaux et athlétiques. Lorsqu'il mourut assassiné en 399 av. J.-C., Archélaos avait réussi à faire de la Macédoine l'une des puissances grecques les plus importantes de l'époque.

Pendant la période d'une quarantaine d'années qui suivit la mort d'Archélaos, la Macédoine fut le théâtre de multiples conflits et de bouleversements: déjà déchiré par les querelles opposant une série de monarques au règne éphémère, le pays fut ravagé par les raids des Illyriens, occupé par les Chalcidiens et dut céder devant

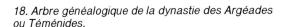

Alexandre Ier le Philhellène
c.495 - c.452

Amyntas

Arrhidée ∞ Cléopâtre

Amyntas III
394/3 - 370

Eurydice, fille de ∞   Gygée ∞
Sirrhas le Lynceste

II	Perdiccas III 368 - 360	Philipe II 360 - 336	Archélaos	Arrhidée	Ménélaos
		∞ (a) Phila, fille de Derdas, roi des Elimiotes ∞ (b) Audata-Eurydice, fille ou petite fille de Bardylis, roi des Illyriens ∞ (c) Philinna de Larisa ∞ (d) Olympias, fille de Néoptolème, roi des Molosses ∞ (e) Nikésipolis de Phères ∞ (f) Méda, fille de Kothélas des Gètes ∞ (g) Cléopâtre, fille d' Amyntas (?), nièce d' Attale			

	(e) 353	(e) 353	(g)
∞ Roxane Cléopâtre	∞ Alexandre, Thessalonique ∞ Cassandre Europe roi des Molosses 316 - 298		

ndre IV
- 308

18. Arbre généalogique de la dynastie des Argéades ou Téménides.

19. Statère d'Archélaos (413-399 av. J.-C.) avec une protomè de chèvre au revers. Londres, British Museum.

20. Tétradrachme d'argent de Philippe II. Le roi y est représenté en cavalier, coiffé de la "causia".

les exigences des Athéniens. Avec l'avènement d'Amyntas III, s'amorce un léger relèvement mais il faudra attendre l'arrivée sur le trône de Philippe II (en 359 av. J.-C.) pour que la Macédoine reprenne confiance et retrouve sa force d'antan. Grâce à ses capacités militaires et diplomatiques hors de pair, ce roi charismatique réussit à faire du pays insignifiant et marginal qu'était jusqu'alors la Macédoine un des Etats les plus puissants du monde égéen et prépara la campagne panhellénique de son fils en Orient. C'est sous son règne que s'amorça le passage du monde antique à l'hellénisme des trois continents. Au cours de son existence mouvementée, il sut à la fois stabiliser le pouvoir central et réorganiser l'ar-

mée, la dotant d'une souplesse et d'une efficacité sans précédent et donner un nouvel élan à des régions défavorisées grâce à des transferts de populations, tout en imposant la prépondérance de la Macédoine à l'extérieur de ses frontières face à l'institution de la cité-Etat alors en plein déclin.

Lorsqu'il meurt brutalement en 336 av. J.-C., assassiné dans le théâtre d'Aigéai, le jour du mariage de sa fille Cléopâtre avec un dénommé Alexandre, le jeune roi des Molosses, sa fulgurante carrière, dont l'ultime objectif était d'unir les Grecs pour tirer vengeance de l'invasion perse de 481-480 av. J.-C., est brisée. Mais la Macédoine qui contrôle déjà toute la péninsule de

21. Petite tête en ivoire de Philippe II. Elle faisait
partie, avec d'autres portraits, de la décoration en
ivoire du lit funéraire en bois de la grande tombe du
tumulus de Vergina. Thessalonique, Musée
archéologique.

22. Le royaume macédonien et les autres Etats
grecs, au moment de la mort de Philippe II, en
336 av. J.-C.

LE ROYAUME DE LA MACEDOINE
ET LES AUTRES ETATS GRECS
A LA MORT DE PHILIPPE II (336 av. J.-C.)

le royaume de la Macédoine et les régions qui
reconnaissaient le pouvoir central macédonien

la Thessalie, région liée à Philippe II

le royaume des Molosses, alliés de Philippe II

Etats-membres du Koinon des Grecs

Etats grecs neutres

24. Collier en or découvert dans une tombe féminine de Sindos. Dernier quart du VIème siècle av. J.-C. Thessalonique, Musée archéologique.

25. Pendants d'oreilles en or. Dernier quart du VIème siècle av. J.C. Thessalonique, Musée archéologique.

23. Vase plastique en terre cuite. Canthare attique décoré d'un visage en relief sur chaque face, provenant de la nécropole d'Acanthos, 480-470 av. J.-C. Thessalonique, Musée archéologique.

26. Pendants d'oreilles provenant de la région de Létè, près de Thessalonique. Vers 300 av. J.-C. Thessalonique, Musée archéologique.

23

24

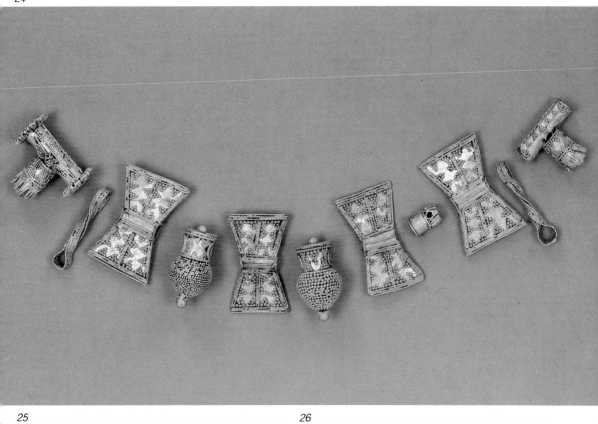

25

26

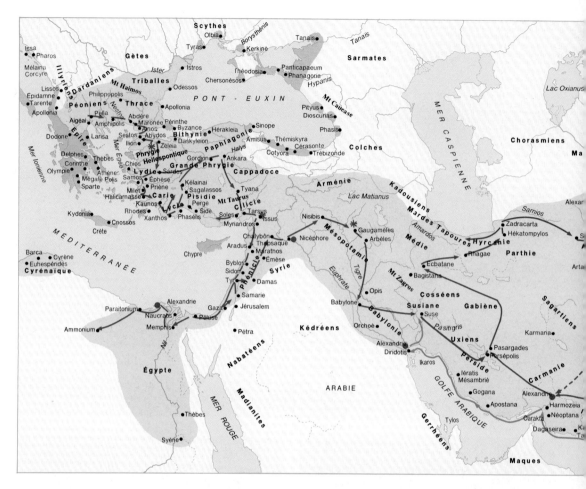

l'Haimos est prête à jouer son nouveau rôle.

La courte existence d'Alexandre, ce stratège et civilisateur de génie, qui fut à juste titre surnommé le Grand et vint rejoindre les dieux dans le Panthéon, est marquée par une succession d'événements politiques au retentissement considérable et de succès militaires à la portée universelle; pendant les quelques années que dura son règne, il réussit à régler des problèmes en suspens depuis des années, à mettre en place des programmes à long terme, bref à donner réalité en un temps record à ce qui restait avant lui du domaine du rêve. Si Alexandre a laissé derrière lui une série de victoires aux batailles du Granique (334 av. J.-C.), d'Issos (333 av. J.-C.), des Gaugamèles (331 av. J.-C.), et d'Alexandrie Nikaia (326 av. J.-C.), victoires qui lui permirent de défaire le puissant empire perse et les lointaines Indes, il est aussi le père de toutes les villes prospères portant son nom qui furent fondées jusqu'aux confins de l'oekoumène et devinrent de véritables foyers de rayonnement de l'esprit et de la culture grecs. Né dans l'audace et la passion,

fruit de recherches et de confrontations, le vigoureux hellénisme des Macédoniens apportera jusqu'aux limites du monde habité l'art humain, offrira la poésie à des peuples qui en sont encore à leurs premiers balbutiements et inculquera la pensée philosophique à une humanité encore au stade de l'enfance. Dans les bibliothèques qui sont fondées depuis le Nil jusqu'à l'Indus, dans les théâtres qui déploient leurs gradins sous les cieux de la Bactriane et de la Sogdiane, dans les gymnases et sur les agoras, Homère nourrira des cultures encore dans l'oeuf, Thucydide enseignera les règles de la science historique, les grands tragiques et Platon transmettront la mesure et la morale à des régimes tyranniques. On peut donc affirmer que la personnalité et l'oeuvre d'Alexandre ont changé la face du monde: en tranchant le "noeud gordien" avec le passé de la Grèce, son époque ouvre de nouveaux horizons qui pendant des siècles vont servir de modèle à quantité de princes, y compris Napoléon, et laisser leur empreinte dans l'évolution de l'humanité, en Orient comme en Occident.

L'ETAT D'ALEXANDRE LE GRAND

l'Etat d'Alexandre le Grand

autres Etats grecs alliés ou annexés par Alexandre le Grand

Etats grecs indépendants

progression d'Alexandre le Grand (printemps 334-printemps 324 av. J.-C.)

périple de Néarque

lieux de principales batailles

nouvelles villes fondées par Alexandre le Grand

27. Le royaume d'Alexandre le Grand.

L'époque hellénistique

Dans l'immense royaume instauré par les conquêtes d'Alexandre en Orient, la Macédoine resta le berceau des traditions et la mère-patrie, terre de départ et de retour où les vétérans aspiraient à rentrer un jour: ce sont eux qui, sous Philippe III et Cassandre, allaient édifier, à Pella mais sans doute aussi dans bien d'autres cités du Nord du monde helladique, de riches demeures aux sols recouverts de mosaïques et aux murs ornés de superbes fresques et construire à Leukadia (Miéza) d'imposants monuments funéraires. La période hellénistique est une époque de remise en question où triomphe l'individualisme, une époque inquiète pendant laquelle Grecs et Barbares redressent ensemble la tête devant le destin humain, à la fois résignés et optimistes; elle reprend des forces devant la couche funèbre d'Alexandre à Babylone (323 av. J.-C.) et, tel un nouveau Phénix qui renaît de ses cendres, s'élance à la conquête de l'avenir du monde.

De la mort d'Alexandre en 323 av. J.-C. à l'avènement sur le trône de Macédoine du roi philosophe, Antigone Gonatas en 277 av. J.-C., le pays devient le théâtre de sanglants affrontements entre les prétendants à la succession. Déjà ravagé par les raids des tribus galates, il voit ses nécropoles royales profanées à Aigéai, ses villes dévastées, ses illustres stratèges tomber sans gloire sous le coup de luttes fratricides. Ces cinquante années où est réduit à néant tout ce qui avait été gagné en cohésion, verront aussi le meurtre d'Alexandre IV, fils d'Alexandre le Grand et de Roxane, perpétré en 310 av. J.-C. par Cassandre: ainsi s'éteignait le dernier représentant de la dynastie des Argéades, puisqu'avant lui avaient déjà tristement péri Olympias, la mère du conquérant de l'Asie, et Philippe III Arrhidée.

Tous animés du rêve de conquérir le diadème royal de Macédoine, un titre qui conférait encore un prestige particulier à son détenteur, les divers prétendants à la succession, tantôt dans le tourbillon d'une existence aventureuse et agitée, tantôt dans leurs efforts désespérés pour conquérir le pouvoir et la gloire, ensanglantèrent le pays par leur politique maladroite voire de pure ambition personnelle et affaiblirent considérablement le royaume: d'abord Cassandre (316-298/97 av. J.-C.) à qui l'on doit par ailleurs la fondation de Thessalonique et de Cassandreia, puis Démétrios Poliorcète (293 av. J.-C.), Pyrrhos (289/88 av. J.-C.), Lysimaque et enfin Ptolémée dit Kéraunos (281 av. J.-C.).

Pourtant, comme il arrive souvent en période d'instabilité politique et quand la démocratie est en perte de vitesse, la Macédoine qui, du temps de Philippe II, avait accueilli certains des noms les plus prestigieux de l'élite intellectuelle du monde antique (Aristote, Théophraste, Speusippe) devint la patrie de célèbres historiens; lorsque la situation se stabilisa sous le règne d'Antigone Gonatas, leur présence dans le royaume comme celle d'autres philosophes ou artistes qui avaient trouvé refuge à la cour royale (Onésikritos, Marsyas, Kratéros, Hiéronymos, Aratos et Persaios) contribua à faire de Pella un véritable foyer culturel en haute et moyenne époque hellénistique.

Il faudra attendre le règne de Philippe V, cet ambitieux Antigonide qui monta sur le trône dès l'âge de 17 ans (en 221 av. J.-C.), pour que le pays connaisse à nouveau des heures de gloire et de grandeur. Constamment sur le qui-vive face à la menace des Thraces, des Dardaniens et des Illyriens, le jeune souverain, par ses ha-

29. Mosaïque d'une maison de Pompéi. Copie de la célèbre fresque du peintre Philoxène d'Erétrie, qui illustre le moment crucial de la bataille d'Issos. Naples, Musée national.

28. Tête de marbre d'Alexandre le Grand, oeuvre du sculpteur Léocharès, IVème siècle av. J.-C. Athènes, Musée de l'Acropole.

30. Détail du sarcophage dit d'Alexandre le Grand. Monté sur un cheval, Alexandre, vêtu d'une peau de lion, terrasse un fantassin perse. Fin du IVème siècle av. J.-C. Constantinople, Musée archéologique.

28

31

32

biles tractations diplomatiques, voire le recours éventuel à la terreur, par l'utilisation des princes locaux pour assurer la protection des régions frontalières, par les transferts de populations et les annexions, visait d'abord à consolider son Etat. Parallèlement, il tentait, non sans opportunisme, de garder la mainmise sur la Grèce méridionale où il se heurtait à la suspicion, car la politique menée par les précédents rois de Macédoine, Démétrios II et Antigone Dôson, avait laissé le souvenir d'une expérience cuisante. En fin de compte, un certain nombre de facteurs –la présence des garnisons macédoniennes à Corinthe, à Athènes, à Chalcis et au Pirée, les régimes autoritaires qui s'étaient imposés et plus généralement l'absence d'un différend spécifique justifiant le maintien d'une alliance des Grecs sous la houlette d'un souverain macédonien, d'autant que le danger perse était écarté depuis longtemps, ainsi que le renouvellement ou la création de confédérations nationales (Ligues étolienne et achéenne) animées de visions nationalistes– se conjuguèrent pour faire échouer la politique d'union prônée par la Macédoine, une politique qui

31. *Tétradrachme d'argent de Lysimaque, portant, à l'avers, une tête cornue d'Alexandre le Grand. Athènes, Musée numismatique.*

32. *Tétradrachme d'argent de Démétrios Poliorcète décoré du portrait du souverain. Athènes, Musée numismatique.*

33. *Tétradrachme d'argent de Philippe V décoré du portrait de ce grand roi Antigonide. Athènes, Musée numismatique.*

34. *Tétradrachme d'argent de Persée décoré du portrait du roi. Athènes, Musée numismatique.*

33

34

était d'ailleurs d'un autre âge, calquée sur des époques plus heureuses désormais révolues.

En dépit des revers militaires qu'il essuie à l'étranger et de l'intervention répressive de Rome qui entame l'intégrité du pays et le prive de toutes ses possessions en Grèce méridionale et en Asie Mineure (197 av. J.-C.), la gloire de Philippe V s'affirme dans les offrandes qui ornent les sanctuaires panhelléniques les plus prestigieux tels que Délos, Rhodes ou la Carie. Le dynamisme que ce souverain déploie pour donner réalité à son rêve d'une Macédoine grande et forte transparaît dans sa politique intérieure au cours de la dernière décennie de son règne (188-179 av. J.-C.): en exploitant systématiquement les mines, en accordant aux cités de l'Etat le droit d'émettre des monnaies, en instituant de nouvelles taxes portuaires, en augmentant l'impôt et en instituant des mesures favorables à la natalité, il parvient à assainir les finances de son Etat et, qui plus est, à concentrer cette richesse.

C'est cette prospérité et cette habile politique des revenus qui, se conjuguant avec le progrès du commerce et la libéralisation des institutions municipales dans les centres urbains, permettra

à son successeur Persée, le dernier roi de Macédoine, de remplir les caisses du trésor royal d'argent liquide, les greniers à blé de stocks de céréales et d'armer 18.000 mercenaires. Les 6000 talents et la foule d'objets précieux qui échurent à Paul-Emile, au lendemain de la bataille décisive de Pydna (168 av. J.-C.), témoignent de la prospérité économique de l'Etat macédonien jusqu'à la veille de sa chute.

L'époque romaine

Ainsi s'éteignit, à l'ombre de l'Olympe, ce royaume qui avait été pour tous les royaumes hellénistiques d'Orient une référence commune et qui devait nourrir de culture grecque les générations suivantes. Etat national par excellence, par opposition aux royaumes "conquis par la lance" des *Epigones* dans lesquels les Macédoniens ne seraient jamais qu'une poignée d'occupants étrangers, la Macédoine était un pays conservateur, attaché aux institutions ancestrales, sans commune mesure avec les jeunes et immenses empires des

35. La Macédoine sous l'occupation romaine.

35

LA MACEDOINE SOUS
LA DOMINATION ROMAINE

régions non macédoniennes qui ont pendant longtemps
appartenu à la province de la Macédoine
limites des quatre "mérides"
capitales des "mérides"
colonies romaines
Rue Egnatia

36

37

Séleucides et des Ptolémées aux populations hétéroclites. Ignorant la divinisation des souverains, les titres vains et les épithètes ronflantes et refusant de subir la fatalité, elle fit face à son destin, suivant l'exemple du roi stoïcien, Antigone Gonatas, qui voyait dans la condition royale qui lui était confiée une "glorieuse servitude".

Considéré comme une menace par le Sénat romain, le pays d'Alexandre fut divisé en quatre "mérides" ou districts (divisions administratives et économiques) et leurs habitants se virent privés du droit de posséder, vendre ou acheter des terres ainsi que de contracter mariage avec les habitants d'un autre secteur. Officiellement "libres", les Macédoniens étaient en fait placés sous la tutelle des Romains, astreints à l'impôt et tenus d'entretenir une armée suffisante pour défendre eux-mêmes leurs frontières contre les tribus barbares du Nord. Ce statut ne devait guère durer plus d'une vingtaine d'années: en effet, les sentiments anti-romains, les affrontements entre les classes privilégiées et les masses populaires mais surtout la détérioration de la situation à l'intérieur du pays débouchèrent sur une révolte, menée par Andriskos, un aventurier qui se prétendait le fils de Persée. L'écrasement de la révolte par les légions romaines (148 av. J.-C.) marque également la fin du protectorat de Macédoine; devenue province romaine –la première province d'Orient (*Provincia Macedonia*)– sur décision du Sénat, la Macédoine est intégrée à l'Empire: un gouverneur qui a son siège à Thessalonique et une armée s'y installent. La période allant de 148 av.J.-C. à l'avènement d'Auguste (27 av. J.-C.) fut incontestablement l'une des plus accablantes pour le pays qui, administrativement, s'étendait désormais de la mer Ionienne au Nestos et de l'Olympe aux sources de l'Axios. Les incursions réitérées de tribus barbares (Skordisques, Besses, Thraces) durant tout le second siècle avant notre ère, l'invasion des troupes du roi du Pont, Mithridate VI, soutenu par les Maides, les Dardaniens et les Sintes, au début du premier siècle, puis les deux guerres civiles successives opposant dans un premier temps Pompée à César en 49-48 av. J.-C., puis Brutus à Antoine et Octave en 42 av. J.-C., décimèrent la population, mirent le pays à sac et le livrèrent au pillage, transfor-

36. Borne milliaire de la Via Egnatia, découverte "in situ" (à proximité du fleuve Gallique). On y lit le nom du proconsul Egnatius, IIème siècle av. J.-C. Thessalonique, Musée archéologique.

37. Stèle de marbre avec liste éphébique de Béroia. Béroia, Musée archéologique.

mant la province en un gigantesque champ de bataille avec toutes les conséquences désastreuses qu'une telle situation pouvait comporter pour le pays comme pour ses habitants.

La construction de la Via Egnatia qui devait relier Dyrrachion à Byzance et constituait le prolongement de la Via Appia dans la péninsule italienne ainsi que l'implantation de colonies (Dion, Cassandreia, Pella, Philippes) et l'installation de négociants italiens modifièrent certes le paysage économique et démographique du pays mais sans entraîner pour autant la latinisation de ses habitants: jusqu'à la fin, ceux-ci conservèrent en effet leur identité grecque ainsi que leur langue.

En retrait des opérations militaires, de par sa position géographique au sein de l'Empire pacifié par la *Pax Romana*, la Macédoine –province sénatoriale sous le règne d'Auguste, de 27 av. J.-C. à 15 ap. J.-C., puis à partir de 44– sera avec le temps reléguée au second plan. Dans les villes "libres" comme Thessalonique, Amphipolis et Skotousa ainsi que dans les cités assujetties à l'impôt (*tributariae*), les sociétés s'adaptent peu à peu au nouvel ordre imposé par Auguste tout en conservant leurs anciennes institutions administratives (assemblée ou *ecclésia*, conseil ou *boulè*, magistrats ou *archontes*). Dans les villes, on met en chantier de nouveaux plans d'alignement; de somptueux édifices et complexes architecturaux (agoras, temples) proclament désormais la gloire des nouvelles divinités et des princes de ce monde; en signe de gratitude, on élève des autels en l'honneur de personnalités éminentes et de hauts dignitaires; enfin, on érige des monuments funéraires en marbre qui perpétuent la gloire posthume de simples mortels et de citoyens renommés. Et ce sont les inscriptions, souvent bavardes dans leur volonté de flatterie qui nous renseignent sur les noms propres, les professions, les listes éphébiques, les corporations, les associations religieuses et les citoyens qui consacraient des offrandes. Tout en immortalisant l'éphémère, l'épigraphie complète la mosaïque de nos connaissances sur une province du monde romain qui, apparemment du moins, se plie au sort d'une région qui a rendu les armes. Parmi ces inscriptions, d'aucunes nous renseignent sur l'existence des "Koina", ces organes intermédiaires entre l'administration romaine et les instances locales, l'organisation des jeux intitulés "Pythia" –pythiques–, "Actia" –d'Actium–, ou "Alexandreia Olympia" –jeux olympiques en l'honneur d'Alexandre–, d'autres encore sur le passage oc-

38-39. Médaillon monétiforme en or, destiné à célébrer une victoire. Découvert à Aboukir, en Egypte. Au droit, portrait d'Olympias. Au revers, une Néréide montée sur un hippocampe. Frappé vers le milieu du IIIème siècle ap. J.-C., à l'occasion de la célébration des "Alexandreia Olympia" (jeux olympiques en l'honneur d'Alexandre) à Béroia, capitale du "Koinon des Macédoniens". Thessalonique, Musée archéologique.

38-39

40. Buste de Galère dans un médaillon: "imago clipeata". Détail de l'arc en marbre provenant de l'Octogone, à l'extrémité sud-ouest du palais de l'empereur. Début du IVème siècle ap. J.-C. Thessalonique, Musée archéologique.

casionnel des empereurs avec leurs troupes et le stationnement des flottes. Elles montrent également à quel point le souvenir de celui qui couvrit leur nom de gloire jusqu'aux confins de l'oekoumène est intact et vivant dans la mémoire des Macédoniens.

Oubliée dans sa quiétude, la province de Macédoine s'empressera de renforcer les fortifications de ses villes –bien souvent au détriment des édifices voisins– lorsque, vers le milieu du IIIème siècle ap.J.-C., les Karpes, les Goths et les Hérules arrivent jusqu'en Egée, mettant tout à sac sur leur passage.

Au crépuscule des dieux romains et de toutes les divinités d'origine orientale ou égyptienne, qui avaient trouvé en Macédoine un lieu propice à leur implantation et à leur diffusion, lorsque, dès 50 ap. J.-C., Paul, l'apôtre des Nations, annonce la nouvelle religion, le Christianisme vient offrir à Thessalonique, à Philippes, à Béroia la vertu de persévérance, la rédemption, la vie dans l'au-

delà après la mort. En même temps que la résurrection des âmes, il prépare la renaissance de l'empire, un empire en proie à l'instabilité d'un gouvernement occasionnel et qui est soumis aux caprices d'une foule d'héritiers présomptifs du pouvoir, livré au chaos de la misère économique, et dont les frontières sont perpétuellement menacées par les raids réitérés de tribus barbares, sans compter les humiliations que constituent les très lourdes défaites sur les champs de bataille.

L'avènement sur le trône impérial de Dioclétien (284 ap. J.-C.) marque un jalon important dans l'histoire de l'Empire romain et inaugure une nouvelle ère; cet événement devait avoir pour la Macédoine, comme pour l'ensemble de l'Empire, une portée considérable puisqu'il permit de sortir de la crise.

Les réformes administratives introduites par cet empereur ramenèrent le pays dans ses limites géographiques naturelles. Rattaché au "diocèse" des Mésies, il était soumis au *praeses*, ce dernier dépendant lui-même de l'autorité du *vicarius*, l'instance administrative suprême. La situation se stabilisa dans un premier temps avec le remaniement opéré par Constantin le Grand (la Macédoine constitue alors avec la Thessalie, l'Ancienne et la Nouvelle Epire, l'Achaïe et la Crète le "diocèse" de Macédoine) puis, dans la seconde moitié du IVème siècle, lorsque les "diocèses" de Macédoine, de Dacie et de Panonie constituèrent la préfecture d'Illyricum qui avait pour capitale Thessalonique. Au début du Vème siècle ap. J.-C. un nouveau découpage devait encore intervenir: la Macédoine fut alors divisée en Macédoine Première (*Macedonia Prima*) et Macédoine Salutaire (*Macedonia Salutaria*).

L'époque byzantine

Du fait de son importance stratégique au carrefour des voies terrestres les plus importantes de la péninsule de l'Haimos, la Macédoine bénéficia, pendant la période troublée mais cruciale qui marquait le passage de la fin de l'époque romaine au monde protobyzantin, des faveurs de la maison royale. C'est ainsi que Galère Maximien transféra sa capitale à Thessalonique et y édifia de somptueux palais, que Constantin le Grand (322/323) fit construire dans cette même ville un vaste arsenal et que Théodose le Grand (379/380) élut la capitale macédonienne comme quartier général pour repousser les Visigoths et les Ostrogoths. L'abondance de carrières (à Thasos et Prilep), la présence de fonderies pour le métal, d'ateliers fabriquant des armes et des objets

41. Le "Disque d'Achille" décoré de scènes de l'enfance et de l'adolescence du héros mythique. L'inscription ΠΑΥΣΥΛΥΠΟΥ ΘΕΣΣΑΛΟΝΙΚΗΣ indique la provenance du disque et nous livre vraisemblablement le nom de l'artiste qui l'exécuta, IVème siècle ap. J.-C. Augst (Suisse), Musée romain.

en métal, d'ateliers de céramique et de centres de production de mosaïques (faites en pâte de verre) à quoi s'ajoutent l'existence, attestée par les sources, de grands domaines agricoles, de marais salants, d'usines de teinture de fils (à Stobi), de grandes foires commerciales (les "Démétria") et la pratique du commerce des cuirs, témoignent de la prospérité économique de la Macédoine aux IVème et Vème siècles ap. J.-C. C'est également de cette période que datent les imposants édifices de caractère religieux ou laïque –basiliques, villas, travaux de fortification– mis au jour, pour la plupart, par les fouilles archéologiques.

Dans ce monde naissant, profondément inspiré par le Christianisme, ce monde qui se dépouille lentement mais sûrement de son caractère latin pour revêtir la pourpre byzantine, ce monde déchiré aussi par les incursions des Goths, des Avars et des Slaves et de tant d'autres peuples avides de s'approprier ses richesses et son pouvoir, la foi dans la miséricorde divine édifie l'empire millénaire d'Orient, guide et lumière de l'Occident. Elle dresse la croix de la Résurrection jusqu'aux rives du Danube, au-dessus des châteaux, des églises ornées de mosaïques, des thermes, proclamant la gloire d'un Justinien Ier, la bravoure d'un Héraclius, la grandeur d'un

Constantin Porphyrogénète, face aux Avars et aux Slaves, aux Bulgares et aux Arabes.

Alors que les incursions répétées vident les campagnes, la grande majorité de leurs habitants cherchant refuge dans les centres urbains, les villes se transforment en foyers d'intense activité commerciale et culturelle. Des ports comme ceux de Thessalonique et de Christoupolis (Cavala) avec leurs greniers à blé et leur intense trafic de navires mais aussi des villes prospères de l'hinterland, comme Héraclée des Lyncestes, Bargala, Serrès ou Philippes, se parent d'édifices superbes; les fortifications sont consolidées; de nouveaux plans urbains sont mis en chantier qui, se conjuguant avec les ravages causés par les séismes du VIIème siècle, contribuent à donner à toutes ces cités un visage entièrement nouveau. C'est également à cette époque qu'est introduit dans la partie européenne de l'Empire le

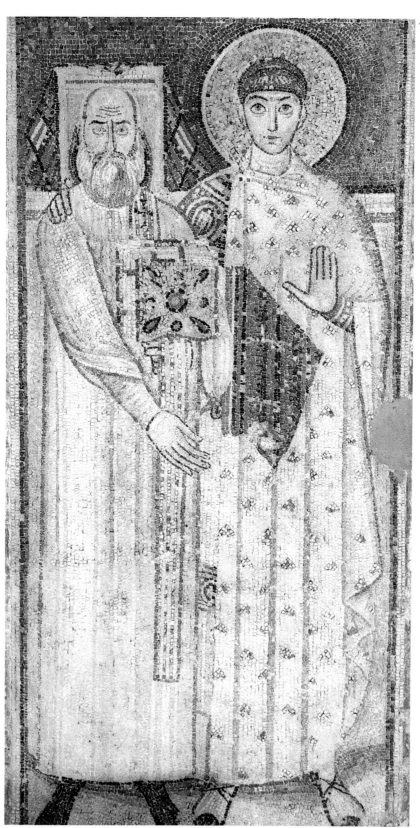

42. Mosaïque de Saint-
Démétrius, à Thessalo-
nique. A droite,
le saint, dans un geste
protecteur, pose la
main droite sur l'épaule
d'un prêtre qui porte
l'Evangile et dont la
tête se détache sur un
mur crénelé, VIIème
siècle ap. J.-C.

43. Fresque de Saint-
Démétrius à Thessalo-
nique. Elle se rapporte,
croit-on, à l'entrée
triomphale de Justini-
en II à Thessalonique,
après sa victoire sur
les Slaves, en 688.
L'empereur est
représenté à cheval,
la tête auréolée.

système d'administration par "thèmes" déjà expérimenté dans les zones les plus exposées de l'Asie Mineure. Il se caractérise essentiellement par la concentration en une seule et même personne des pouvoirs militaire et politique et par une réorganisation de l'armée. La Macédoine fut alors divisée en deux thèmes: le "thème de Thessalonique" qui allait du Pinde au Strymon et le "thème du Strymon" qui, ayant pour capitale Serrès, correspondait aux départements actuels de Serrès, Xanthi et Rhodope.

L'intégration des Slaves dans la société byzantine (au IXème siècle) qui résultait d'une part, de l'évangélisation entreprise par Cyrille et Méthode et de l'autre, de l'extension de l'influence byzantine à l'intérieur des Balkans, eut un contrecoup direct en Macédoine: ses villes bénéficièrent de la paix qui prévalut alors. Thessalonique se vit promue au rang de centre cosmopolite majeur où affluaient des marchandises venues d'Orient et d'Occident. A Kastoria et à Béroia, on construisit des églises décorées de fresques où naissent et se cristallisent les principales caractéristiques d'un art grandiose après le triomphe de l'Orthodoxie et la consécration du culte des images saintes.

Jusqu'en 1204, date de la prise de Constantinople par les Croisés de la quatrième Croisade, d'autres vicissitudes attendent encore la Macédoine: il lui faudra subir les bouleversements, les pillages et les prises d'otages auxquels donnèrent lieu les invasions successives des tsars bulgares, Syméon (894-927), puis Samuel (989-1018); elle devra endurer l'humiliation de voir sa capitale tomber aux mains des pirates arabes (904) puis, trois cents ans plus tard, subir comme tant d'autres villes (Kastoria, Serrès) le pillage des Normands de Sicile (1185 ap. J.-C.).

C'est la raison pour laquelle les IXème et Xème siècles n'ont laissé en Macédoine aucune oeuvre majeure dans le domaine artistique. Le centralisme rigide qui régissait la politique de la dynastie macédonienne contribua également à cet état de choses. En revanche, les XIème et

43

44. *Les "thèmes" de la péninsule de l'Haimos, vers le Xème siècle.*

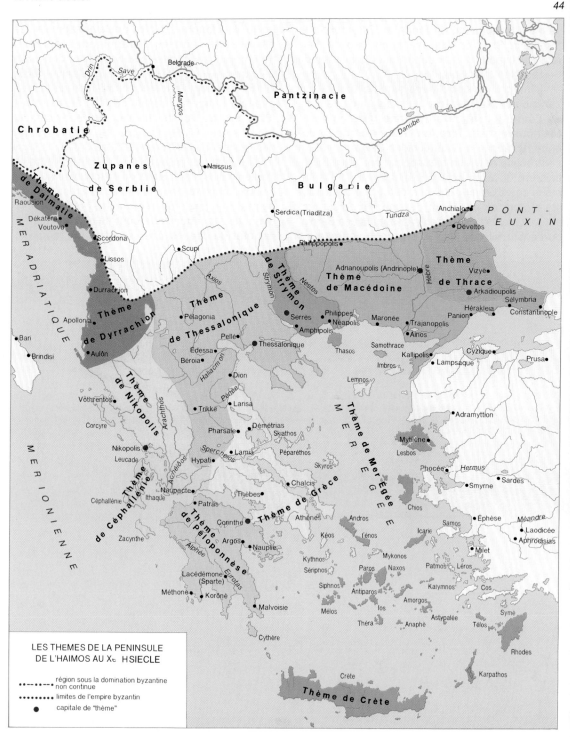

**LES THEMES DE LA PENINSULE
DE L'HAIMOS AU Xͤ͟ H SIECLE**

·–·–·–·· région sous la domination byzantine
 non continue

·········· limites de l'empire byzantin

● capitale de "thème"

45. Miniature de la *Chronique de Jean Skylitsès*. A gauche, la ville de Thessalonique devant laquelle les troupes impériales repoussent l'attaque de l'envahisseur bulgare. Madrid, Bibliothèque nationale.

46. Miniature de la *Chronique de Jean Skylitsès*. A droite, une flotte de pirates arabes. A gauche, la ville de Thessalonique et ses derniers défenseurs. Madrid, Bibliothèque nationale.

· 45

46

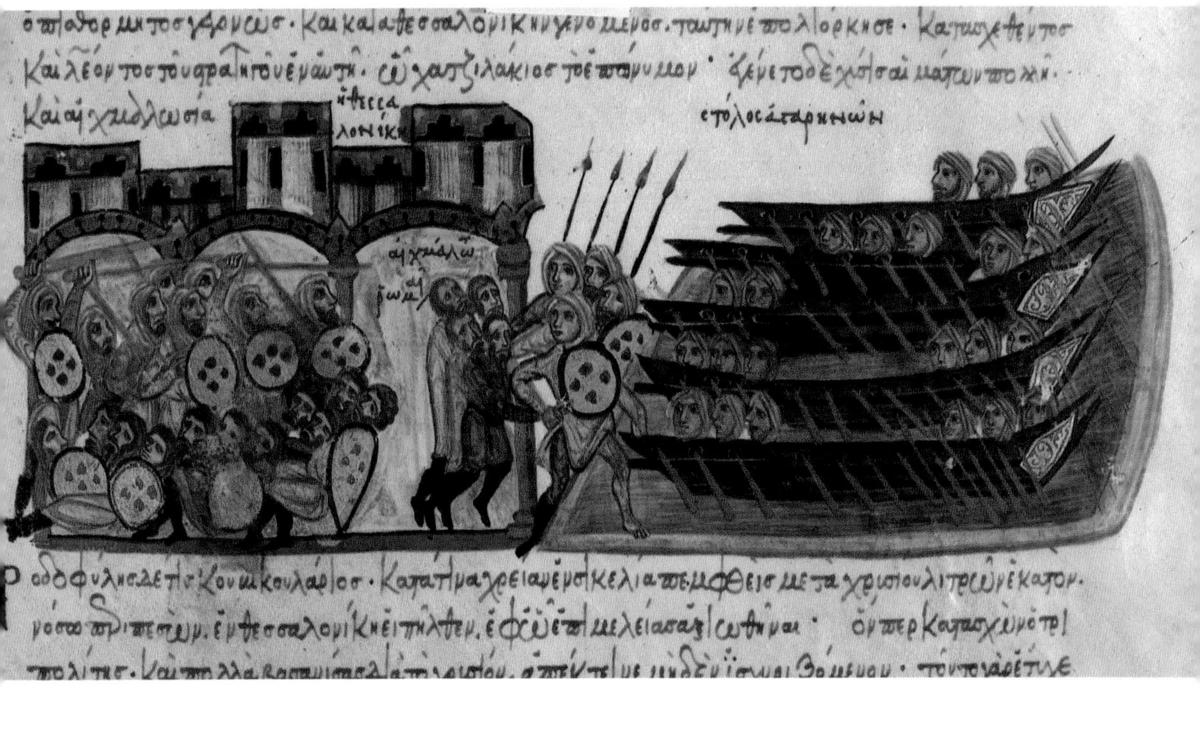

47

XIIème siècles offrirent à la Grèce du Nord des hommes d'église et des hommes de lettres de l'envergure d'un Théophylacte Héphaistos, éminent archevêque de Bulgarie qui siégeait à Ohrid, d'un Michel Choumnos, métropolite de Thessalonique, d'un Eustache Kataphloros, métropolite de Thessalonique et commentateur célèbre de textes anciens. Ils contribuèrent à l'épanouissement de l'architecture et de la peinture ecclésiastique (Béroia, Edessa, Mélénik, Serrès, Aghios Achillios, Thessalonique, Mont Athos, Né-

47. Fresque de l'église Aghioi Anargyroi à Kastoria, représentant saint Georges et saint Démétrius, XIIème siècle.

48. Mise au tombeau. Fresque de Saint-Pantéléimon à Nérézi. Deuxième moitié du XIIème siècle.

49. La Macédoine et les régions avoisinantes, à l'issue de la quatrième croisade.

50. Scyphate blanc ("nomisma trachy aspron"). Monnaie de Théodore Doucas Ange. Elle représente le libérateur de Thessalonique recevant la bénédiction de Dieu et de saint Démétrius. Athènes, Musée numismatique.

48

49

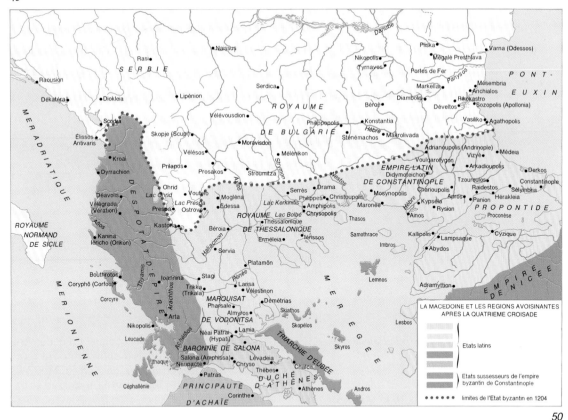

LA MACEDOINE ET LES REGIONS AVOISINANTES
APRES LA QUATRIEME CROISADE

☐ Etats latins

☐ Etats sussesseurs de l'empire
byzantin de Constantinople

• • • • • • limites de l'Etat byzantin en 1204

50

rézi, Kastoria, Ohrid) au point que ces cités devinrent des modèles pour d'autres régions des Balkans, leur influence s'étendant jusqu'en Russie et en Géorgie à l'est, et jusqu'en Sicile et en Italie septentrionale, à l'ouest. Des fresques de la qualité de celles de Saint-Pantéléimon à Nérézi (1162) –échantillon révélateur de la peinture des Comnènes qui met l'accent sur la passion et se caractérise par la souplesse des courbes dans la représentation des corps humains, élégants et élancés dans leur maniérisme désincarné– du monastère de Latomou à Thessalonique (seconde moitié du XIIème siècle), des Aghioi Anargyroi à Kastoria et d'Aghios Nikolaos de Kasnitzis dans la même ville (XIIème siècle), avec leur académisme délicat, constituent autant de références pour la production artistique de l'époque qui précède le démantèlement de l'Empire par les Latins et son éclatement en royaumes, baronnies et bourgades. On ne saurait oublier non plus les remarquables compositions figurant sur les icônes portatives ni les mosaïques murales.

La domination franque

Avec le renversement de l'Empire byzantin et son morcellement par les Croisés venus d'Occi-

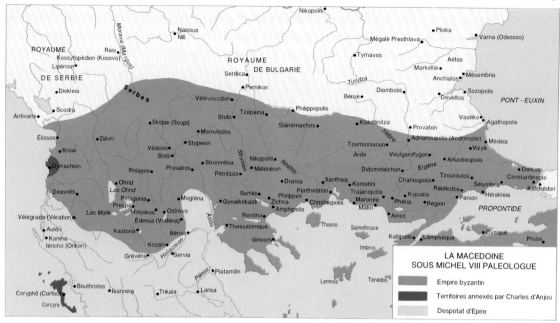

51. *La Macédoine sous Michel VIII Paléologue.*

dent (*Partitio Romaniae*), toute la Macédoine fut assujettie au royaume franc de Thessalonique qui revint à Boniface, le puissant marquis de Montferrat. Les nouveaux princes au pouvoir s'épuisaient dans des querelles dynastiques tout en s'efforçant d'endiguer les visées expansionnistes du tsar bulgare Ioannitzès, dit Kalojean: en 1207, l'année de sa mort, ce dernier était arrivé jusque sous les remparts de Thessalonique après avoir occupé Serrès et fait prisonnier Baudouin, l'empereur de Constantinople.

Dans un contexte de plus en plus confus (l'Etat bulgare est déchiré par des querelles intestines et, après la mort de Boniface, le royaume franc de Thessalonique passe aux mains de régents —les héritiers étant encore mineurs—, le nouveau despote d'Epire, l'ambitieux Théodore Ange Doucas (1215-1230), frère du fondateur de l'Etat Michel Ange Doucas, étend méthodiquement ses conquêtes depuis Skodra en Illyrie jusqu'à Naupacte et, grâce aux poussées successives de ses troupes, finit par occuper Thessalonique, la nymphe du golfe Thermaïque, et à écraser le second bastion latin de toute la péninsule balkanique (1224). Mais en 1230, il est défait à la bataille de Klokotinitza (aujourd'hui Semidje) par le tsar bulgare Jean Asen II: le royaume est alors réduit à Thessalonique et à ses environs immédiats avant de passer sous la domination de l'em-

pire de Nicée qui montait à l'époque. En décembre 1246, après une offensive couronnée de succès qui l'avait rendu maître de Serrès, Mélénik, Skopje, Vélésa et Prilep, Jean III Vatatzès entre en triomphe dans la cité de saint Démétrius où il installe comme gouverneur le Mégas Domestikos, Andronic Paléologue.

Dans un contexte où dominent les visées expansionnistes, les intérêts personnels —chacun souhaitant préserver ou étendre son pouvoir—, les tentatives pour reconquérir des gloires perdues, la Macédoine connaîtra des jours troublés jusqu'à sa réintégration à l'Empire byzantin, qui intervient au lendemain de 1261 lorsque Michel VIII Paléologue reprend Constantinople: elle repoussera les assauts du despote d'Epire, refoulera les armées alliées du roi Manfred de Sicile et du prince d'Achaïe Villehardouin et reprendra Kastoria, Edessa, Ohrid, Skopje et Prilep.

Ces victoires à la Pyrrhos allaient être toutes provisoires puisque la dernière page de l'épopée byzantine préfigure la fin d'une légende restée vivante pendant près d'un millénaire. La situation catastrophique qui prévaut dans tous les domaines permet aux armées serbes du kral Douchan de réussir une importante percée au Sud (1282 sqq) et aux mercenaires de la Société Catalane de piller la Chalcidique et le Mont Athos (1308 sqq); elle alimente les querelles dynastiques fratricides qui opposent les Paléologues aux Cantacuzènes et ouvre la porte à des émeutes sociales comme celle des Zélotes à Thessalonique.

Alors que les citadelles de la résistance maté-

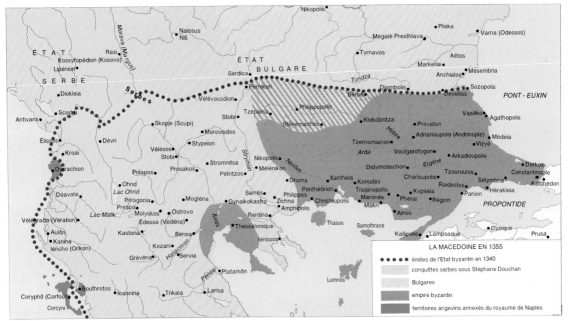

52

53

52. *La Macédoine vers 1355.*

53. *Icône portative représentant Grégoire Palamas,
principal représentant des Hésychastes et
métropolite de Thessalonique, XVème siècle.
Saint-Pétersbourg, Musée des Beaux-Arts.*

rielle et morale tombent l'une après l'autre dans le
tourbillon du temps, que triomphent la mesquinerie
politique et les illusions d'un sentiment religieux
exacerbé, une vision trop étroite de la réalité faci-
litera l'intrusion des troupes infidèles sur le sol européen. Désormais, la civilisation occidentale et le
Christianisme marchent main dans la main. Alors
que le XIVème siècle expire, les derniers défenseurs des villes et des idées –dont la figure de
proue est l'anxieux gouverneur de Thessalonique
(depuis 1369), le futur empereur de Constantinople, Manuel II– entendront le râle de Serrès à
l'agonie (1383), percevront dans le lointain le cri
de Drama, de Zichna, de Béroia, de Servia et de
Thessalonique elle-même, d'abord en 1395 puis
une seconde et ultime fois en 1430, lorsque le
croissant flottera au-dessus de leurs remparts.

A cette époque qui assiste au déclin d'un peuple, les seuls flambeaux d'une fermeté stoïque
restent les écrits; ils constituent des références
au passé glorieux pour ceux qui, abandonnant à
temps le navire échoué, ont choisi d'émigrer vers
un Occident en pleine renaissance. Et dans les
siècles d'épreuves qui allaient suivre, la population asservie trouvera refuge dans ces ouvrages

54. Fresque d'Aghios Nikolaos Kyritzis à Kastoria. Détail de la Trahison.

55-56. Fresques de la petite église à nef unique de Saint-Nicolas l'Orphelin (Aghios Nikolaos Orphanos), à Thessalonique. En haut: les Noces de Cana; en bas: scène des miracles de saint Nicolas. Les fresques sont datées de la fin de la seconde décennie ou de la troisième décennie du XIVème siècle.

longuement pensés, ces vers douloureux ou ces compositions inspirées, dues au philosophe Thomas Magistros, au critique de textes Démétrios Triklinios, aux théologiens Nicolas Kavasilas, Grégoire Palamas, Démétrios Kydonis ou encore au sage juriste Arménopoulos. Demeurent aussi les monuments imposants qui témoignent encore de la vigueur de la foi chrétienne et les oeuvres sublimes des mosaïstes, célèbres ou anonymes, des peintres de l'infini et des architectes de l'inaccessible monde divin: la Péribleptos d'Ohrid (1295), Saint-Nicolas l'Orphelin, les Saints-Apôtres (1312-1315), l'église de Prophète Elie à Thessalonique, Aghios Nikolaos Kyritzis à Kastoria, l'église du Christ à Béroia (1315), la basilique du Protaton de Karyès au Mont Athos (fin du XIIIème). Autres références, les figures devenues quasi-mythiques de virtuoses du pinceau, comme les peintres Manuel Pansélinos, Eutychios et Michel Astrapas ou Georges Kalliergis.

A cette époque où se répand la notion d'un Jugement dernier dans le Ciel, menaçant de son glaive sur cette terre les mortels terrorisés, s'accomplit dans la conscience du monde byzantin le changement qui devait conduire l'hellénisme opprimé à découvrir son identité et à renouer avec ses racines.

Face à la domination des Ottomans qui impose la religion musulmane –parfois au prix d'une islamisation forcée–, à l'installation quelques années après la prise de Constantinople de milliers de Juifs expulsés d'Espagne, aux mouvements migratoires de groupes vlachophones et slavophones, les Grecs –que les Turcs appellent *Romioi*– acquièrent une force intérieure et se rassemblent sous la bannière de la Grande Idée: secouer le joug d'une religion et d'une langue étrangères. Grâce à l'encouragement de l'Eglise orthodoxe, au maintien des écoles hellénophones, aux sommes envoyées au profit de la révolution par les Grecs de la *diaspora*, notamment d'Italie, les Grecs parviennent à préserver leur savoir, leur langue et leurs rêves. Et avec le temps, à mesure que se refermeront les plaies profondes

55

ὉΘΕΠΙΓΚΑΝΑΓΑΜΟΣ

56

oeuvre du célèbre peintre Manuel Pansélinos (fin du XIIIème-début du XIVème siècle).

57. Fresque de Saint-Nicolas l'Orphelin, à Thessalonique. La Moquerie (détail), XIVème siècle.

58. Saint Mercure sur une fresque de la basilique du Protaton à Karyès. Il s'agit vraisemblablement d'une

59-60. Georges Kalliergis, "le meilleur peintre de toute la Thessalie" a réalisé, en 1315, les superbes fresques de l'église du Christ de Béroia. En haut à droite, le prophète Malachias; en bas, la Dormition de la Vierge.

57

58

59

60

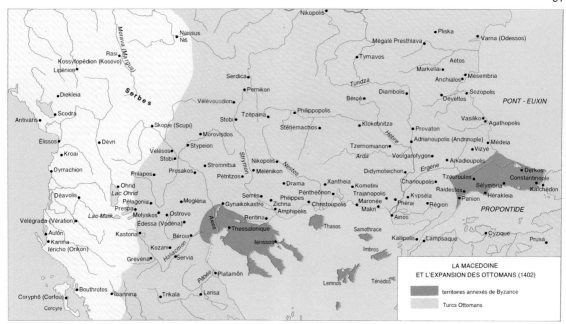

LA MACEDOINE
ET L'EXPANSION DES OTTOMANS (1402)

territoires annexés de Byzance

Turcs Ottomans

des premières décennies de servitude, ils accompliront des prouesses dans le domaine du commerce, sur le terrain diplomatique, en matière d'administration et de relations publiques.

La domination ottomane

Alors qu'un certain nombre de villes dévastées, comme Thessalonique, se voient coloniser par une population venue des quatre coins de l'Empire ottoman, d'autres comme Yanitsa (Yenice) sortent de terre à la même époque et sont peuplées exclusivement de Turcs. Vers le milieu du XVème, Monastir comptait 185 familles de Chrétiens, Vélésa 222, Kastoria 938. Un siècle plus tard, on dénombre à Thessalonique 1087 familles contre 357 à Serrès. A Drama et à Cavala, on parlait essentiellement le grec. Il en allait de même à Servia, Kastoria, Naousa, Galatista. Stromnitsa aussi bien que Yanitsa étaient des villes turques. On dénombrait d'importantes communautés juives dans les villes de Serrès, Monastir, Cavala et Drama. Un petit nombre de slavophones étaient restés dans les campagnes de la Macédoine orientale –reliquat de la nation de Douchan– mais ils étaient plus nombreux en Macédoine occidentale et au nord de la Macédoine centrale. Les habitants, jeunes et vieux, vivaient dans des communautés distinctes, collectivement responsables de l'exécution des ordres du pouvoir central, du maintien de l'ordre, mais surtout du paiement des impôts. L'administration mu-

61. La Macédoine et l'expansion ottomane (1402).

62. Vue de Yanitsa (Yenice: ville nouvelle). Lithographie du XIXème siècle.

63. Femme macédonienne. Gravure sur bois en couleur, XVIIIème siècle.

64. Notable de Thessalonique. Gravure sur cuivre. Fin du XVIIIème-début du XIXème siècle.

nicipale était aux mains de l'aristoctratie locale qui avait été également autorisée à prendre certaines initiatives dans le domaine de la bienfaisance et de l'éducation. L'autonomie administrative des communes s'étendait en outre au jugement des affaires relevant du droit familial et d'héritage: conformément au droit coutumier byzantin, celles-ci relevaient de la juridiction des évêques.

Conformément au système administratif en vigueur dans l'Empire ottoman, fondé sur l'organisation militaire, les possessions européennes, du moins au début de la turcocratie, constituaient une seule et unique région militaire et politique, l'éyâlet –ou province– de Roumélie ayant à sa tête le beylerbey –ou super-bey– haut fonctionnaire suprême. Plus tard, cette vaste entité fit l'objet d'un nouveau découpage et la Macédoine fut elle-même divisée en plus petites unités, la Macédoine occidentale était alors rattachée d'abord au sandjak de Skopje puis à celui d'Ohrid et de Monastir. En revanche, la Macédoine orien-

62

63

64

65

65. Jean Kottounios, lettré de Béroia. Illustration de son premier livre (1628).

jets d'usage quotidien, mais également en articles de luxe. En l'espace de quelques décennies, orfèvres, maçons, mouleurs de cire, fourreurs, armuriers, teinturiers de fils, fabricants de tissus transforment les bourgs et les villes où ils s'installent en centres fourmillants de vie où sont produits et où transitent les biens de consommation. C'est eux qui sont à l'origine de la prospérité, de la santé économique, des progrès du bâtiment et de la forte compétitivité que l'on y enregistre alors. Les caravanes qui transportent les fruits du labeur et du savoir-faire des artisans jusqu'à Vienne, Sofia et Constantinople rivalisent avec les navires qui quittent les ports de Thessalonique et de Cavala pour aller décharger leur cargaison jusqu'aux deux extrémités de la Méditerranée. Et, comme dans ce pays, l'Hermès Kerdôos –littéralement "celui qui préside aux gains"– a toujours cheminé main dans la main avec l'Hermès Logios –ou dieu de l'éloquence–, aussitôt que l'ouragan de l'occupation se fut calmé et que les Grecs eurent repris en main le commerce et la production, dans les pays libres comme l'Austro-Hongrie, l'Allemagne, la France ou l'Italie, leurs frères de la *diaspora* accomplirent des prouesses. L'Eglise se vit alors dotée d'un rôle de guide et se substitua au pouvoir royal. La soif de connaissance et la nécessité de transmettre le savoir débouchèrent sur la fondation de séminaires puis d'établissements municipaux d'enseignement où affluaient des Grecs bien sûr mais également des habitants hellénophones des Balkans.

Grâce au mécénat de riches Macédoniens, comme Manolakis (1682), et D. Kyritzis (1697) originaires de Kastoria, des villes comme Béroia, Serrès, Naousa, Ohrid, Klisoura, Kozani sont bientôt en mesure d'offrir à leur jeunesse un solide enseignement. Grâce à des maîtres inspirés comme Georges Kondaris, directeur de gymnase à Kozani (1668-1673), Georges Parakiménos, directeur dans cette même ville (1694-1707), Kallinikos Varkosis, directeur de gymnase à Siatista (jusqu'en 1768), Kallinikos Manios à Béroia, (vers 1650), les Macédoniens se familiarisent avec les textes de l'antiquité et de l'Eglise et s'initient aux toutes récentes découvertes de la science que l'avant-garde intellectuelle grecque s'emploie à faire venir de l'Occident éclairé. Nombreux sont également ceux qui, réfugiés ou exilés volontaires en Occident, offriront au monde européen alors en pleine Renaissance leurs précieuses lumières: tel fut le cas de Jean Kottounios (1572-1657), professeur à l'Université de Padoue, de Bologne et de Pise, de Démétrios, émissaire du patriarche à Wurtemberg (1559), ou de Mitropha-

tale et la Macédoine centrale constituaient chacune des *sandjaks* séparés ayant respectivement pour capitales Thessalonique et Cavala. Les régions du Nord furent quant à elles rattachées au *sandjak* de Kjustendil.

Tout comme à l'époque byzantine, dans les plaines fertiles de Macédoine, on pratiquait la culture des céréales, de la pomme, des olives, de la vigne, du lin et des produits maraîchers. Au fil des siècles, s'y ajoutèrent le tabac, le coton et le riz. L'implantation d'habitats dans les zones montagneuses et l'intensification de l'élevage entamèrent la richesse de la forêt. Les truites pêchées dans les fleuves et les lacs alimentaient les marchés de Constantinople. Les nombreux ateliers de travail du métal, de soierie, de tissage –qui pour la plupart devaient beaucoup au savoir-faire des Juifs– fournissaient l'empire en ob-

66

nis Kritopoulos, maître dans une école hellénique à Venise (1627-1630).

Jusqu'au début du XIXème siècle, exception faite de la période des guerres russo-turques (1736-38 et 1768-77), la campagne macédonienne connaîtra un essor important allant de pair avec une véritable fièvre de construction. On construit de nouveaux villages, on agrandit et on embellit des bourgades dans un climat d'euphorie et à la faveur du développement du commerce, on édifie à Siatista, Kozani, Kastoria, Béroia, Florina des maisons de maîtres (*archontika*) à deux étages: leurs toits de tuiles, leurs plafonds en bois sculpté, leurs armoires en bois tourné encastrées dans les murs, leurs salles de réception décorées de motifs végétaux, narratifs ou autres, leurs vastes res-serres et leurs cours ombragées reflètent à la fois l'opulence de leurs propriétaires et les prouesses de l'art populaire qui a su assimiler les leçons de la tradition tout en les intégrant aux éléments variés empruntés à l'Orient comme à l'Occident.

Pendant une période relativement longue après la chute de l'Empire byzantin, les chrétiens asservis de Macédoine se contentèrent, pour l'accomplissement de leurs devoirs religieux, des sanctuaires qui avaient échappé au pillage de l'occupant. Toutefois, devant l'augmentation pro-gressive du nombre de fidèles fréquentant les églises et les effets désastreux du temps sur des édifices déjà vétustes, les habitants, qui par ailleurs jouissaient d'une évidente prospérité, éprouvèrent le besoin de restaurer et d'embellir les maisons de Dieu relevant de la juridiction des communautés grecques ainsi que d'en édifier de nouvelles. Des peintres originaires de Kastoria, puis de Crète, d'Epire, de Thèbes, seuls ou orga-nisés en corporations, parcourent la Macédoine dès le XVème siècle et, par leur art, célèbrent la gloire de l'Orthodoxie tantôt dans une facture naïve tantôt avec une propension à l'académisme et au maniérisme. D'autres encore, venus de Chio-niadès, de Samarina ou de Sélitsa, immortalisent la vanité humaine dans des édifices temporels et, animés de l'esprit encyclopédique de l'époque, re-présentent des philosophes, des paysages imagi-naires, le rêve que poursuit l'âme, à savoir Cons-tantinople, ou encore la vision du progrès, autre-ment dit les villes d'Europe occidentale.

66. Robe de mariée du Roumlouki, ensemble de villages autour de Gidas. Athènes, Musée Bénaki.

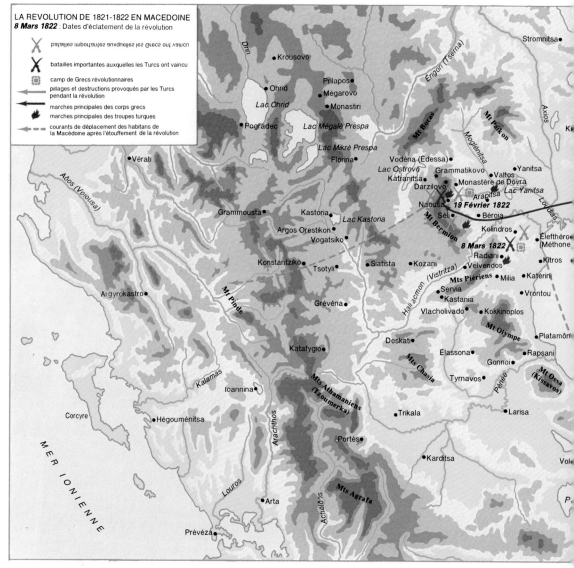

LA REVOLUTION DE 1821-1822 EN MACEDOINE
8 Mars 1822 : Dates d'éclatement de la révolution

batailles importantes auxquelles les Grecs ont vaincu

batailles importantes auxquelles les Turcs ont vaincu

camp de Grecs révolutionnaires

pillages et destructions provoqués par les Turcs
pendant la révolution

marches principales des corps grecs

marches principales des troupes turques

courants de déplacement des habitants de
la Macédoine après l'étouffement de la révolution

Les temps modernes

Mais, au fil des siècles, la grande décision fait inéluctablement son chemin; un désir brûlant de liberté balaie les petits intérêts, vient à bout des vaines hésitations et le sentiment national se réveille dans une volonté de secouer le joug accablant. En 1821, l'éclat de la Révolution qui gronde dans le Péloponnèse éclaire les sommets de l'Olympe et de l'Athos. Les interventions d'une armée turque qui, affolée, se saisit d'otages à Thessalonique, ne suffisent pas à décourager les *andartes* (révoltés) brûlant d'agir, rassemblés sous la houlette d'Emmanuel Pappas et de l'archimandrite Kallinikos Stamatiadis au Mont-Athos et à Thasos. Pourtant, l'ignorance de l'art de la guerre et le manque de munitions dans le camp des com-

battants se conjuguant avec la facilité qu'ont les Turcs à déployer d'importants corps d'armées, étoufferont le mouvement dans l'oeuf. Les mouvements de révolte nés sur l'Olympe et le Bermion et qui devaient aboutir à l'holocauste tragique de Naousa connurent un sort analogue.

Mais, avec la libération du Sud de la Grèce, l'instauration d'un Etat grec indépendant et les progrès de la Grande Idée, les esprits s'échauffent et, grâce au soutien invisible du consulat grec de Thessalonique, on tente des percées dans les territoires de Macédoine occupés par les Turcs, on hasarde des soulèvements armés. Tsamis Karatasos, le Kapétan Yorgakis soulèvent la Chalcidique. Toutefois, le tour fâcheux que prend alors la question crétoise et l'impossiblité qu'ont les Grecs et les Serbes à agir de concert em-

Méléniko • Névrokopi • Mt Rhodope
Mt Orbélos
Nestos
inè
yto
• Sidirokastro
Prosotsani •
• Drama
Serrès • Alistrati • • Dóxato
chanas •
Strymon
Nigrita • Lac Kerkinitis Mt Pangée
• Cavala
• Sochos
Langadas Thasos
Lac Bolbè
onique • Rentina • Stavros
Pazarouda • Égri-Boudzak
rion • Monastère d'Ag. Anastasia (Farmakolytria)
ka • Galatista • Arnaia (Liaringovi)
arinos Vavdos Mt Cholomon
Polygyros • 1er Juin 1821
16-17 Mai 1821 • Iérissos
• Ormylia Baie de 17 Mai 1821
Ag. Mamas • Provlakas
• Ag. Nikolaos • Karyès
Nikiti 29 Mai 1821 Mt Athos
17 Mai 1821 Sithonie
Kassandra • Parthénionas
Fourka • Kassandra
Ag. Paraskévi • Sykéa

MER ÉGÉE

Sporades du Nord
• Alonnésos
e
Skiathos
Skopélos

67. La Révolution de 1821-22 en Macédoine.

68. Emmanuel Pappas, membre de la "Philikè Hétairia" (Société amicale), originaire de Serrès (dessin du sculpteur K. Palaiologos). Athènes, Musée historique national.

69. Tsamis Karatasos, commandant de l'armée grecque puis aide de camp du roi Otton. Il fut à la tête de tous les soulèvements contre l'occupant turc, au début du XIXème siècle. Athènes, Musée historique national.

70. La bataille du lac de Yanitsa. →

71. Kapétan Agras et ses compagnons d'armes sur le lac de Yanitsa. Athènes, collection Mazarakis.

72. Le héros national Pavlos Mélas, vêtu de l'uniforme du combattant macédonien. Tableau de G. Iacovidis. Athènes, Musée historique national.

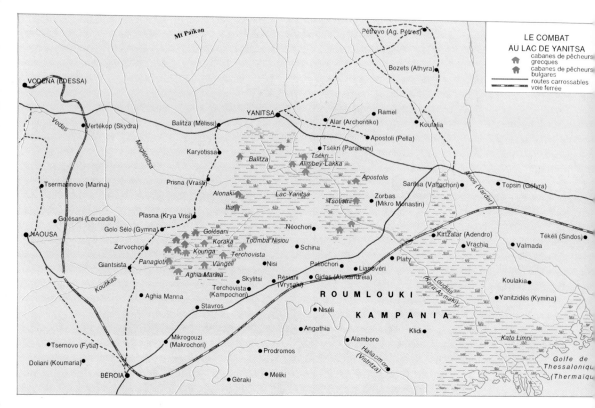

LE COMBAT
AU LAC DE YANITSA

cabanes de pêcheurs grecques
cabanes de pêcheurs bulgares
routes carrossables
voie ferrée

Χατζ

73

73. L'entrée triomphale du roi Georges Ier et de son héritier Constantin dans Thessalonique libérée. Athènes, Bibliothèque Gennadios.

pêche une nouvelle fois un soulèvement général des Macédoniens.

Dans la seconde moitié du XIXème siècle, alors que la conjoncture internationale est plutôt favorable à d'autres peuples de la péninsule de l'Haimos, que la diplomatie internationale semble hostile aux affaires grecques et que les mouvements nationalistes bulgares rivalisent d'anti-hellénisme et de barbarie avec les instances turques, la Macédoine –véritable pomme de discorde– s'emploie à préserver son intégrité grecque, en construisant des écoles, en fondant des associations éducatives, en opposant à l'expansionnisme slave la réalité historique et l'Orthodoxie du Patriarcat oecuménique, en mobilisant une fois de plus ses espoirs et la jeunesse de la Grèce libre. Bref, elle prépare le Combat Macédonien. Depuis la date fatidique de 1875, la néfaste année 1897, en dépit des génocides et des hécatombes, les marais de Yanitsa, les massifs de Grévéna, les gorges boisées de Florina se

transforment en autant de pages où un Pavlos Mélas, un Constantin Mazarakis-Ainian, un Spyromilios, un Tellos Agras, et tant d'autres héros, célèbres connus ou anonymes, écriront avec leur sang le nom de la renaissance macédonienne. A un empire qui, en dépit du mouvement novateur que représentent les néo-Turcs, est voué à l'effondrement face à une implacable Bulgarie lourdement armée et alliée à la Serbie, l'hellénisme oppose les droits d'une race: le 26 octobre 1912, il hisse le drapeau chrétien dans la capitale de Macédoine, Thessalonique. La Macédoine sortait d'un demi-siècle de servitude pendant lequel la servitude avait été mise en échec. Au sortir d'un demi-millénaire de vicissitudes, de persécutions, de crimes, de complots, de désillusions, de brimades, elle revêt à nouveau les couleurs bleue et blanche et, armée de l'épée de la justice, ouvre la voie à l'époque moderne: l'ère de l'épopée balkanique et du progrès.

MACEDOINE CENTRALE

Selon Thucydide (II, 99), la Basse Macédoine comprenait la Bottie, la Piérie, l'Eordée, une partie de l'ancienne Péonie, l'Almopie, la Mygdonie, l'Anthémonte, la Crestonie et la Bisaltie, ce qui correspond aux départements actuels de Piérie, d'Emathie, de Thessalonique, de Pella et de Kilkis. Ce furent la Piérie et la Bottie qui constituèrent le premier noyau du Royaume de Macédoine avant que le roi Archélaos puis, et surtout, son successeur Philippe II n'en étendent les limites géographiques à l'ouest et à l'est. On conçoit aisément que cette région de plaines fertiles, arrosée par des fleuves au débit abondant –l'Axios, l'Haliacmon et le Loudias–, et jouissant d'un climat doux, ait été, à l'époque historique, propice au développement et au rayonnement des plus antiques cités de Macédoine (Aigéai, Béroia, Pella, Miéza, Dion, puis Thessalonique) et, que dès une époque beaucoup plus reculée, dans des sites au bord de lacs ou de fleuves, des habitats puissants se fussent implantés: au néolithique, Nicomédeia, Yanitsa, Mandalo à Néa Pella, puis à l'âge du bronze Spathes et Asséros et à l'âge du fer, Pydna, Palaio Gynaikokastro à Kilkis, Toumba à Thessalonique et Vergina. De même, on imagine sans mal que les rivages attrayants du golfe Thermaïque aux baies abritées aient vu se développer des ports comme ceux d'Hérakleion (Platamôn), de Pydna, de Méthone et fleurir, de la période archaïque à la période post-classique, des centres comme Chalastra (peut-être l'actuelle Sindos), Thermè et Aineia (Michaniona). Les ruines de ces cités et les trésors artistiques qui y ont été mis au jour et ornent aujourd'hui les musées de Thessalonique et de Dion nous permettent, par la richesse, la sensibilité et la perfection de leur facture, de parfaire notre connaissance de la civilisation du monde grec antique.

Ainsi, des trouvailles comme le kouros d'Europos (Kilkis), les bijoux remarquables, les armes, les vases à figures noires et à figures rouges mis au jour dans les nécropoles de Sindos et d'Aghia Paraskévi, les beaux ouvrages de toreutique en bronze et en argent découverts à Sévastè en Piérie, à Pydna et à Makriyalos, à Vergina (Aigéai), dans la ville de Thessalonique (Oraiokastro, Stavroupolis), les admirables motifs chrysélé- phantins livrés par Leukadia, Vergina et Dion attestent la richesse culturelle de la région depuis l'époque archaïque jusqu'à l'époque post-alexandrine à laquelle remontent également d'éclatants témoignages de l'architecture urbaine (à Pella par exemple) ou funéraire (à Vergina et Leukadia). Tous ces trésors témoignent également des richesses qui avaient afflué dans la région à la faveur des campagnes d'Orient. Mère patrie des royaumes hellénistiques des *Epigones*, ayant sous sa domination Aigéai et Pella, les deux capitales du royaume, ainsi que le grand sanctuaire de Dion (sorte de "Delphes du Nord"), la Basse Macédoine constituera, après le démantèlement du royaume de Macédoine (168 av. J.-C.) les seconde et troisième des quatre "mérides" ou districts correspondant au découpage administratif imposé par le Sénat romain avant que le pays ne soit intégré à la *Provincia Macedonia* (en 148 av. J.-C.). Théâtre des opérations militaires successives qui, dans les derniers siècles précédant l'avènement du Christianisme, opposèrent dans un premier temps les légions romaines d'un côté aux menaçantes hordes barbares venues du Nord (Sintes, Dardaniens, Maides et Skordisques) et aux troupes de Mithridate VI, roi du Pont de l'autre, puis Jules César à Pompée et enfin Brutus au duumvirat Octave-Antoine, la région attend le calme tant escompté que lui apportera enfin l'empire d'Auguste (à partir de 27 av.J.-C.), après des décennies de troubles.

Un certain nombre de colonies, telles Dion et Pella et de villes libres, comme Thessalonique, ou assujetties à l'impôt, telles Béroia ou Edessa, deviennent au fil du temps de véritables foyers de culture gréco-romaine, dotés de forums, de curies, de théâtres, de gymnases, de bibliothèques, de sanctuaires consacrés au culte impérial —celui de César notamment— et de larges voies pavées. Elles se transforment en centres de transit où affluent les commerçants de l'Occident, où les hommes d'affaires et leurs confrères d'Orient ont leur siège, où stationnent des détachements de l'armée romaine, où font halte les caravanes venues d'Illyrie et de Thrace, après avoir suivi la Via Egnatia. Elles deviennent les dépositaires de l'illustre passé de la région et érigent des monuments au légendaire conquérant, Alexandre, organisent des jeux en son honneur (les "Alexandreia Olympia") et frappent des monnaies (émissions du "Koinon des Macédoniens"). Ces cités grecques conservent vivantes leurs antiques institutions: *l'ecclésia* –ou assemblée du peuple– la *boulè* –ou conseil– et les *archontes* –ou magistrats. Jusqu'à la moitié du IIIème siècle ap. J.-C., les cités disposaient de belles demeures aux sols dallés de mosaïques superbes, se glorifiaient de leurs agoras et de leurs sanctuaires et édifiaient pour leurs défunts des sarcophages sculptés. Jusqu'à l'époque où pesèrent sur elles les menaces des Hérules et des Goths, elles furent des arches de l'hellénisme. Elles se refusaient à oublier leur histoire et cultivaient la philosophie, la littérature, la poésie et le théâtre en même temps qu'elles exaltaient le corps. Au grand tournant du Christianisme, une fois que le message divin fut profondément ancré dans la communauté chrétienne d'abord de Thessalonique et de Béroia puis de plusieurs autres villes de la région (Stobi, Edessa, Pella) et que l'antique organisation administrative eut été soumise à des modifications successives en fonction des besoins propres à chaque époque (réformes de Dioclétien puis de Constantin le Grand), la région se dépouilla peu à peu de son visage romain pour revêtir la pourpre byzantine; les basiliques paléochrétiennes et les baptistères se substituèrent aux arcs de triomphe, les hippodromes et leurs spectacles sanglants cèdent la place aux processions de fidèles. A Thessalonique, le dieu ancestral, Kabeiros, est délaissé en faveur du martyr saint Démétrius. Devenus "par la grâce de Dieu" les chefs d'une Orthodoxie qui, avec une égale ferveur, s'emploie à dissiper les nuages de l'idôlatrie et des hordes barbares, les empereurs qui sont appelés à protéger les frontières septentrionales et orientales de l'Etat prennent de plus en plus souvent leurs quartiers d'hiver dans ce pays béni qui, tout en leur offrant le repos, leur permet de refaire leurs forces: c'est dans la capitale macédonienne que Constantin le Grand en 322, puis Théodose Ier en 379/80 et Valentinus II en 387/88 reconstituent leur armée afin de faire face tant à leurs rivaux qui prétendent au pouvoir qu'aux incursions des Goths. Toutefois, la région n'est pas à l'abri des pillages: des villes comme Pella, Stobi et Edessa sont éprouvées par la sauvagerie des Barbares (473-483 ap. J.-C.), et Thessalonique échappe de justesse au siège que lui livrent d'abord les Huns (540 ap. J.-C.) puis les Avars et les Slaves (597 ap. J.-C.). En dépit de ces troubles et de ces saccages, l'élevage et l'agriculture restent florissants dans les plaines fertiles de la Macédoine centrale, les ports exportent du marbre; dans les centres urbains, fonctionnent des ateliers de teinture et des chaudronneries, et des artisans chevronnés travaillent le cuir. Dans

les marais salants, on produit du sel pour fumer la viande et les lacs Koroneia (Aghios Vasilios) et Bolbè offrent aux habitants une abondance de poissons qui leur permet d'approvisionner toute la région (Xème siècle ap. J.-C.). C'est des premiers siècles de notre ère que datent quantité de monuments nés de la foi chrétienne et dont la splendeur atteste la prospérité de la région, tels que la basilique de Saint-Démétrius et l'Acheiropoiétos à Thessalonique, la basilique épiscopale de Stobi, les églises d'Edessa et de Dion ainsi que les puissants remparts et les riches demeures de Thessalonique, Bargala et Stobi. Les oeuvres de la sculpture rivalisent avec celles de la toreutique et les mosaïques murales avec les fresques qui ornent les tombes et les édifices religieux.

Au cours des siècles suivants, les Avars et les Slaves déferlent par vagues successives, introduisant leur frénésie de pillage jusqu'au coeur de l'Empire (586-618 ap. J.-C.: sièges de Thessalonique), les pirates arabes pillent le golfe Thermaïque (904 ap. J.-C.), les Bulgares profitent de la faiblesse de l'Etat pour occuper Béroia (989 ap. J.-C.) Kolyndros, Servia et Edessa, et les Normands (1185 ap. J.-C.) déciment les populations et saccagent les monuments: la Macédoine centrale est alors éprouvée une fois de plus par les perfides ennemis de sa grandeur intacte et de sa prospérité. Elle est livrée aux rapaces qui convoitent à la fois sa vigueur économique et le rayonnement culturel et intellectuel de ses centres urbains alors dotés d'imposantes cathédrales ornées de fresques ou d'églises plus petites (Béroia, Edessa, XIème siècle ap. J.-C.) et qui concentrent l'élite intellectuelle de l'époque. Au fil du temps, le danger venu du Nord s'amenuise soit du fait de la faiblesse intérieure des jeunes Etats qui se sont constitués dans les Balkans (comme la Serbie ou la Bulgarie), soit grâce à la souplesse politique de la diplomatie byzantine (évangélisation des Slaves par les moines de Thessalonique Cyrille et Méthode au IXème siècle puis extension de l'influence byzantine). Mais en 1204, c'est la quatrième Croisade des "fidèles" chrétiens d'Occident qui ébranle les fondements de l'Empire. Cette croisade sape les institutions et les principes ancestraux, ravit les trésors accumulés par des générations entières et, assujettit jusqu'en 1224 cette partie de l'Empire Byzantin aux Francs de Boniface de Montferrat: la Macédoine prend alors le nom de "royaume de Thessalonique". Un évêque latin s'installa à Béroia et, à Thessalonique, les églises de Saint-Démétrius et d'Aghia Sophia furent livrées au dogme occidental. Reconstruite, la garnison de Platamôn devient une illustre forteresse. A Pydna, une église en ruines est transformée en camp militaire.

Après avoir été rattachée pour une brève période au "despotat" d'Epire (1224-1246), la Macédoine centrale qui est rentrée dans l'obédience byzantine sous Michel VIII Paléologue (1261), est bientôt menacée par la Société des Catalans (1309), puis déchirée par les querelles opposant Andronic II et Andronic III (1328). Elle sera ensuite occupée par les troupes du kral serbe Stéphane Douchan (1334) et finalement ensanglantée par la querelle entre Jean Cantacuzène et Jean V Paléologue avant d'être livrée aux Ottomans qui font le sac de Thessalonique en 1430. Elle aura donc connu environ deux cents ans de tribulations depuis l'occupation latine, deux siècles marqués par des désastres mais également des prouesses dans les domaines de l'architecture civile et militaire (Gynaikokastro sur l'Axios, Chrysi en Almopie), de la mosaïque, de la peinture (Thessalonique), de la littérature et de la philosophie qui lui assureront un rayonnement mondial.

Avec l'installation des Turcs, la colonisation des campagnes par des populations ottomanes (dès 1426, le *toparque* —ou gouverneur— Ahmet Evrénos avait la mainmise sur toute la plaine de Thessalonique), et avec l'implantation des Juifs expulsés d'Espagne dans les centres urbains (Thessalonique et Béroia), la fondation de villes nouvelles (Yanitsa) mais également le dépeuplement des plaines face à la peur de l'impôt et du recrutement forcé de jeunes garçons pour le corps des Janissaires (connu sous le nom de *paidomazoma*), le visage de la région se modifie peu à peu. De nouvelles conditions se mettent en place et l'hellénisme se serre les coudes pour affronter son destin et cherche un échappatoire dans les visions et les idéaux dont le prive la servitude. A Naousa, fondée à cette époque, à Béroia (la Karaféria des Turcs), à Vodéna (Edessa), à Thessalonique (Selanik), le commerce fleurit; on édifie des églises dans de nombreux quartiers, de riches demeures (*archontika*) cachent la richesse et le progrès, des manufactures fournissent aussi bien l'Europe libre que Constantinople, des navires transportent des biens matériels, véhiculent le savoir, acheminent d'abord clandestinement puis au grand jour des compatriotes et des étrangers, des écoles entretiennent la mémoire du passé et posent des jalons pour l'avenir. Parallèlement, tout message d'une défaite de l'occupant dans des conflits internationaux (1571: écrasement de la flotte turque à Naupacte, 1645-1669: guerres turco-vénitiennes, 1716-1718: conflit austro-turc, 1768-1774: guerre russo-turque) redonne espoir aux Grecs asservis qui, en dépit de l'implacable politique intérieure de la Sublime Porte et des ravages causés par des bandes de pillards armés, n'hésitent pas à exprimer leur allégresse et à se mobiliser dans la perspective d'un soulèvement. Les *armatoles* dans le Bermion, en Piérie et à Naousa et les *klephtes* à Edessa raniment les coeurs, exhortent à faire fi de la lâcheté pour choisir la résistance et, à la faveur de mille affrontements, illustrent leur courage et répètent à l'envi la lutte des Thermopyles. La révolte manquée sur le mont Olympe (1822), l'holocauste de Naousa (1822), les victimes de la barbarie turque dans la capitale macédonienne au lendemain du soulèvement de la Chalcidique, les combattants, célèbres ou anonymes, qui militent par leurs écrits, les diplomates inspirés du consulat grec de Thessalonique, les prêtres massacrés, les combattants des marais de Yanitsa et de Piérie seront autant d'exemples riches de leçons pour l'armée qui marchera sous la conduite du prince héritier, Constantin, dans le tourbillon des Guerres Balkaniques de 1912-1913. En dépit des interventions bulgares et des manoeuvres ourdies pour faire échouer l'entreprise, le drapeau bleu et blanc finira par flotter sur la Tour Blanche, défiant l'Histoire.

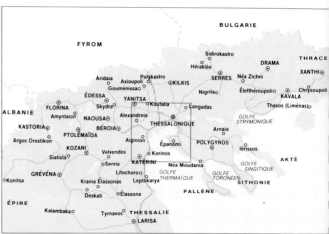

THESSALONIQUE
et sa région

74

APERCU HISTORIQUE

L'antiquité

Les nombreux vestiges d'établissements humains s'échelonnant du troisième ou second millénaire jusqu'à l'époque classique, les *toumbès* et les *tables* mises au jour dans le voisinage immédiat de la Thessalonique hellénistique révèlent une occupation organisée, dense et continue depuis le néolithique. Formées par les ruines et les fondations des maisons appartenant à des couches d'habitats successifs, les *toumbès* –buttes coniques à plate-forme terminale réduite– et les *tables* –buttes à la surface terminale plus étendue que celle des *toumbès*–, sont réparties sur le pourtour du golfe Thermaïque qui, dans l'antiquité, était plus vaste et pénétrait davantage dans les terres qu'aujourd'hui et attestent l'existence de relations commerciales intenses aussi bien avec l'Hellade méridionale qu'avec l'Ionie.

Les thèses des archéologues divergent quant au site de Thermè, la petite cité sur l'emplacement de laquelle fut édifiée la Thessalonique hellénistique: les uns l'identifient à l'agglomération antique fouillée dans le quartier de Toumba à Thessalonique, d'autres à celle de Mikro Emvolon (Karabournaki) et enfin, une troisième école estime qu'il convient de la chercher au centre de la Thessalonique moderne. Lorsqu'en 315 av. J.-C., le roi Cassandre décida de fonder au fond du golfe Thermaïque une nouvelle cité qu'il peupla d'habitants transférés de vingt-six *polismata* –ou bour-

74. L'ancienne rue côtière (Paralia) de Thessalonique avec la Tour Blanche.

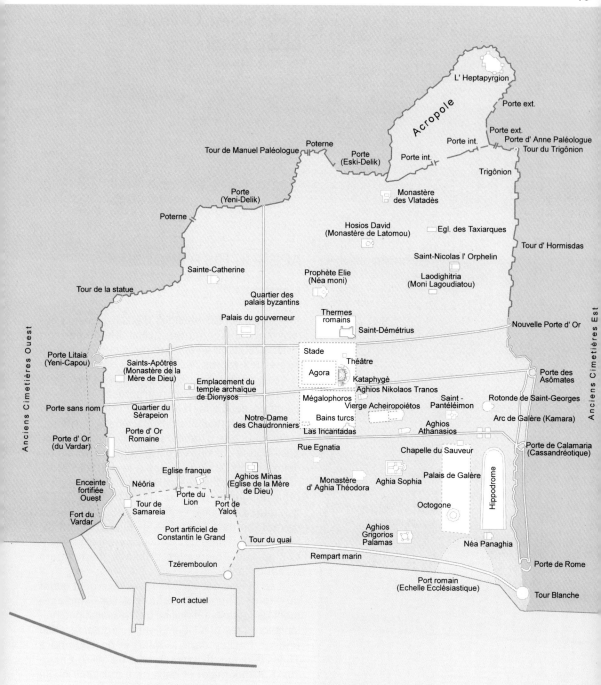

L' Heptapyrgion

Porte ext.

Acropole

Porte ext.

Porte int.   Porte d' Anne Paléologue

Poterne   Porte int.   Tour du Trigônion

Tour de Manuel Paléologue   Porte   Porte int.   Trigônion
                                  (Eski-Delik)

Porte   Monastère
(Yeni-Delik)   des Vlatadès

Poterne   Hosios David   Egl. des Taxiarques
                              (Monastère de Latomou)
                                                                        Tour d' Hormisdas

Sainte-Catherine   Prophète Elie   Saint-Nicolas l' Orphelin
Tour de la statue   (Néa moni)   Laodighitria
                                                    (Moni Lagoudiatou)

                        Quartier des
                        palais byzantins
                                        Thermes
        Palais du gouverneur   romains
                                              Saint-Démétrius   Nouvelle Porte d' Or

Porte Litaia   Stade
(Yeni-Capou)   Saints-Apôtres   Théâtre
               (Monastère de la   Agora   Porte des
                Mère de Dieu)   Kataphygè   Asômates
               Emplacement du
               temple archaïque   Mégalophoros   Aghios Nikolaos Tranos
Porte sans nom de Dionysos   Saint -   Rotonde de Saint-Georges
               Quartier du   Vierge Acheiropoiétos   Pantéléimon
               Sérapeion   Notre-Dame   Bains turcs   Arc de Galère (Kamara)
Porte d' Or   Porte d' Or   des Chaudronniers   Aghios
(du Vardar)   Romaine   Las Incantadas   Athanasios
                                  Rue Egnatia   Porte de Calamaria
                                                   Chapelle du Sauveur   (Cassandréotique)
               Eglise franque   Aghios Minas   Palais de Galère
Enceinte   Néôria   (Eglise de la Mère   Monastère   Aghia Sophia
fortifiée   de Dieu)   d' Aghia Théodora
Ouest   Porte du   Hippodrome
Fort du   Tour de   Lion   Port de   Octogone
Vardar   Samareia   Yalos
                                                                        Néa Panaghia
            Port artificiel de   Aghios
            Constantin le Grand   Tour du quai   Grigorios   Porte de Rome
                                               Palamas
        Tzéremboulon   Rempart marin
                                                                              Tour Blanche
                                          Port romain
         Port actuel   (Echelle Ecclésiastique)

Anciens Cimetières Ouest

Anciens Cimetières Est

75. Relevé topographique de Thessalonique avec ses monuments antiques et byzantins.

76. Sima de marbre avec gargouille en forme de mufle de lion. Provenant du temple ionique de Thermè. Fin du VIème siècle av. J.-C. Thessalonique, Musée archéologique.

77. Tête en relief provenant de la frise sculptée du temple ionique de Thermè. Fin du VIème siècle av. J.-C. Thessalonique, Musée archéologique.

78. Chapiteau du temple ionique de Thermè. Fin du VIème siècle av. J.-C. Thessalonique, Musée archéologique.

77

78

79. *Pilier funéraire,
440 av. J.-C.
Thessalonique,
Musée
archéologique.*

80. *Tête de Sérapis
découverte près du
Sérapeion.
Réplique romaine
d'un original dû au
sculpteur Bryaxès.
Thessalonique,
Musée
archéologique.*

81. *Seau de bronze
découvert dans
une tombe de
Kalamaria,
430-420 av. J.-C.
Thessalonique,
Musée
archéologique.*

gades– de Crouside, de l'Anthémonte et de la
Mygdonie, Thermè constitua vraisemblablement
le noyau de cette nouvelle agglomération qui prit
le nom de l'épouse du prince macédonien, Thessalonikè, et accéda bientôt au rang de "métropole" de la Macédoine.

Bien que seuls de très rares vestiges datant
des premiers siècles d'existence de la ville (IIIème
-Ier siècles) aient été conservés –ceux-ci se limi-
tant essentiellement aux trouvailles mises au jour
dans les nécropoles et à quelques tombes "macédoniennes" isolées– de récents travaux concernant le plan de la ville, qui prévalut jusqu'à l'incendie de 1917, ont toutefois permis d'établir que
le tissu urbain de la Thessalonique antique était
préservé, du moins dans le centre de la ville: un
réseau orthogonal de larges voies orientées nord-
sud et est-ouest délimitait de vastes îlots, conformément au célèbre plan dit "hippodaméen" (ou en
damier). Ce schéma urbain qui visait à une distribution fonctionnelle des différents espaces au
sein du quadrillage urbain, affectant des espaces
spécifiques aux sanctuaires, aux agoras et aux
habitations et déjà connu à une époque plus ancienne, prit aux Vème et IVème siècles, notamment sous les *diadoques* –les successeurs de
l'Empire d'Alexandre le Grand–, une dimension
ostentatoire, se haussant au niveau des ambitions dynastiques des princes hellénistiques.

Il semble que les fortifications de la nouvelle
ville, qui sont contemporaines de sa fondation,
n'aient pas fait l'objet, au cours de leur histoire,
de modifications notables du moins dans leur tracé, exception faite de la section orientale des
remparts, vraisemblablement détruite lorsque le
terrain fut aplani afin que le complexe galérien
soit intégré dans le plan urbain, à la fin du IIIème
et au début du IVème siècles ap. J.-C.

Il ne reste aucune trace ni du port hellénistique
ni des palais de l'époque, mentionnés dans des
sources relatives au règne de Persée (avant le milieu du IIème siècle av. J.-C.). En revanche, il semble
que l'on doive localiser l'agora, attestée par les
sources épigraphiques dès le Ier siècle, au centre
de la ville actuelle, sur l'emplacement même où a
été mise au jour l'agora romaine, autrement dit au
coeur de la partie construite de la ville antique.
L'actuelle place Emporiou correspondrait donc
vraisemblablement à l'agora alors qu'il convient
de situer le gymnase sur l'emplacement ou légèrement à l'ouest de l'église Saint-Démétrius.

C'est entre l'agora et la section ouest des
remparts que les trouvailles archéologiques nous
invitent à localiser les sanctuaires publics, notamment le temple de Dionysos et le temple dé-

80

81

82. Kalathos alexandrin en faïence, découvert dans une tombe à ciste de Néapolis, près de Thessalonique. Début du IIème siècle av. J.-C. Thessalonique, Musée archéologique.

83. Vase en terre cuite du type "West Slope", provenant de la tombe "macédonienne" de la place Syntrivaniou à Thessalonique. Première moitié du IIIème siècle av. J.-C. Thessalonique, Musée archéologique.

84. Bracelets en or livrés par une tombe à ciste de Néapolis, près de Thessalonique. Début du IIème siècle av. J.-C. Thessalonique, Musée archéologique.

85. Figurine d'Aphrodite en terre cuite, livrée par une tombe à ciste de Néapolis, près de Thessalonique. Début du IIème siècle av. J.-C. Thessalonique, Musée archéologique.

84

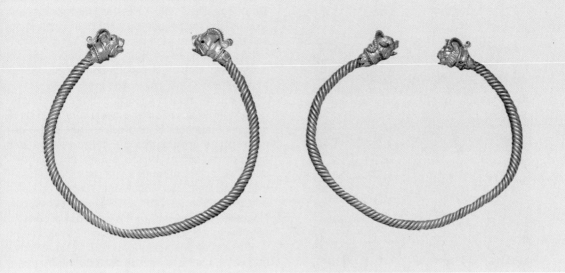

85

86

dié à Sérapis où étaient honorés quantité d'autres dieux égyptiens: Isis, Osiris et Harpocrate. Les fouilles ont révélé que ce sanctuaire, qui jouissait déjà d'une aura particulière du fait qu'il résultait d'un édit du roi Philippe V, fut encore agrandi sous Marc-Antoine, à l'instigation de Cléopâtre, et acquit alors une gloire sans précédent.

Conformément à l'usage antique, les nécropoles sont sises à l'extérieur des remparts de la cité, généralement le long des routes. Outre ces nécropoles organisées qui comportaient des groupes de tombes à ciste, renfermant pour certaines de riches offrandes funéraires, on rencontrait également des monuments funéraires isolés à la périphérie de Thessalonique (Stavroupolis, Néapolis, Michaniona) tantôt dans des propriétés privées, tantôt à la lisière d'anciennes *polismata*.

Les constructions funéraires à caractère monumental, connues sous le nom de tombes "macédoniennes", mises au jour tantôt à proximité, tantôt à une distance relativement grande des limites de la cité hellénistique datent du IIIème

86. Le "Diagramme" de Philippe V, décret de 187 av. J.-C. dans lequel le roi énonce un certain nombre de mesures pour la protection du Sérapeion à Thessalonique. Thessalonique, Musée archéologique.

87. Tétradrachme d'argent de la seconde "méride" de Macédoine, 168-148 av. J.-C. Athènes, Musée numismatique.

88. Autel gravé d'une inscription qui mentionne la tribu Asclépias de Thessalonique, IIème siècle ap. J.-C. Thessalonique, Musée archéologique.

87

surtout. Antigone Gonatas y trouve refuge après avoir été battu par Pyrrhos en 274 av. J.-C., Philippe V s'y retire au lendemain de la bataille de Cynocéphales (en 197 av. J.-C.) pour se consacrer à l'étude des questions de politique romaine. C'est également à Thessalonique que descendra, en 185 av. J.-C., la légation romaine chargée de statuer sur le sort des villes de Thrace tandis que Persée brûlera les vaisseaux de sa flotte de guerre dans le port militaire de la cité pour que ceux-ci ne tombent pas aux mains des ennemis.

Cité autonome dotée d'institutions, d'une administration et de magistrats calqués sur le modèle des cités de Grèce méridionale, Thessalonique dépendait du pouvoir central représenté par l'*épistate* –ou gouverneur militaire– entouré de cinq juges. Les citoyens étaient répartis en tribus (*phylès*) –dont l'Antigonis, la Dionysias et l'Asclépias et appartenaient à des *dèmes* (Bucéphaleia et Kékropis, par exemple). Les deux principaux organes de la cité étaient le conseil (*boulè*) et l'assemblée du peuple (*ecclésia*), le pouvoir exécutif étant aux mains des trésoriers (*tamiai*) et des *agoranomes*. La ville avait également son archonte éponyme, prêtre d'une divinité dont le nom n'est pas mentionné dans les sources.

En 187 av. J.-C., dans le cadre de la réorganisation de l'Etat consécutive à la paix d'Apamée (188 av. J.-C.), Thessalonique est la première des villes de Macédoine à émettre avec l'accord de Philippe V ses premières monnaies, exclusivement en bronze. Durant cette première phase d'activité, son hôtel des monnaies fonctionnera pendant vingt ans, c'est-à-dire jusqu'à la dissolution du royaume de Macédoine, en 168 av. J.-C.

Dans les années qui suivent, la cité conserve pourtant son importance pour la région. Capitale de la seconde des quatre "mérides" –ou districts, correspondant au nouveau découpage administratif imposé à la Macédoine par les Romains en 168 av. J.-C.– et centre stratégique majeur durant tout le IIème et le Ier siècles, Thessalonique intéresse au plus haut point l'administration romaine précoccupée à l'époque de refouler à la fois les incursions des tribus thraces et l'invasion des troupes de Mithridate VI, roi du Pont.

La domination romaine

Bien protégée au fond du golfe Thermaïque et au pied de la chaîne du Kissos, dans un site qui favorise le commerce aussi bien entre l'Orient et l'Occident qu'entre le Nord et le Sud, la plus illustre des cités fondées par Cassandre bénéficie en outre du voisinage immédiat de quatre fleuves,

siècle av. J.-C. Pillées pour la plupart dès l'antiquité, elles révèlent néanmoins par leur construction, leur décor pictural –du moins ce qui en a été conservé– et les offrandes funéraires qu'elles renfermaient, la richesse de leurs occupants, qui appartenaient le plus souvent à de grandes familles. Ce sont les tombes "macédoniennes" de la place Syntrivaniou, du Maieftirion, de Charilaou, de Phinikas, de la rue Monastiriou et de Néapolis, les quatre premières situées à l'est de la ville, les deux autres à l'ouest.

Première base militaire du royaume et premier port marchand du monde helladique septentrional, Thessalonique, cette cité au rayonnement international, accueillera, à l'époque très troublée de la dynastie des Antigonides, une foule d'étrangers et développera des relations avec des centres célèbres de l'hellénisme, centres religieux

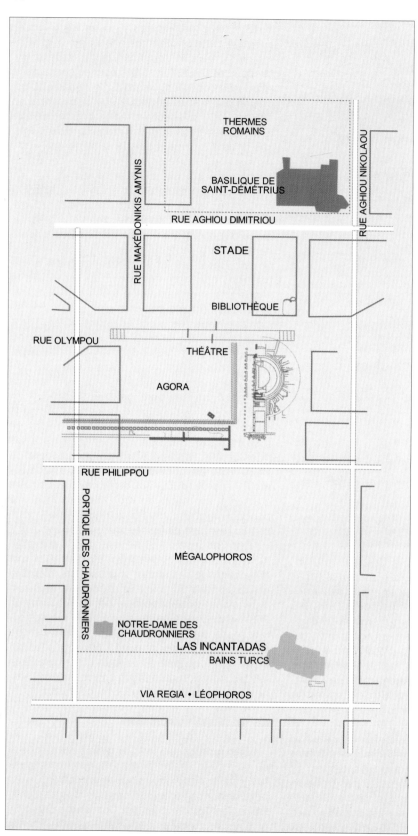

THERMES
ROMAINS

BASILIQUE DE
SAINT-DÉMÉTRIUS

RUE MAKÉDONIKIS AMYNIS

RUE AGHIOU NIKOLAOU

RUE AGHIOU DIMITRIOU

STADE

BIBLIOTHÈQUE

RUE OLYMPOU

THÉÂTRE

AGORA

RUE PHILIPPOU

PORTIQUE DES CHAUDRONNIERS

MÉGALOPHOROS

NOTRE-DAME DES
CHAUDRONNIERS

LAS INCANTADAS

BAINS TURCS

VIA REGIA • LÉOPHOROS

89. Plan de l'agora
(forum) de
Thessalonique
(Char. Bakirtzis).

90. Monnaie de bronze
de Thessalonique
représentant la divinité
protectrice de la ville:
Kabeiros, IIème siècle
ap. J.-C. Athènes,
Collection numismatique
de la Banque du Crédit.

91. Base de statue de
la reine Thessalonikè,
provenant de la
Bibliothèque, dans le
quartier du forum
romain. Fin du IIème
siècle ap. J.-C.
Thessalonique, Musée
archéologique.

tout en étant dotée d'un port sûr et située sur l'une des voies de communication les plus importantes de l'époque, la Via Egnatia, construite dans la seconde moitié du IIème siècle; pendant toute la durée de l'Empire romain, elle demeurera donc le centre administratif et économique qu'elle était déjà du temps de l'hellénisme des trois continents et de la démocratie.

Dans le nouvel ordre introduit par le règne d'Auguste (27 av. J.-C.-14 ap. J.-C.), la ville de Thessalonique demeure, de par sa position géographique, en retrait des opérations militaires mais, dès le milieu du IIème siècle ap. J.-C., elle est attestée comme la ville la plus peuplée de la province de Macédoine. Deux siècles plus tôt —vers le milieu du Ier siècle— l'orateur romain Cicéron l'avait élue comme terre d'exil et, en 48 av. J.-C., Pompée en avait fait son quartier général, avant la bataille de Pharsale. *Civitas libera* (cité libre), dès le lendemain de la victoire du triumvirat (Octave, Marc-Antoine, Lépide) en 42 av. J.-C. à Philippes, elle échappe au pillage des soldats de Brutus; devenue bientôt la patrie d'illustres hommes de lettres, elle sera aussi le centre où affluent quantité d'érudits, de commerçants et d'artisans, tant grecs que romains. Il suffit, pour se convaincre de l'importance de Thessalonique au temps d'Hadrien, de rappeler que celle-ci faisait partie des membres fondateurs du "Panhellénion", autrement dit l'amphictyonie panhellénique fondée en 131/132 ap. J.-C. par cet empereur philhellène et qui avait son siège à Athènes.

L'abondance des inscriptions grecques atteste que le caractère cosmopolite qu'avait acquis la cité et la présence romaine n'amenèrent pas de profondes mutations dans la composition de sa population et surtout ne réussirent pas à latiniser ses habitants. Ce qui n'empêche que de nombreux Thessaloniciens, obéissant chacun à des motivations diverses, décidèrent alors de s'expatrier: on les retoruve, définitivement ou provisoirement installés dans des régions de l'Empire aussi lointaines que l'ouest de l'Afrique du Nord, dans les pays correspondant aujourd'hui à l'ex-Allemagne de l'Ouest et à la Serbie, à Rome ou —ce qui est moins surprenant— dans des villes aussi proches que Philippopolis (Plovdiv), Stobi, Thasos, Philippes ou Athènes.

Le plan presque carré de la ville restera pratiquement inchangé après l'occupation romaine: l'agora, avec ses diverses constructions, occupait toujours le centre de la cité. Et si l'opulence de la ville transparaît dans ses somptueux édifices publics, la prospérité de ses habitants se reflète, quant à elle, dans les superbes mosaïques ornant les sols des maisons particulières, le nombre imposant de bustes-portraits d'une facture admirable et autres témoignages de la sculpture, sans parler des innombrables sarcophages en marbre sculpté et des tombes renfermant de riches offrandes funéraires.

En ce qui concerne la vie religieuse, les sources épigraphiques attestent le culte de divinités variées: Dionysos, Apollon, Aphrodite Omonoia (Vé-

90

91

nus Concordia), Zeus Hypsistos, les Nymphes, les Dioscures, Némésis. En l'absence d'indications précises, il semble que l'on puisse toutefois localiser approximativement divers sanctuaires: celui de Fulvus, le fils de Marc-Aurèle, divinisé après une mort prématurée en 165 ap.J.-C., se dressait vraisemblablement à l'ouest de l'église Saint-Démétrius; le temple du dieu protecteur de la cité, Kabeiros, à l'emplacement de l'église Saint-Démétrius alors que les temples de Jules-César, de Zeus Eleuthérios (Libérateur) et de Rome et peut-être d'Auguste devaient s'élever du côté de la rue Stratigou Doumbioti. Pourtant la ville n'a rien oublié de l'antique gloire du royaume de Macédoine: les statues d'Alexandre le Grand, de son fils Alexandre IV et de sa soeur Thessalonikè se dressent bien en vue, au milieu de la Bibliothèque. Mais, dans les années, 49/50 ap. J.-C., Thessalonique prêtera une oreille attentive au message du christianisme que vient y prêcher Paul, l'apôtre des nations: la communauté chrétienne de Thessalonique sera l'une des premières d'Europe et elle ne tardera pas à devenir aussi l'une des plus actives.

En dépit des vicissitudes que le IIIème siècle lui réserve comme à la région toute entière, durant cette période de repli où elle cherche dans son passé un soutien moral, Thessalonique saura tirer le meilleur parti possible des honneurs que lui concède en 241 l'empereur philhellène Gordien III: organiser tous les cinq ans des jeux universels, les "Pythia", et entretenir le temple consacré au culte de l'empereur. Elle réussira en outre à se faire attribuer par Trajan Dèce (249-251) les titres honorifiques de "métropole" et de "colonie". Pourtant le danger est déjà à sa porte: les Goths, les Karpes et les Hérules déferlent sur la péninsule de l'Haimos, pillant villes et campagnes, et, au printemps de l'an 254 ap. J.-C., assiègent Thessalonique; la cité échappe de justesse à ses agresseurs grâce à la vaillance de ses habitants, à ses fortifications récemment consolidées et, si l'on en croit la tradition locale, à la protection du dieu patron et protecteur de la cité, le dieu Kabeiros. En 268, ce même *deus ex*

machina devait une fois de plus sauver sa ville préférée de la rapacité des hordes barbares.

Pourtant, la situation se dessine sous un jour plutôt sombre et les fréquentes séditions des prétendants au trône romain, se conjuguant avec les raids de plus en plus fréquents de tribus germaniques venues du Nord ainsi que de Sasanides venus d'Orient, entraîneront la chute de l'Etat et la catastrophe économique.

L'avènement sur le trône de l'empereur Dioclétien (284 ap. J.-C.), puis l'instauration de la première tétrarchie en 293 sauveront l'Empire menacé de décomposition: l'unité de l'Etat est restaurée et l'"idéal romain" sauvegardé. Capitale de la région de l'Empire romain qui comprenait la péninsule de l'Haimos, siège de Galère (C. Galerius Valerius Maximianus), l'un des quatre *tétrarques*, Thessalonique connaîtra alors un nouvel essor et se verra dotée d'une gloire particulière grâce à la fièvre de construction qui se fait alors jour et qui vise désormais essentiellement à exprimer et à imposer une politique dynastique. Le superbe complexe architectural au plan ambitieux (la résidence du prince, l'hippodrome, l'arc de triomphe de Galère, communément appelé en Grèce *Kamara* et, plus au nord, la Rotonde —mausolée de Galère) en constitue une incontestable preuve; en même temps, il montre bien que le centre de gravité s'est déplacé du centre politique de la ville, l'agora, vers le centre administratif, le palais. L'histoire de la ville est alors marquée par le martyre du saint qui devait devenir son protecteur et son patron, Démétrius. Un certain nombre de facteurs —le décret de Médiolanum en 313 ap. J.-C., le sage gouvernement de Constantin le Grand qui dota la cité d'un port artificiel (en 322) et l'implantation du Christianisme— contribuent à conférer progressivement à Thessalonique son nouveau visage médiéval à mesure qu'elle se détache de son passé idolâtre.

L'époque byzantine

Bien que la fin du IVème siècle soit marquée par l'atroce massacre de 7000 Thessaloniciens dans l'hippodrome de la ville, sur l'ordre de Théodose Ier, et que les raids barbares constituent pour les habitants un péril quotidien, Thessalonique poursuit le destin que lui a assigné son rang de seconde grande ville de l'Empire d'Orient. D'épaisses murailles et un bastion viennent désormais consolider ses défenses. La Rotonde est transformée en église et décorée de mosaïques magnifiques. En 412/413, l'éparque Léontios fait ériger une église superbe, dédiée à saint Démé-

92. Détail d'un pavement en mosaïques: personnification de la mer (génie masculin dans la force de l'âge), IIIème siècle ap. J.-C. Thessalonique, Musée archéologique.

93. Détail d'un pavement en mosaïques: une figure féminine et un dauphin symbolisent la mer, IIIème siècle ap. J.-C. Thessalonique, Musée archéologique.

95

trius; un peu plus tard, au milieu du Vème siècle, on construit la grande basilique consacrée à la Vierge Théotokos, plus connue sous le nom d'Acheiropoiétos. A la fin du Vème siècle, la ville est en effet devenue un grand centre chrétien, au rayonnement international, et aux deux églises déjà mentionnées viennent s'ajouter l'immense basilique qui a été identifiée sur l'emplacement et dans les abords immédiats de l'actuelle église d'Aghia Sophia ainsi que l'église d'Aghios Minas (sa première phase) et la colossale basilique octogonale sise au voisinage des actuels bains turcs "Phénix", à l'ouest de la partie construite de la cité. Mais des siècles sombres et des années d'épreuves seront la rançon de ce temps de répit si créatif. En 479, Thessalonique sera en effet assiégée par les Ostrogoths conduits par Théodoric le Jeune puis menacée en 540 par des tribus des Huns et encerclée par des hordes slaves au VIème et au VIIème siècles. En 610 et 630, des tremblements de terre détruisent des quartiers entiers et un incendie ravage l'église de Saint-Démétrius. Les Avars et les Bulgares, des foules de Sklavènes venus des fins fonds des Balkans assiègent la ville sur terre comme sur mer et entreprennent d'occuper la "nymphe du golfe Thermaïque".

Entre le milieu du VIIème et le début du IXème siècle, le souci essentiel du pouvoir central est de renforcer la population grecque de Macédoine, décimée et épuisée par les incursions réitérées des tribus d'Avars et de Slaves. Mais au moment où la ville est en pleine renaissance, dans les premiers jours d'août 904, elle est occupée par des pirates sarrasins: 22.000 habitants, faits prisonniers, sont alors emmenés vers les marchés aux esclaves de Crète et d'Orient, les massacres font un nombre impressionnant de victimes et le prix du pillage est très lourd. Après la mort de l'empereur Jean Tzimiskès (976), Thessalonique subira le contrecoup des visées expansionnistes des Bulgares conduits par le tsar Samuel, qui, après avoir conquis Béroia et Larisa, pénètrent jusqu'en Grèce centrale. Ces derniers seront bientôt refoulés par l'empereur Basile II, dit le Bulgaroctone, puis complètement écrasés en 1018; la Bulgarie devient alors une province de l'Empire byzantin. La consolidation des remparts et du système de défense de la capitale de la Macédoine, qui prit

94-95. Saints. Détail du troisième registre de la décoration en mosaïques de la coupole de la Rotonde, à Thessalonique.
Fin du IVème siècle ap. J.-C.

96. Tronçon des remparts de Thessalonique du
IVème siècle ap. J.-C.

97. Scyphate blanc (nomisma trachy aspron).
Monnaie de l'empereur de Thessalonique, Manuel
(Comnène) Ange Doucas (1230-37). Washington,
Dumbarton Oaks Collection.

place à l'époque, réussit à mettre en déroute un
nouvel assaut des Bulgares (1040) et des Kou-
manes mais, du fait de la désintégration croissante
de l'Etat, elle ne suffit pas à conjurer le danger
venu d'Occident: en 1185, les Normands de Sicile
assiègent Thessalonique par la terre et par la mer
et se rendent maîtres de la ville pendant une année. Au nombre des barbaries qui s'ensuivent,
s'inscrit la destruction du *ciborium* d'argent de l'é-
glise de Saint-Démétrius. Notons que Thessalonique était alors, sous la dynastie des Comnènes,
une cité florissante. Patrie de Cyrille et Méthode,
les moines qui évangélisèrent les Slaves, elle atti-
rait chaque année le 26 octobre, et pour plusieurs
jours consécutifs, une foule d'étrangers, à l'occasion de la fête de son saint patron et protecteur,
Démétrius; centre spirituel et pépinière de prélats,
de théologiens et d'hommes de lettres de l'envergure d'un Michel Choumnos ou d'un Eustache,
port de commerce grouillant, la seconde ville de

l'Empire, riche de tant d'églises aux peintures et aux mosaïques superbes, qui fut d'abord la capitale du "thème de Thessalonique" puis de la circonscription administrative "Thessalonique-Strymon-Voléron" comporte un théâtre et une bibliothèque; administrée par l'aristocratie locale (ceux que l'on appelle les "puissants" ou encore les "meilleurs"), elle compte de riches demeures et de grands domaines, une foule d'ateliers et une population avoisinant les 100.000 âmes. Dans son hôtel des monnaies, sont frappées des émissions en or, en argent et en bronze et dans ses églises, peintures et mosaïques immortalisent les prouesses d'une société florissante et créative.

En 1204, l'Empire byzantin est morcelé par les Croisés de la quatrième Croisade et Thessalonique, subissant le sort commun à toute la Macédoine, échoit à Boniface, marquis de Montferrat, premier souverain du royaume franc de Thessalonique. Toutefois, l'occupant doit aussitôt faire face à la fois à l'hostilité de la population grecque et aux assauts des Bulgares, qui en 1205 et 1207, sous la houlette du tsar Ioannitsa, assiègent la capitale du royaume, sans succès du reste.

Entre temps, les Etats grecs qui s'étaient constitués en Epire et à Nicée, au lendemain de la prise de Constantinople par les Francs, guettaient l'occasion d'intervenir à Thessalonique. Libérée en 1224 par le despote d'Epire, Théodore Comnène Doucas, la ville retombe, en 1246, au pouvoir de l'empereur de Nicée, Jean III Vatatzès. Lorsque Michel VIII Paléologue reprend la "reine des villes" en 1261, la cité de saint Démétrius rentre à nouveau dans l'obédience de l'Etat byzantin alors en pleine renaissance. La période qui suit est déchirée par les querelles dynastiques opposant les Paléologues et les Cantacuzènes, les efforts déployés par le kral serbe, Stéphane Douchan, pour agrandir les frontières de son état, les razzias des Catalans, la révolution des Zélotes et la querelle des Hésychastes: outre les émeutes et les troubles qu'ils entraînent à l'intérieur de l'Etat et notamment à Thessalonique, ces événements sont le prélude à un inéluctable affaiblissement face à la menace venue d'Orient. De fait, en 1354, les Turcs passent en Europe et leur arrivée sonne le glas d'une histoire millénaire, l'histoire de la civilisation de l'Empire romain d'Orient.

Sous la houlette de Manuel, fils de Jean V Paléologue, Thessalonique devient entre 1383 et

99. Céramique à glaçure. Plat au décor incisé figurant un oiseau, XIIIème siècle. Thessalonique, Musée archéologique.

1387 un virulent foyer de résistance à l'expansionnisme turc. Plus qu'aucun autre souverain de l'époque, ce dernier s'employa à faire revivre l'esprit antique et à réveiller la conscience historique et nationale des Grecs. Mais nul ne saurait contrecarrer le cours de l'histoire. Victime du défaitisme de certains milieux, la ville sera livrée à Murat Ier et demeurera assujettie à la capitation jusqu'en 1391, date à laquelle elle est rattachée à l'état turc par Bajazet Ier.

Face à la perspective de la servitude et au risque d'islamisation, de nombreux descendants de familles célèbres, des artistes et des intellectuels décident alors de s'expatrier et de chercher asile dans des régions d'accès difficile, voire dans des pays libres, emportant avec eux leur savoir et leur art: cet art si brillant dans la capitale de Macédoine, durant le siècle précédant la servitude, et qui avait rayonné sur toute la péninsule de l'Haimos; cet art qui devait nous léguer des oeuvres aussi prestigieuses que celles qui sont signés par Kalliergis, les frères Astrapas ou encore Pansélinos. Intense foyer d'éducation grecque, la ville de saint Démétrius formera aussi des juristes et des philologues, des philosophes

98. Mosaïque d'Aghia Sophia à Thessalonique, représentant un ange. Détail de la décoration de la grande coupole, IXème siècle.

et des théologiens dont les oeuvres demeureront pour longtemps une référence capitale.

Après la défaite de Bajazet Ier par Tamerlan devant Ankara, en 1402, Thessalonique est libérée: la ville tente alors de mettre à profit ce répit que lui ménage ce coup porté à l'Empire ottoman. Ce répit sera toutefois de courte durée. Les "libres assiégés" sont pessimistes quant à l'évolution de la situation et, peu à peu, la ville se vide; abandonnés, les monuments tombent en ruines. La famine menace ceux des habitants dont le patriotisme n'a pas faibli.

Après avoir été cédée aux Vénitiens entre 1423-1430, Thessalonique ne peut résister davantage et se rend à Murat II. Livrée trois jours durant au pillage, la ville est mise à sac: ses monuments sont profanés, sa population massacrée et faite prisonnière. Prélude à la prise de Constantinople, l'occupation de Thessalonique marque le commencement de la fin. La fin du moyen âge de la domination ottomane.

Les temps modernes

Dans le nouveau contexte qui s'instaure alors, et en dépit de l'implantation de colons musulmans et de milliers de Juifs, expulsés d'Europe occidentale, Thessalonique reste un bastion de l'hellénisme: seconde ville après Constantinople, elle conserve ses institutions communales ancestrales et son autonomie interne. Les liens, notamment économiques, qu'elle entretient avec des zones géopolitiques plus vastes (Balkans, Europe du Sud-Est et centrale, Méditerranée orientale) assurent sa prospérité et font d'elle un centre cosmopolite, ce qui contribue à panser les blessures passées. En 1478, elle compte 11.000 habitants contre 7000 en 1430 et en 1519, la population de la ville atteindra 29.000 habitants. Pour les besoins de leur culte, les musulmans transforment les églises chrétiennes en mosquées (tel est le sort de l'Acheiropoiétos en 1430); ils construisent également des bains –hammam– (Bey Hammam en 1444, Pacha Hammam en 1520-1530), des marchés –bedesten– au XVème, et des caravansérails –khan. Pour honorer le nom d'Allah, l'occupant édifie également des mosquées (Hamza Bey en 1467/68 et Alaça Imaret en 1484).

Au fil du temps, le visage de la cité se modifie. A présent ce sont les mahalle ou quartiers, regroupant chacun une ethnie spécifique et dotés d'une organisation propre, qui forment le noyau principal de la structure urbaine. En 1478, on dénombre dix quartiers grecs (6094 habitants) contre dix quartiers turcs (4320 habitants). Contrastant avec les demeures spatieuses et confortables de l'occupant, les maisons des Grecs et des Juifs entassées les unes sur les autres, exiguës et dotées de cours minuscules posent fréquemment des problèmes d'hygiène. Jardins et potagers occupent les zones non construites, sur les hauteurs de la ville fortifiée.

Quiconque tentait de gagner Thessalonique par l'Epire, en 1621, devait traverser une région infestée de brigands. On assiste en effet à cette époque à une paralysie de plus en plus inquiétante de l'appareil de l'Etat qui devait même conduire à la falsification des métaux précieux. Dans la capitale de la Macédoine, de fréquentes rixes opposent Grecs et Juifs aux Turcs du fait de l'injustice régnante, de la corruption et de la vénalité des agents de l'Etat, toujours prêts à gonfler démesurément l'impôt pour se remplir les poches. En outre, les conflits armés qui, en Crète, opposent les Turcs aux Vénitiens suscitent au milieu du siècle une agitation inusitée en Macédoine: des détachements de Thessaloniciens formant une sorte de garde civile surveillent jour et nuit les côtes, de peur d'un débarquement vénitien. Toutefois, confrontés à l'insécurité et à la recrudescence du pillage, la plupart des habitants préfèrent émigrer, ceux qui restent se rassemblant alors sous la bannière des communes et de l'Eglise. L'éducation est alors en plein déclin: on n'a désormais pour toute lecture que celle des livres ecclésiastiques. La gloire d'antan se perpétue dans les actes de baptême qui conservent les noms des grandes familles de l'époque byzantine. Les liens entre l'Eglise et l'école se renforcent. Parallèlement, on continue à recopier les manuscrits.

Siège du sandjak bey, du mollah (interprète suprême de la loi et juge), de l'aga-janissaire, base d'une puissance militaire importante, Thessalonique, la Selanik des Turcs, joue grâce au commerce de transit un rôle prépondérant dans cette zone stratégique de l'Empire ottoman dont elle est le plus grand port. Ce rôle demeure primordial même lorsque les Anglais et les Hollandais, exploitant les routes maritimes ouvertes par les navigateurs d'Europe occidentale, commencent à transporter directement à Londres et à Constantinople les produits exotiques des Indes. Le commerce passe aux mains des Grecs cependant que les Juifs perdent du terrain, à l'instar de Venise qui avait jadis l'exclusivité du commerce de transit en Méditerranée.

Les maisons de Thessalonique, orientées à l'est et au sud, sont hautes, couvertes de tuiles et construites en pierres; elles comportent généra-

lement plusieurs étages et deux ou trois cours. Elles disposent de balcons (*sachnisia*), de remises (*tsardak*) et de pavillons (*kioskia*). A l'époque, la ville compte 30 églises, 48 mosquées et 36 synagogues. On y rencontre également des *medrese* (écoles religieuses), des *teke* (monastères de derviches), des *hammam* (bains) et des *khan* (hôtels). Evliya Celebi, célèbre voyageur turc du XVIIème admire le *Bedesten* –marché couvert de Thessalonique. Si l'on en croit son témoignage, la ville comptait alors 4400 échopes d'artisans et de marchands. Elle était célèbre pour ses peignoirs de bain en soie bleue (*pestemalia*) et ses tapis de feutre renommés à travers tout l'Empire.

Une puissante muraille maritime protégeait Thessalonique du côté de la mer et deux immenses tours pourvues de canons imposants, dressées à l'est et à l'ouest de la ville, garantissaient la sécurité du port. La tour orientale, connue sous le nom de Tour Blanche, oeuvre de la moitié du XVème siècle, réparée et agrandie sous Süleyman le Magnifique (1520-1566) faisait également office de prison.

Les centaines de bateaux qui transitent par le port, chargés de marchandises variées, amènent chaque jour une foule bigarrée de commerçants et de marins, venus des quatre coins du monde. L'importance de la ville, notamment dans les années qui suivirent la guerre austro-turque et le traité de Passarowitz (1718) se révèle dans l'intérêt qu'elle suscite chez les grandes puissances économiques d'Europe, soucieuses d'y ouvrir des consulats: les Français ont l'initiative et sont bientôt suivis par les Anglais, puis les Hollandais et les Vénitiens. Au café, au sucre, à l'étain, à la cannelle et au poivre succèdent bientôt la soie, la verrerie, le papier, la muscade et l'ivoire. De Constantinople, arrivent des cargaisons de produits de luxe tandis que, des îles de l'Egée, on fait venir de l'huile ainsi que des agrumes et des éponges. En Crète, on envoie du bois. En Orient, on expédie du blé, du tabac, de la soie brute. Chaque semaine, des caravanes de 120 bêtes quittent la ville à destination de Sofia, Skopje, ou Vienne.

Vers 1733, la ville est encore limitée à ses remparts. Il ne semble y avoir ni villas ni faubourgs à l'extérieur de ceux-ci. La garde est constituée de 700 à 800 Janissaires. Le nombre des habitants s'élève alors à environ 40.000 dont 10.000 Turcs, 8 à 9.000 Grecs, quelques Bulgares et 18 à 20.000 Juifs. Comme à l'époque byzantine, le tiers de la ville est occupé par les jardins et des terrains vagues (l'emplacement de l'antique hippodrome reste lui aussi sans constructions). La métropole, basilique à trois nefs, couverte d'un toit de bois, dédiée à Grégoire Palamas, abrite les reliques de ce saint plein de sagesse et l'église de Saint-Démétrius, transformée en mosquée, offre une vaste crypte.

L'archevêque est à la tête de la communauté grecque. Les archontes –ou *démogérontes*– gèrent les fonds communs et, assistés de leurs compatriotes, assument entre autres les frais de fonctionnement de l'école où sont enseignés le grec ancien, le latin, la philosophie et la théologie. Les Juifs disposent pour leur part de petites écoles. Les Grecs de Thessalonique maintiennent des liens, notamment commerciaux, avec leurs congénères de Venise, ils s'associent au capital français et allemand et orientent les intérêts autrichiens en Egée.

L'existence d'une multitude de corporations d'industriels –les *roufetia*– conséquence d'une économie en plein essor, est attestée dès la fin du XVIIIème siècle. Mais il ne fait pas toujours bon vivre à Thessalonique: en effet, la moindre agitation au sein de l'Empire ottoman, le moindre désordre en liaison avec tel ou tel conflit international ont aussitôt un retentissement direct sur la population asservie. Répondant à des mobiles et des objectifs qui leur sont propres, Turcs et "Francs" tentent par divers moyens d'éliminer l'identité nationale des habitants. A l'islamisation forcée, au prosélytisme enjôleur en faveur du catholicisme, à la destruction et au pillage des vestiges de la mémoire historique au nom d'un soi-disant culte de l'antiquité, succèdent les condamnations et les pendaisons de citoyens accusés de participer à des mouvements révolutionnaires, ou encore les confiscations de biens et les asservissements. En dépit des difficultés et du marasme engendrés par la servitude, le vent des Lumières ne tarde pas à souffler sur les eaux du golfe Thermaïque. On construit des écoles (c'est de cette époque que date l'Ecole Grecque); de riches particuliers financent la décoration intérieure des églises et des Grecs de l'étranger mettent à profit leur for-

tune pour fonder des établissements pieux (Papafis). La bourgeoisie, qui se constitue alors, devient réceptive aux messages de la Révolution française et de l'insurrection des Serbes et, à l'aube du nouveau siècle, les commerçants comme les intellectuels acquièrent une conscience de plus en plus aiguë de leurs dettes face aux exhortations inspirées de Rigas Féraios.

Les émigrés rentrent dans leur terre natale et construisent dans les villes des habitations superbes. A la différence des Juifs, fils de la *diaspora* et, partant, moins attachés à la terre, les Grecs considèrent celle-ci comme l'héritage reçu de leurs pères et ne voient dans les Turcs que des seigneurs de passage. Déjà, la nouvelle de la Révolution en Moldavie puis du soulèvement dans le Péloponnèse et en Grèce centrale ainsi que les rumeurs d'une imminente invasion de troupes russes venues libérer le pays excitent les esprits, ravivent dans les mémoires le souvenir de gloires passées et incitent à prendre les armes. Avec la contribution du corps expéditionnaire de Psara et sous la houlette d'Emmanuel Pappas, de Serrès, la Chalcidique et le Mont Athos deviennent d'intenses foyers de résistance, dans une volonté de secouer le joug turc. Mais, en 1821, en Macédoine, la révolte sera étouffée dans le sang. Des moines seront torturés, des villageois assassinés, des lieux saints souillés, des villages entiers livrés à la folie incendiaire. Des caravanes d'esclaves s'acheminent vers Thessalonique sur les marchés de laquelle ceux-ci seront vendus; des otages sont exécutés et la ville est empestée par l'odeur putride des pendus restés sans sépulture. La barbarie et la peur s'abattent sur les lieux mêmes où régnait naguère la prospérité. La capitale de Macédoine qui compte à présent environ 60.000 habitants, dont 30.000 Turcs, 16.000 Grecs et 12.000 Juifs (la population restante étant principalement constituée d'étrangers et de quelques tziganes et nègres) devient le théâtre d'ineffables martyres. Déjà méthodiquement décimé par les autorités turques locales, l'élément grec rétrécit comme une peau de chagrin, suite à la vague de migration vers la Grèce méridionale et, en 1825, la population de Thessalonique a perdu environ 4000 Grecs.

Pourtant, les Grecs déploieront toutes les ressources que leur a léguées leur nature pour empêcher que le marasme ne s'installe et bientôt

101. La Tour Blanche, monument du milieu du XVème siècle, dans son aspect actuel.

104

102-103. En haut,
manteau court, brodé
d'or, provenant
de Kastoria.
En bas, boucle dorée
provenant de Naousa.
Fin du XIXème siècle.
Thessalonique, Musée
des arts et traditions
populaires.

104. Villa Mordoch,
oeuvre de l'architecte
X. Paionidis. Construite
en 1905, elle est l'un
des exemples les plus
représentatifs du
courant architectural dit
"éclectique" qu'illustrent
les "châteaux" de
l'avenue Vasilissis
Olgas à Thessalonique.

la situation évolue, surtout dans le domaine économique. La peste de 1838 qui décime la moitié de la population juive et accélère la mort de l'industrie du tapis et des tissus —déjà largement entamée par le développement de l'importation des cachemires anglais— va permettre à l'élément grec de prendre le commerce en main. Entre temps, le visage de la ville se modifie. A côté des vieilles maisons, on édifie de nouvelles demeures néo-classiques, de larges sections des remparts sont démolies (à l'est de la ville et sur le front de mer), on trace des avenues et on construit des casernes. Le 2 février 1835, la Sublime Porte annonce la nomination par le royaume de Grèce, du premier consul de Grèce à Thessalonique. C'est alors une nouvelle page qui se tourne dans l'histoire de la ville.

Avec l'adoption de la vapeur dans la marine, vers le milieu du XIXème, les relations commerciales de Thessalonique avec les ports de Méditerranée occidentale prennent un nouveau départ. Parallèlement, la ville est reliée par chemin de fer à Skopje (en 1871) ce qui lui ouvre la route de l'Europe centrale et à Dede-Agatch (1896), ce qui permet de libres échanges avec Constantinople.

L'introduction du capitalisme en Macédoine, avec la fondation d'unités industrielles, dote la ville d'une usine de gaz naturel et d'un tramway hippomobile. Pourtant, entre Orient et Occident, c'est avec des sentiments mitigés que les habitants de Thessalonique font face au XXème siècle et dans un climat d'inquiétude devant les événements qui se déroulent sur la scène internationale et au sein d'un empire moribond. Thessalonique regarde vers l'avenir mais elle est enchaînée à son passé. Elle attend le 26 octobre 1912, qui, après presque un demi-millénaire de servitude, la ramènera dans le sein de l'Etat grec.

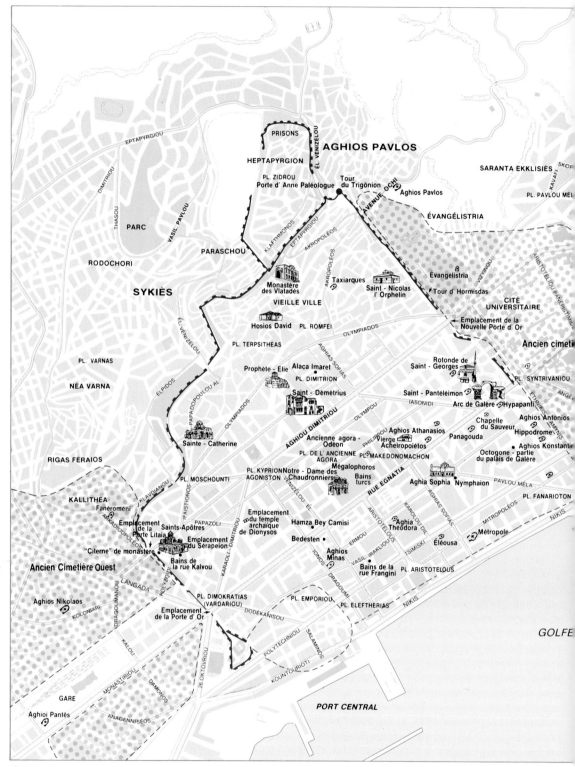

PRISONS

AGHIOS PAVLOS

HEPTAPYRGION

SARANTA EKKLISIES

SKOF

PL. ZIDROU
Porte d' Anne Paléologue

Tour
du Trigônion

Aghios Pavlos

PL. PAVLOU MEL

ÉVANGÉLISTRIA

PARC

PARASCHOU

RODOCHORI

SYKIÈS

Monastère
des Vlatadès

Taxiarques

Saint - Nicolas
l' Orphelin

Évangélistria

Tour d' Hormisdas

CITÉ
UNIVERSITAIRE

VIEILLE VILLE

Hosios David

PL. ROMFÉI

OLYMPIADOS

Emplacement de la
Nouvelle Porte d' Or

Ancien cimeti

PL. TERPSITHÉAS

PL. VARNAS

NÉA VARNA

Prophète - Elie

Alaça Imaret

PL. DIMITRION

Saint - Démétrius

Rotonde de
Saint - Georges

PL. SYNTRIVANIOU

ANGÉ

Saint - Pantéléimon

Arc de Galère

Hypapanti

IASONIDI

Chapelle
du Sauveur

Aghios Antonios

Hippodrome

Sainte - Catherine

Ancienne agora -
Odéon

Aghios Athanasios

Vierge
Acheiropoiétos

Panagouda

Aghios Konstantin

RIGAS FÉRAIOS

PL. DE L' ANCIENNE
AGORA

Octogone - partie
du palais de Galère

PL. KYPRION
AGONISTON

Notre - Dame des
Chaudronniers

Mégalophoros

Bains
turcs

Aghia Sophia

Nymphaion

PAVLOU MÉLA

PL. MOSCHOUNTI

RUE EGNATIA

PL. FANARIOTON

KALLITHÉA

Fanéroméni

Emplacement
du temple
archaïque
de Dionysos

Hamza Bey Camisi

Aghia
Théodora

Métropole

NIKIS

Emplacement
de la
Porte Litaia

Saints-Apôtres

PAPAZOLI

Bedesten

Éléousa

Emplacement
du Sérapeion

Aghios
Minas

"Citerne" de monastère

Bains de
la rue Kalvou

Bains de la
rue Frangini

PL. ARISTOTELOUS

Ancien Cimetière Ouest

LANGADA

Aghios Nikolaos

KOLONIARI

PL. DIMOKRATIAS
(VARDARIOU)

DODÉKANISOU

PL. EMPORIOU

PL. ELEFTHERIAS

NIKIS

Emplacement
de la Porte d' Or

GOLFE

GARE

Aghioi Pantès

ANAGENNISEOS

PORT CENTRAL

105. Thessalonique: relevé topographique de la ville contemporaine et de ses monuments.

LES MONUMENTS

Il suffira de quelques décennies pour que Thessalonique, fondée en 316/5 av. J.-C. par Cassandre, se développe de manière prodigieuse. S'étendant sur les collines avoisinantes, elle devient un des plus grands centres du monde hellénistique septentrional. Pendant toute la durée de son existence, la ville se distinguera par son rayonnement intellectuel –au sein de l'Egée hellénistique, d'abord, puis dans les Balkans chrétiens–, mais aussi par son rôle politique dans l'Empire romain d'Orient puis dans l'Empire orthodoxe de Byzance, et par ses activités commerciales le long de la Via Egnatia et sur le fleuve Axios.

Thessalonique conserve peu de vestiges de ses premières années de vie. La continuelle occupation du site, les tremblements de terre, les pillages de la ville, les incendies mais aussi les ambitieux projets urbanistiques du règne d'Auguste et de la tétrarchie de Galère furent à l'origine de la disparition de la plupart des constructions hellénistiques, voire servirent de prétexte pour raser des quartiers entiers.

Aux trouvailles provenant des quatre coins de Thessalonique, il convient d'ajouter les témoignages architecturaux: les ruines du temple de Sérapis mises au jour dans le sous-sol d'un immeuble de la place Antigonidon, à l'ouest de la ville (une maquette du temple est exposée au musée); les vestiges de maisons mises au jour rues Kassandrou, G. Palama, Mitropoliti Gennadiou etc.; de petits tronçons datant de la première phase des fortifications, encastrés dans les remparts d'époque byzantine (remparts nord de la ville); et enfin plusieurs tombes de type "macédonien".

A l'époque romaine, puis à l'époque byzantine, Thessalonique est dotée d'une série de monuments prestigieux. C'est, du reste, de ces époques que datent la plupart des vestiges. On construit des temples, des exèdres, de luxueuses demeures richement décorées, on sculpte des statues de divinités ou des portraits de chefs, on élève des arcs de triomphe. Sur de vastes étendues, on aménage d'imposants complexes architecturaux à des fins publiques (forum, stade etc.) ou destinés à héberger, de leur vivant ou après leur mort, les princes au pouvoir (le palais de Galère, la Rotonde etc.).

Le coeur de cette ville, qui sut résister aux coups portés par les siècles, s'exalta aux heures de gloire de l'hellénisme et pleura aux heures les plus sinistres et aujourd'hui, plus vaillant que jamais, il continue à battre dans les monuments de son passé dont il se fait l'interprète infatigable auprès du visiteur étranger.

LES REMPARTS

Le roi Cassandre, fondateur de l'antique Thessalonique, que les trouvailles archéologiques permettent de situer au nord de la rue Olympou, veilla à doter la ville de fortifications.

La partie nord-ouest des fortifications conserve quelques tronçons de l'enceinte hellénistique, encastrés dans les fondations de remparts d'époque ultérieure. En dépit du soin porté à ces remparts pendant plusieurs décennies après leur construction, ils furent négligés –à en croire Cicéron– au premier siècle av. J.-C. Toutefois quand la république romaine fut à son apogée, la défense de la ville fut, semble-t-il, renforcée. C'est de cette époque que daterait la construction de la Porte d'Or, élevée à l'emplacement de l'actuelle place Vardariou et qui dut vraisemblablement servir d'arc de triomphe aux vainqueurs de Philippes (42 av. J.-C.), Octavien et Antoine. La ville, désormais plus étendue, surtout au sud (le rempart maritime courait au sud de l'actuelle rue Ermou et parallèlement à celle-ci) se vit contrainte de reconstruire une partie de ses fortifications vers le milieu du IIIème siècle ap. J.-C., quand les hordes barbares de Goths et Hérules firent le siège de la capitale macédonienne. Une monnaie frappée sous le règne de Gallien (253-268 ap. J.-C.) représente le dieu Kabeiros au sommet des remparts de la ville. On en conclut que le dieu chthonien et patron de la ville apparut aux Thessaloniciens sur la ligne des remparts. Cette vision comme celle, bien des siècles plus tard, de saint Démétrius fut interprétée comme la volonté de la divinité de défendre sa ville bien-aimée et de châtier ses ennemis. Galère, au début du IVème siècle, modifia sensiblement les fortifications lorsqu'il construisit, dans la partie orientale de la ville, un vaste complexe architectural qui allait servir de palais. Le tracé du rempart se déplaça vers la plaine afin de pouvoir contenir la résidence royale, l'hippodrome, l'arc de triomphe et la Rotonde.

Aux siècles suivants, les remparts seront prolongés de façon à enlacer la ville de Cassandre: deux bras parallèles gravissent la pente à l'est et à l'ouest et aboutissent au triangle formé par l'acropole au nord. Renforcés successivement à la fin de l'époque romaine puis aux époques protobyzantine et byzantine (IVème-Xème siècles), par des tours, des poternes, des portes et des avant-murs, les fortifications de Thessalonique auront à supporter les attaques dévastatrices des Bulgares, des Avars et des Slaves et succomberont au siège des Sarrasins (en 904). Négligées pendant tout un temps, elles ne sauront contenir l'incursion des Normands venus de Sicile (en 1185). Des réfections seront effectuées sous le règne de Basile II Bulgaroctone,

puis sous les Paléologues (construction de la Porte d'Anne Paléologue sur l'acropole), mais c'est surtout à l'époque de la domination ottomane que l'on note d'importants remaniements et additions (Tour Blanche, Heptapyrgion, Top-Hane, Tour du Trigônion) dictés par les nouvelles règles de la poliorcétique et les techniques guerrières plus modernes.

Ces dernières années, le Service archéologique s'est attaqué à l'anastylose et à la restauration des murs de la ville, entreprise coûteuse et de longue haleine, il va sans dire. Aujourd'hui les remparts de Thessalonique qui restent encore debout mesurent environ 4km (on évalue à environ 8km le périmètre initial). Le rempart maritime, ainsi qu'une partie des remparts sud-est et sud-ouest n'ont pas survécu à l'avènement de la civilisation moderne: ils ont été détruits à la fin du XIXème ou au début du XXème siècle.

Le mur d'enceinte de Thessalonique, dont la hauteur oscille entre 10 et 12m, avait une forme trapézoïdale et était couronné par l'acropole. Du côté est et du côté ouest, le mur était double du moins dans sa partie méridionale, là où il traversait une plaine. Les sources donnent au mur intérieur le nom de τεῖχος ὂ ou ἐνδότερον. Quant au mur extérieur, situé à une distance de 10m du mur principal, elles

le nomment ἔξω τεῖχος ou προτείχισμα (avant-mur). De ce second mur, seuls quelques tronçons sont encore visibles à proximité de la place Syntrivaniou. Le parement des murs est fait de larges assises de briques alternant avec des arases de moellons plus étroites. Plus rarement, le parement entièrement de briques présente une série d'arceaux également en briques.

Le rempart était renforcé par des tours disposées à intervalles réguliers. Aujourd'hui, la ville en compte encore une cinquantaine, toutes de plan carré à l'exception de la Tour Blanche, à l'angle sud-est, et de la Tour du Trigônion ou de la Chaîne, à l'angle nord-est, deux tours rondes, et de la Tour du Fort du Vardar, qui, elle, est octogonale. Sur l'acropole, plus précisément à proximité de son mur nord, l'Heptapyrgion —un ensemble de sept tours, comme son nom l'indique— fut transformé à la fin de la domination ottomane, en prison —la citadelle de Yedi Kule— et jusqu'à une date récente on associait son nom sinistre au sort des condamnés à de lourdes peines.

Emblème de Thessalonique, la Tour Blanche fut construite au XVème siècle, vraisemblablement par des artistes vénitiens, près de l'emplacement de la tour byzantine, déjà détruite, qui ren-

106. Tronçon des remparts est de la ville byzantine.

forçait l'angle sud du rempart est ou rempart maritime. Elle fut transformée en prison pour les condamnés à mort. (Elle abrite une exposition d'antiquités chrétiennes).

Autres éléments indispensables de cet appareil défensif: les portes. Dans le mur est, les plus connues de ces portes sont: 1) la Porte de Rome, au voisinage de la mer, non loin de la tour de l'angle sud-est à laquelle succéda la Tour Blanche, 2) la Porte Cassandréotique ou de Calamaria à l'extrémité est de la Léophoros de la ville, ou grande artère ouest-est qui correspond à l'actuelle rue Egnatia, 3) la Porte des Asômates ou des Archanges, légèrement au nord de la Rotonde et 4) la Porte d'Anne Paléologue, percée dans le mur qui relie la Tour du Trigônion ou de la Chaîne au mur d'enceinte de l'acropole.

Le rempart ouest était percé de 1) la Porte d'Or à l'extrémité ouest de la principale artère de la cité ou Léophoros et 2) la Porte Litaia, à l'extrémité ouest de l'actuelle rue Aghiou Dimitriou. Le rempart maritime était percé d'une porte à proximité du petit port intérieur sud-ouest: la Porte du Lion.

L'AGORA ou FORUM

C'est dans les années 60, lors des travaux de déblaiement préliminaires à la construction du nouveau palais de justice de Thessalonique, que l'on entreprit des fouilles dans la région située immédiatement au sud de la basilique Saint-Démétrius, au centre de la vieille ville. Elles mirent au jour l'antique agora et les bâtiments annexes.

En dépit de la découverte *in situ* de fragments de céramique à vernis noir et d'une statue colossale, en pôros, du dieu Atlas qui attestent l'existence en cet emplacement d'une agora hellénistique, les importants vestiges qui gisent aujourd'hui dans le quartier compris entre les rues Olympou, Philippou, Agnostou Stratiotou et Makédonikis Amynis, datent de l'époque des Antonins et des Sévères (IIème-IIIème siècles ap. J.-C.). C'est sous le règne de ces empereurs, semble-t-il, qu'un ambitieux plan d'embellissement de cette zone qui s'étendait jusqu'à l'actuelle rue Egnatia (la Via Regia des Romains) fut réalisé. Il comprenait deux terrasses consécutives, situées à des niveaux différents. Celle du sud (que les Byzantins appelaient Mégalophoros) n'a jamais été fouillée jusqu'à ce jour et est occupée par des jardins publics. Une voie dallée, orientée ouest-est, se profilait entre les deux terrasses.

Sur la terrasse nord, une grande cour rectangulaire, dallée de marbre (elle mesurait à l'origine 145 x 90m) est bordée sur ses quatre côtés de portiques autrefois supportés par une double colonnade à deux ordres superposés et pavés de mosaïques (seuls les portiques est et sud ont été dégagés). Adossé au fond du portique est, l'odéon de la ville –le *stadion* des textes anciens– s'élève sur les ruines d'un bâtiment antérieur. Il se compose d'une *orchestra* de 16,30m dans sa plus grande longueur, dallée de marbre, d'une *cavea* supportée par des portiques voûtés, et d'une *skénè* avec *proskénion* où se dressaient, dans l'antiquité, des statues en marbre des Muses (dont quelques-unes sont conservées et aujourd'hui exposées au musée). Au Bas-Empire, l'odéon reçut divers aménagements pour être transformé en arènes destinées à accueillir des combats de gladiateurs et des *venationes*.

On passait de la place supérieure à la place inférieure –Mégalophoros– par un escalier de pierre à l'extrémité sud-est de la plate-forme septentrionale. Pour combler cette différence de hauteur entre les deux places, due à la déclivité du sol, on inventa une solution: sous le portique sud, on construisit un double cryptoportique en partie souterrain, en partie situé au niveau du sol, dont la façade était

107-110. "Las Incantadas". Aux XVIIIème et XIXème siècles, ce portique se trouvait dans la cour d'une maison juive de Thessalonique, située, semble-t-il, sur une transversale nord de la rue Egnatia. En haut, figures en relief représentant Ganymède, une Ménade et Dionysos. Paris, Musée du Louvre.
En bas, gravure sur cuivre représentant le portique des "Incantadas", XIXème siècle.

orientée vers l'agora inférieure et qui servait de refuge en cas de mauvais temps mais aussi de mur de soutènement de la terrasse de l'agora supérieure.

La façade de ce vaste complexe, qui donnait sur la Via Egnatia, était grandiose: le portique à deux ordres superposés qui se dressait au sud de la place inférieure –connu par les Juifs espagnols de Thessalonique sous le nom de *Las Incantadas*, les Enchantées (τά Εΐδωλα, les Idoles, des chrétiens)– présentait à l'étage, des piliers décorés de représentations en relief d'une Ménade, de Dionysos, Ariane, Ganymède, Léda, Nikè, Aura et l'un des Dioscures (aujourd'hui au Louvre). Une élégante exèdre venait parfaire cette ordonnance monumentale: au sud-est du grand forum, elle surplombait la Via Regia (devant les bains Paradisos). Une autre exèdre similaire se dressait apparemment à l'extrémité sud-ouest, à l'emplacement de Notre-Dame des Chaudronniers.

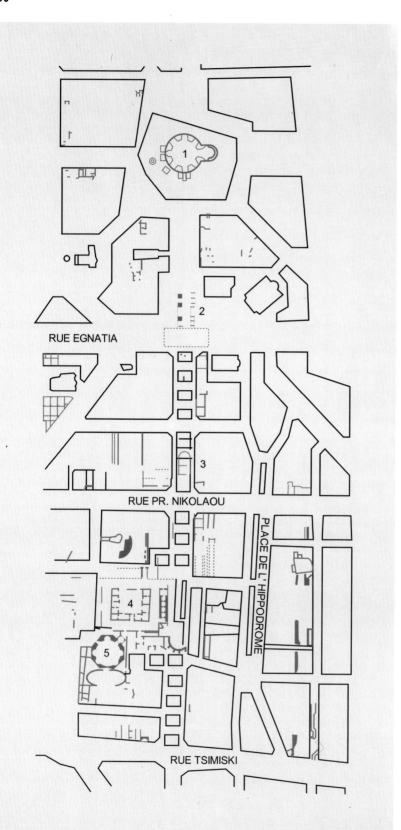

RUE EGNATIA

RUE PR. NIKOLAOU

PLACE DE L'HIPPODROME

RUE TSIMISKI

111. Plan du complexe galérien: 1. La Rotonde, 2. L'arc de Galère (Kamara), 3. Les trouvailles de la rue D. Gounari, 4. Le palais, 5. L'Octogone.

112. La Rotonde, un des édifices du palais de Galère. Début du IVème siècle ap. J.-C.

LE COMPLEXE GALERIEN

C'est au début du IVème siècle, au moment où Thessalonique succéda à Sirmium (en Pannonie) comme capitale de la préfecture de l'Illyricum, que le tétrarque Galère, entreprit de construire, essentiellement pour son usage personnel, une série de bâtiments qui s'inscrivaient dans un vaste programme d'embellissement de la ville, à l'est de ses limites antérieures.

Disposé selon un axe nord-sud, cet ensemble comprenait la Rotonde (Panthéon ou temple de Zeus), l'arc de Galère (communément appelé en grec *Καμάρα*), le palais et l'Octogone qui le jouxte, et enfin l'Hippodrome.

1. La Rotonde. Panthéon ou temple de Zeus, selon l'opinion la plus répandue, la Rotonde, cette imposante construction de briques de plan circulaire, située à la rencontre des rues Apostolou Pavlou et Philippou, servit aussi de mausolée à l'empereur Galère. L'édifice mesurait 24,15m de diamètre et était couvert d'une gigantesque coupole, percée, en son sommet, d'un orifice qui emplissait le lieu d'une lumière mystérieuse. Le monument, d'aspect austère à l'extérieur, fut transformé, sous le règne de Théodose le Grand, en église chrétienne, après avoir subi les remaniements indispensables à l'exercice du nouveau culte. Ce sanctuaire consacré au Fils unique de Dieu, désigné sous la dénomination de *'Αγία Δύναμις* (Puissance Divine) ou, selon d'autres auteurs, aux *Asômates* (Archanges) fut orné, à l'époque protobyzantine, de superbes mosaïques figurant des saints de l'église orientale primitive, représentés en pied devant un décor architectural composite.

Cathédrale du Xème au XIIème siècle, la Rotonde fut transformée en mosquée en 1591 et prit le nom Hortac Efendi Camisi. Elle doit son nom de Saint-Georges à la petite chapelle consacrée au saint qui se trouve à proximité. Aujourd'hui, l'édifice abrite des expositions et des manifestations culturelles.

112

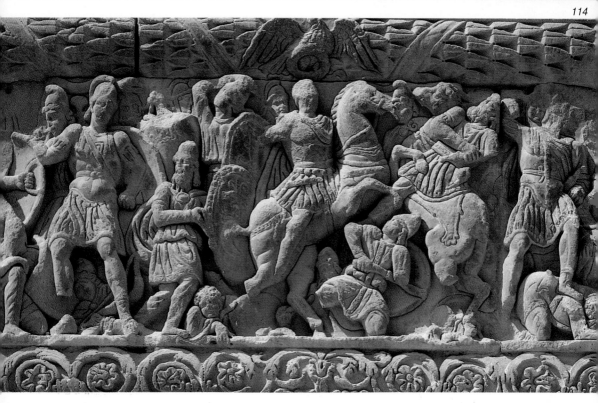

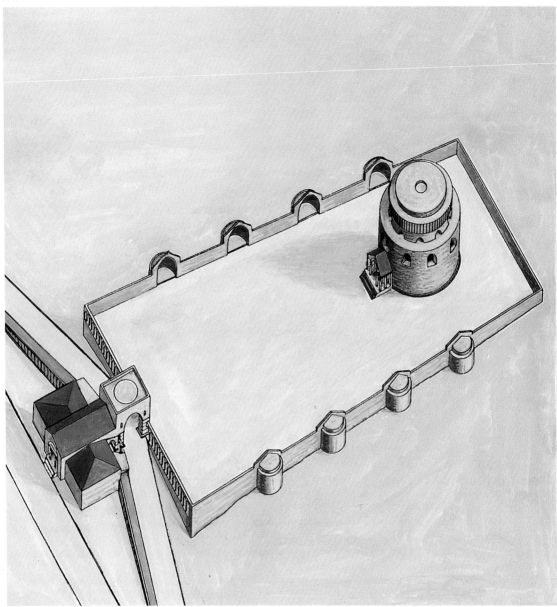

113. L'arc de triomphe de Galère (Kamara). Début du IVème siècle ap. J.-C..

114. Détail de la décoration sculptée de l'arc de Galère. Scènes d'affrontement de Galère et des Perses en 296-297 ap. J.-C. Thessalonique.

115. Reconstitution de la Rotonde et de l'arc de triomphe de Galère. Début du IVème siècle ap. J.-C. (G. Vélénis).

2. L'arc de Galère (Kamara). L'arc de triomphe monumental, qui se dressait sur le tracé original de la rue Egnatia (la Léophoros des Byzantins), fut érigé en 305 ap. J.-C. pour commémorer les victoires de Galère sur les Perses en 297. Il ne reste que deux des quatre piliers de l'arc –les piliers ouest– décorés sur quatre registres superposés de bas-reliefs illustrant les succès remportés par l'empereur.

Au sud, prenant appui sur l'arc de Galère, une grande salle couverte, au sol décoré de mosaïques, formait un propylée monumental à l'entrée de la voie solennelle qui reliait l'arc à la Rotonde.

3. Les trouvailles de la rue D. Gounari. Les vestiges mis au jour par les fouilles de la rue Gounari, sur l'axe qui va de la Rotonde à la mer, n'ont pu être interprétées jusqu'à ce jour mais sont, à n'en pas douter, à mettre en relation avec le palais de la place Navarinou. On a découvert une grande salle de plan rectangulaire, décorée de fresques et pavée de mosaïques, et une seconde salle contiguë, dallée de marbre, présentant une abside au nord, étayée à l'extérieur par des contreforts et deux niches au sud, mais il manque le maillon de la chaîne qui permettrait de comprendre l'organisation générale de ces ruines.

4. Le palais. L'ensemble architectural quadrangulaire, à deux étages, qui se dressait à l'emplacement de l'actuelle place Navarinou, peut être identifié au palais de Galère que les sources désignent sous le vocable βασίλεια. A l'instar de la résidence royale de l'empereur Dioclétien à Spalato (Split), en Dalmatie, le palais de Galère ordonnait ses salles décorées d'une grande variété de marbres et de fresques autour d'une cour centrale carrée à péristyle. Il n'en reste plus aujourd'hui que d'impo-

sants vestiges qui, par leur ordonnance, rappellent les camps romains. Mais le palais devait également comprendre un ensemble de salles deux fois plus vaste que le bâtiment conservé.

L'entrée principale de ce complexe architectural se trouvait sur le côté sud, vers la mer, ouvrant sur l'Echelle Ecclésiastique (le petit port de la ville antérieur à Constantin le Grand). Les vestiges éparpillés dans le voisinage immédiat de la place Navarinou témoignent de l'aspect imposant et monumental de l'édifice (richement décoré de mosaïques, de placages de marbre et de fresques), digne du rang de son propriétaire.

5. L'Octogone. A l'extrémité sud-ouest du palais se dressait l'Octogone, construction octogonale flanquée au sud d'un vaste vestibule ellipsoïdal, doté, à chacune de ses extrémités, d'un escalier en colimaçon qui permettait d'atteindre l'étage supérieur. L'opinion la plus répandue sur la destination de l'Octogone veut qu'il s'agisse d'une salle du trône. Les sept niches creusées dans sept de ses huit côtés (le huitième étant occupé par l'entrée de l'édifice), de même que la

117

116. Une partie du complexe palatial de Galère. Place Navarinou à Thessalonique.

117. L'Octogone, un des édifices du complexe palatial de Galère. D'aucuns y voient la salle du trône.

salle centrale, étaient décorées de placages de marbre multicolores, en forme de losanges ou de carrés. Les murs étaient également revêtus de marbre. Le Musée archéologique de Thessalonique possède aujourd'hui divers fragments architecturaux mis au jour par les fouilles du palais et de son proche voisinage: quatre chapiteaux de piliers en marbre figurant chacun une divinité —Zeus, l'un des deux Dioscures, Hygie et le dieu Kabeiros— et un arc en marbre décoré des bustes de l'empereur Galère et de la Tychè de Thessalonique au centre d'un médaillon porté par un Attis (*imago clipeata*).

L'HIPPODROME

Etroitement lié aux bâtiments qui composent le palais et ses dépendances, l'hippodrome, qui occupait l'emplacement de l'actuelle place du même nom (platia Hippodromou), a été en partie localisée dans les sous-sols des immeubles qui bordent la place (des couloirs aux arcades de briques, les soubassements des gradins sur les longs côtés et la *cavea* ont été mis au jour). Il couvrait une superficie de 30.000 m². Adossé au rempart est, il faisait pendant au palais mais, en même temps, en était un élément indissoluble car, en vertu de la vision du monde qu'avaient les Romains de l'époque, le centre du pouvoir séculier se devait de communiquer avec le centre du pouvoir populaire, avec le lieu par excellence où s'exprime la volonté du peuple. La fin de ce monument est marquée par les sanglants événements de 390, quand l'empereur Théodose le Grand, sous prétexte d'étouffer la révolte des citoyens contre la garnison des fédérés Wisigoths, commandée par Wuoterich, qui fut tué dans la mêlée, ordonna le massacre des milliers de spectateurs rassemblés dans l'hippodrome. Cette partie de la ville fut alors abandonnée, l'édifice détruit et l'ignominie fut recouverte par la terre amoncelée au cours des temps. Sur ce lieu frappé au sceau de l'infamie, on construisit, sous la turcocratie et aux temps modernes, quelques rares maisons et l'on planta des platanes, jusqu'à ce que la pioche de l'archéologue et celle du maçon entrent en action et que la première réveille ce que la seconde s'efforce d'engloutir dans l'oubli.

LES EGLISES BYZANTINES

Saint-Démétrius

Selon la tradition, c'est au milieu du Vème siècle ap. J.-C., qu'un éparque d'Illyricum, du nom de Léontios, construisit une grandiose basilique, en l'honneur du saint martyr chrétien, Démétrius, sur l'emplacement d'un établissement thermal plus ancien, qui s'élevait peut-être sur les ruines du temple du dieu Cabire. Située au nord-ouest du forum romain (le Mégalophoros des Byzantins), à l'extrémité de l'ancien stade, la basilique fut détruite dans un incendie lié au grand tremblement de terre (que l'on situe entre 629 et 634) et fut rapidement remplacée par un édifice non moins somptueux. Restauré après l'incendie de 1917, l'église du saint protecteur de Thessalonique conserve la forme des basiliques du Vème et du VIIème siècle: basilique à cinq nefs, elle mesure 43,58 x 33m et possède un transept qui se détache du corps de l'église proprement dit. La nef centrale, de 12m de large, est séparée des bas-

côtés par deux colonnades à ordres superposés qui alternent avec des piliers et est couverte d'un toit à double pente, contrairement aux collatéraux, couverts chacun d'un toit à une seule pente.

L'église avait un décor de placage de marbre, mosaïques et fresques. Mais le temps, qui n'épargne rien, a privé les fidèles et les amateurs d'art du plaisir de voir la plus grande partie de ce décor. Toutefois, les fresques conservées témoignent de la richesse des trésors perdus.

De la décoration en marbre, il reste les chapiteaux des colonnes qui se signalent par la variété de leur type et la beauté de leurs motifs. Pas plus les mosaïques que les peintures murales, qui décorent l'église, ne s'inscrivent dans un programme iconographique précis. Réalisées aux frais des fidèles, elles appartiennent à différentes époques, s'échelonnant du Vème au XVème siècle. Les mosaïques les plus anciennes qui ont échappé à l'incendie du milieu du VIIème siècle, décorent le côté ouest de l'église et datent du Vème siècle. L'une représente saint Démétrius en uniforme, flanqué de deux anges. Une autre

118

représente la consécration de deux enfants au saint martyr. Les autres, postérieures à l'incendie du VIIème siècle, décorent les piliers du choeur de la basilique. (Sur le pilier à gauche de l'abside, la Vierge est figurée aux côtés de saint Théodore, sur celui de droite, saint Démétrius côtoie les fondateurs de l'église, les *ktitorès*).

A l'angle sud-est de Saint-Démétrius, la chapelle Saint-Euthymios, qui était une annexe de la première basilique, est un intéressant témoignage de l'architecture de l'époque des Paléologues. Elle conserve encore quelques remarquables fresques du début du XIVème siècle. Sous le choeur de la basilique, une crypte développe son dédale de salles et de galeries souterraines. C'est une partie des thermes romains, antérieurs à la construction de la première basilique, qui fut transformée en crypte. La tradition veut que saint Démétrius y fut enfermé, martyrisé puis exécuté. La crypte renferme le saint des saints de l'église. Un bassin semi-circulaire, transformé en *ciborium,* recueillait la myrrhe (*μύρο*) sacrée, produite par le corps de saint Démétrius *(μυροβλήτης).* La foule des fidèles pèlerins se disputait ce liquide purificateur et expiatoire, qui coulait le long de la paroi du fond de la crypte.

Encastré dans le mur intérieur gauche de la nef centrale, à l'angle nord-ouest, le tombeau de Loukas Spantounis, daté, d'après l'inscription, de 1481, est un remarquable témoignage de l'art florentin.

118. L'église Saint-Démétrius, à Thessalonique, vue du sud-ouest.

119. Mosaïque du IXème siècle décorant le pilier nord-ouest du sanctuaire (béma) de Saint-Démétrius à Thessalonique. Y sont représentés: la Vierge et saint Théodore en prière.

119

120. Mosaïque de Saint-
Démétrius à Thessalonique,
représentant la consécration
des enfants au saint patron
de la ville, VIIème siècle.

121. Mosaïque de Saint-
Démétrius à Thessalonique.
Elle figure saint Démétrius
entre l'évêque et l'éparque
aux frais desquels se fit la
restauration de l'église. Au
fond, les murs de la ville se
dessinent, VIIème siècle.

Aghia Sophia

C'est vers le milieu du VIIème siècle que l'on érigea la célèbre église de la Sagesse Divine. Cette église de plan carré, avec un *béma* (sanctuaire) à l'est faisant saillie (comprenant le choeur, la *prothésis* et le *diakonikon*), s'élève sur l'emplacement d'une gigantesque basilique à cinq nefs (de 163m de long sur 50m de large) qui, avec ses nombreux bâtiments annexes, fut érigée à l'époque protobyzantine (Vème siècle) à la mémoire de saint Marc. L'articulation des espaces est simple mais imposante: des piliers alternant avec des colonnes divisent l'intérieur en trois nefs et supportent des voûtes en berceaux sur lesquels repose une coupole hémisphérique, par l'intermédiaire de pendentifs. Les bas-côtés, ouverts à l'ouest, forment avec le narthex, un *péristôon* en forme de Π renversé autour de la nef centrale de l'église. La répétition du plan du rez-de-chaussée à l'étage, par la construction, sur trois côtés de l'édifice, de tribunes, dont la charpente de bois est couverte de tuiles, confère une dimension transcendentale à la partie centrale, cruciforme du monument: le fidèle y est en relation directe avec le symbole rédempteur de la Chrétienté, au centre d'une gigantesque croix.

Le décor de mosaïques donne au monument un éclat sans pareil: on remarquera particulièrement la mosaïque de la voûte en berceau du choeur (VIIIème siècle), au décor végétal, dont l'inscription nous livre le nom des fondateurs de l'église (ou *ktitorès*); celle qui orne le front de l'arc qui se profile entre la voûte du choeur et l'abside; et celle qui se développe dans la conque de l'abside (datant de l'époque de la querelle des iconoclastes) où la représentation initiale –une imposante croix (dont on distingue encore les extrémités des branches)– a été remplacée ultérieurement par une Vierge à l'enfant, trônante. Mais c'est surtout la composition grandiose de la coupole (vers 885) qui retiendra notre attention: placée dans un paysage remarquablement expressionniste, l'Ascension du Christ possède une étonnante dimension dogmatique et métaphysique.

Les fresques qui couvrent les murs du vaste *exonarthex* (début du XIème siècle), représentant des saints locaux, viennent compléter cette grandiose leçon d'histoire religieuse.

122. Vue extérieure d'Aghia Sophia.

123. Mosaïque représentant l'Ascension. Détail de la décoration de la grande coupole d'Aghia Sophia, à Thessalonique, IXème siècle.

122

Vierge Acheiropoiétos

A l'est de l'antique agora, la grande basilique de la Vierge Théotokos, est connue, depuis le XIVème siècle, sous le nom d'Acheiropoiétos (fait sans la main de l'homme), dénomination qu'elle doit vraisemblablement à une image pieuse de la Vierge qu'elle renfermait. L'église, que l'on date habituellement du Vème siècle, fut la première à être convertie en mosquée (Eski Cuma Djami), par le sultan Murat, quand il se fut emparé de la ville en 1430.

Construite sur les ruines de thermes romains dotés d'un système d'hypocaustes et d'un dallage de mosaïques, cette basilique à trois nefs, couverte d'un toit de bois, s'ouvrait dans la Léophoros des Byzantins (l'actuelle rue Egnatia) par un propylée monumental. Elle s'impose tant par la simplicité de son plan et la rigueur de ses proportions que par son ordonnance intérieure –sa puissante rangée de colonnes non cannelée, en bas, et ses chapiteaux aux feuilles d'acanthes frémissantes, à l'étage– et par l'éclat des mosaïques qui ornent les intrados de ses voûtes.

L'église ne manqua pas de subir des interventions ultérieures (reconstructions, obturations de certaines ouvertures) et des dégradations (ce sont principalement les sources d'éclairage de l'intérieur de l'édifice qui furent touchées). Néanmoins, les paroles de l'érudit Arménopoulos qui, au XIVème siècle, admirait le monument "que l'on dirait suspendu dans l'air, au sommet d'élégantes colonnes, et non supporté par de puissants murs" traduisent, aujourd'hui encore, l'impression première ressentie par un pieux pèlerin.

La construction adossée au coté sud-ouest de l'église, qui ne comprend qu'une seule pièce, était autrefois identifiée à un baptistère. Aujourd'hui, il apparaît plutôt, à la lumière des dernières recherches, comme le *diakonikon* primitif de l'église.

Les fouilles que l'on envisage de mener sous la place Makédonomachon, contiguë à l'église, devraient élucider la question de savoir si l'édifice disposait ou non d'un atrium.

Monastère de Latomou (Hosios David)

Au faîte des ruelles de la ville haute, la petite église d'Hosios David se dresse au bout de la rue Aghia Sophia et au sud-ouest du monastère des Vlatadès. Formant autrefois le *katholikon* du monastère du Christ Rédempteur de Latomou, elle fut, si l'on en croit le *Récit* d'Ignatius, érigée au Vème siècle. La dénomination de "Latomou" ou "Latomon", s'expliquerait par la présence, à l'époque, de carrières (en grec, λατομεῖα) dans la région.

Type précurseur de l'église en croix inscrite, coiffée d'une coupole, Hosios David (dimensions initiales: 12,10 x 12,30m) s'élevait sur les ruines de bains romains. Aujourd'hui, seule une partie (les 2/3 environ) de l'édifice paléochrétien est conservée.

La décoration intérieure, composée de mosaïques murales et de fresques, appartient à plusieurs périodes: fin du Vème siècle (mosaïque représentant l'apparition du Seigneur au prophète Ezéchiel), troisième quart du XIIème siècle (fresque de la voûte sud) et à la fin du XIIIème-début du XIVème siècle (fresques du mur est de la branche nord de la croix).

Notre-Dame des Chaudronniers (Panaghia ton Chalkéon)

Au nord de l'actuelle rue Egnatia, l'église de la Théotokos, communément appelée "l'église rouge", en raison de son parement extérieur en briques, appartient au type en croix inscrite à quatre colonnes, qui apparaît pour la première fois, dans l'histoire de l'architecture byzantine, sous la dynastie des empereurs macédoniens. L'inscription gravée sur le linteau de l'entrée principale permet de dater le monument de 1028. Le nom actuel de l'église Notre-Dame des Chaudronniers (Panaghia ton Chalkéon) traduit une appellation qui date de l'époque de la domination ottomane, Kazandjilar Djami, la mosquée des Chaudronniers. Le quartier, en effet, était le centre de la fabrication des chaudrons.

Les murs de l'église étaient autrefois couverts de peintures murales dont il ne subsiste que des fragments. Elles datent en majorité du deuxième quart du XIème siècle (quelques traces de fresques sur le mur ouest de l'église datent, quant à elles, du XIVème siècle). Ils ne restent malheureusement plus de ce décor que quelques fragments.

Saint-Pantéléimon

Ce n'est vraisemblablement qu'après 1568-1571 que l'église dite de Saint-Isaac, du nom de son fondateur, Jacob de son nom laïc, métropolite de Thessalonique (1295-1314) prit le nom de Saint-Pantéléimon. Cette élégante église, qui constituait le *katholikon* d'un monastère portant le même nom, appartient au type d'église en croix inscrite à quatre colonnes. Elle était entourée d'un portique, détruit au début du XXème siècle. Les quelques fresques qui la décorent datent des XIIIème-XIVème siècles, voire de l'époque de la domination ottomane.

Saints-Apôtres (Aghioi Apostoloi)

Située dans la partie occidentale de la ville, à

proximité des remparts, l'église des Saints-Apôtres (Aghioi Apostoloi), l'un des plus beaux monuments de Thessalonique, constituait le *katholikon* du monastère de la Théotokos, fondé entre 1310 et 1314 par Niphon Ier, patriarche de Constantinople. Bien que la décoration intérieure de l'édifice restât inachevée, dès lors que Niphon Ier fut écarté du trône de Constantinople, l'éclat des mosaïques murales et la beauté des fresques reflètent le haut niveau artistique et le rayonnement spirituel de Thessalonique, "deuxième ville de l'Empire", au XIVème siècle.

D'un type composite –église en croix inscrite à quatre colonnes, avec narthex et *péristôon,* surmontée de cinq coupoles– l'église des Saints-Apôtres, qui se distingue par une superbe décoration cloisonnée en briques, sur son parement extérieur, et une juste répartition des volumes, constitue un des témoignages les plus caractéristiques de l'architecture religieuse de l'époque des Paléologues.

Saint-Nicolas l'Orphelin (Aghios Nikolaos Orphanos)

A l'origine, basilique à trois nefs, précédée d'un narthex à l'ouest, l'église élégante de Saint-Nicolas l'Orphelin, s'élève dans la douceur de l'ombre de quelques frêles cyprès, au haut de la rue Aghiou Pavlou. Construite à l'époque où Thessalonique est au faîte de sa gloire, elle date de 1310-1320.

Son placage de marbre en parfait état et son riche décor de peintures murales, qui a conservé la fraîcheur des couleurs, font de l'église de Saint-Nicolas l'Orphelin un remarquable témoignage de la peinture religieuse byzantine, sous le règne des Paléologues.

Sainte-Catherine (Aghia Aikatérini)

Située près des remparts nord-ouest de la ville, Sainte-Catherine, qui fut convertie en mosquée (Yacoub Pacha Djami), à l'époque de la domination ottomane, appartient au type d'église en croix inscrite à quatre colonnes, surmontée d'une coupole. Construite entre 1320 et 1330, elle témoigne, elle aussi, de la grandeur de Thessalonique à l'époque de la dynastie des Paléologues. Les peintures murales, en partie conservées, représentent essentiellement des scènes de l'Evangile.

Chapelle du Sauveur (tou Sotiros)

Située au sud-ouest de l'arc de Galère, à proximité de l'actuelle rue Egnatia, la chapelle du Sauveur, consacrée à la Transfiguration, construite

aux environs de 1340, était à l'origine une chapelle funéraire en l'honneur de la Vierge Théotokos. De plan carré, coiffée d'une coupole relativement haute, ce monument conserve une partie de son décor peint, dont le style conservateur ne s'apparente guère aux créations quasi-contemporaines dues à d'autres artistes célèbres de la ville de saint Démétrius. Le narthex est une addition postérieure.

Monastère des Vlatadès (Moni Vlatadon)

Situé près de la porte qui mène à l'acropole, le monastère patriarcal des Vlatadès, que les Turcs appelaient Tchaouch monastir, détenait autrefois une place privilégiée dès lors qu'elle contrôlait l'eau qui coulait du mont Chortiatis et épanchait la soif des habitants de la ville. Fondé, entre 1351 et 1371, par Dorothéos Vlatis, alors métropolite de Thessalonique, il présente plusieurs phases de construction. A la phase initiale appartiennent le choeur, la chapelle sud, l'église proprement dite et la plus grande partie du portique sud. Les diverses annexes et les remaniements ultérieurs datent de la Turcocratie, voire d'une époque postérieure.

Les fresques, qui ont particulièrement souffert de la conversion de l'église en mosquée, ont été exécutées entre 1360 et 1380 et constituent une des dernières manifestations de l'école locale, peu de temps avant la prise de la ville par les Turcs, en 1430.

Prophète Elie (Prophitis Ilias)

Situé sur un emplacement bien en vue, au nord de Saint-Démétrius, et contrôlant autrefois la ville basse, l'église qui porte le nom conventionnel de Prophète Elie constituait le *katholikon* d'un monastère vraisemblablement consacré au Christ.

C'est une des constructions les plus complexes que nous ait livrées l'architecture byzantine postérieure au milieu du XIVème siècle. Par son plan triconque (le carré central coiffé d'une coupole est entouré, sur trois côtés, de constructions en absides, elles aussi coiffées de coupoles, et sur le quatrième, d'un narthex carré), l'église combine des éléments de l'architecture monastique du Mont Athos à ceux de l'architecture religieuse locale. Les peintures murales très endommagées datent de la seconde moitié du XIVème et du début du XVème siècle.

124

124. Mosaïque
décorant l'intrados de
l'arcade de l'église de la
Vierge Acheiropoiétos à
Thessalonique.

125. Mosaïque de
l'église d'Hosios David,
dans le monastère
de Latomou à
Thessalonique: la vision
du prophète Ezéchiel.

126. Mosaïque
représentant la
Transfiguration du
Seigneur, dans l'église
des Saints-Apôtres à
Thessalonique.

125

126

LE MUSEE ARCHEOLOGIQUE

Le Musée archéologique de Thessalonique, bâtiment de 1962 auquel fut ajoutée une nouvelle aile en 1980, abrite essentiellement des antiquités mises au jour par les fouilles de la ville et des environs et, d'une manière générale, des sites qui relèvent de la seizième Ephorie des antiquités (responsable des départements de Thessalonique, Kilkis, Piérie et Chalcidique). Mais il renferme également des trouvailles mises au jour dans le Nord du monde grec (Vergina) et quelques rares objets livrés par des sites antiques situés en dehors des frontières grecques (Raidestos).

A. Thessalonique et ses environs
Salles 1, 2, 3, 4, 5, 6, 7, 8 (rez-de-chaussée)

La salle 6, consacrée au thème de l'"Etat et la société" dans la cité antique, expose des oeuvres mises au jour par les fouilles de la Toumba et de Karabournaki (céramique de l'époque mycénienne à l'époque classique) –deux habitats qu'il convient d'identifier à l'antique Thermè, le prédécesseur de Thessalonique–, des offrandes funéraires d'époque hellénistique (vases, bijoux), des statues et bas-reliefs votifs livrés par le sanctuaire de Sérapis et des divinités égyptiennes, des mosaïques (Ariane à Naxos et une représentation d'un char) qui décoraient les sols de riches habitations et de thermes du IIIème siècle ap. J.-C., et enfin, des autels funéraires. Une section spéciale réunit les témoignages relatifs à Thessalonique, capitale de l'empereur Galère (complexe galérien - IIIème siècle ap. J.-C.). On ne manquera pas d'examiner la vitrine contenant des émissions monétaires de Thessalonique (IIème-IIIème siècles ap. J.-C.)

Les salles 3, 4, 5, 7 et 8 viennent compléter cette image de la production artistique de la ville. Elles renferment des fragments architectoniques d'un grand temple (de Dionysos?) qui s'élevait vraisemblablement à Thermè, des répliques romaines de sculptures classiques (fragments d'une réplique de la célèbre Athéna de Phidias, Aphrodite de type Fréjus etc.), une statue d'Auguste du type Primaporta (époque de Tibère), des portraits d'empereurs et de civils du début de l'époque chrétienne. Dans la salle 9 (contenant le trésor de Vergina), les précieuses trouvailles funéraires provenant des cimetières de Sédès et Stavroupolis témoignent de la richesse des nécropoles hellénistiques.

Le musée renferme également des oeuvres provenant des bourgades aux alentours de Thessalonique (nécropoles et sanctuaires) [Dervéni (l'antique Létè, salle 9), Sindos (probablement l'antique Chalastra, salle 1), Aghia Paraskévi et Potidée (salle 2), Epanomi, Michaniona (l'antique Aineia, salle 9) et Néa Kallikrateia]. Elles ont livré une abondante collection de céramique importée d'Attique, Corinthe et Ionie, un papyrus contenant une interprétation philosophique d'un poème théogonique attribué au poète mythique Orphée, un cratère en bronze doré orné de scènes en relief, une merveilleuse stèle funéraire de jeune fille, en marbre, oeuvre d'un atelier de Paros, une porte de tombeau à deux vantaux en marbre décoré de bronze, deux lits funéraires en marbre présentant un superbe décor peint, des bijoux en or exécutés dans un atelier local, de superbes ustensiles en métaux précieux, des jouets, des *epistomia* funéraires en or (lamelles métalliques couvrant la bouche des défunts), des masques funéraires en or, des tables d'offrandes, des couronnes d'un extraordinaire raffinement, de superbes colliers et une foule d'autres objets qui traduisent le haut niveau culturel du royaume de Macédoine, du VIème au IVème siècle av. J.-C., et dont les plus anciens le rattachent à l'ancienne tradition mycénienne.

B. Vergina
Salle 9 (rez-de-chaussée)

Les exceptionnelles trouvailles de Vergina sont exposées dans une salle aménagée à cet effet. Trouvailles de tombes inviolées de l'antique Aigéai (Vergina), première capitale de la Macédoine où les princes macédoniens avaient choisi d'être enterrés. Cette exposition s'accompagne de maquettes des tombes "macédoniennes" de la Grande Toumba, qui contenaient les offrandes, et de documents photographiques sur les fouilles (ustensiles de table en argent, bijoux, armes et pièces d'armures, coffrets cinéraires –larnax– en or, lanternes, hydries d'argent, décoration en ivoire du mobilier etc.)

On prévoit de transférer très prochainement à Vergina ces riches trouvailles de la nécropole royale d'Aigéai et de les exposer dans le hangar qui abrite les tombes et qui sera transformé en musée.

C. Littoral de la Piérie et de la Chalcidique
Salle 11 (sous-sol)

Une salle du musée réunit les précieuses trouvailles livrées par les fouilles de Mendè, Polychrono, Pyrgadikia, Acanthos (l'actuelle Iérissos), Nikétè, Toronè, Pydna et Olynthe, sites du littoral de la Piérie et de la Chalcidique où s'installèrent, dès le VIIIème siècle av. J.-C., des colons venus d'Erétrie, de Chalcis, d'Andros et de Corinthe. Ces colonies, rapidement prospères, propagèrent les connaissances et développèrent le commerce à l'Est et à l'Ouest. Des témoignages exceptionnels de la grande plastique, provenant de Néa Kallikrateia (440 av. J.-C.), Potidée (380-370 av. J.-C., stèle d'un joueur de lyre), d'Olynthe (tête de jeune homme, fin du Vème siècle av. J.-C.) et de Kassandra (420 av. J.-C., stèle de chasseur ou d'athlète) viennent compléter cette collection. Cette même salle expose également des fragments de la superbe décoration de la tombe "macédonienne" de Potidée (porte en marbre à deux vantaux, lits en marbre) qui, avec les objets livrés par la ville hellénistique de Pydna, témoignent de la prospérité du royaume macédo-

127. Plan des salles du Musée de Thessalonique.

nien sous Alexandre le Grand et ses premiers successeurs.

D. Le passé préhistorique de la Macédoine
Salle 10 (sous-sol)

La salle 10, qui illustre le rôle de la Macédoine dans la formation et le développement de la civilisation, dans cette partie névralgique de la péninsule de l'Haimos, du néolithique (7000-2000 av. J.-C.) au début de l'âge du fer (1100-700 av. J.-C.), réunit les trouvailles d'époque préhistorique (vases, figurines, objets de bronze et tessons livrés par les habitats). Des panneaux explicatifs (textes et croquis) viennent compléter ce panorama du passé préhistorique de la Macédoine. On remarquera surtout l'importante collection de céramique livrée par les sites de Servia (près de Kozani), l'habitat C de Vasilika, Olynthe, Mésiméri, Arménochori (près de Florina), Axiochori (près de Kilkis), Aghios Mamas, Pétralona, Asséros, Kastanas, Aghios Pantéléimon et Vergina.

127

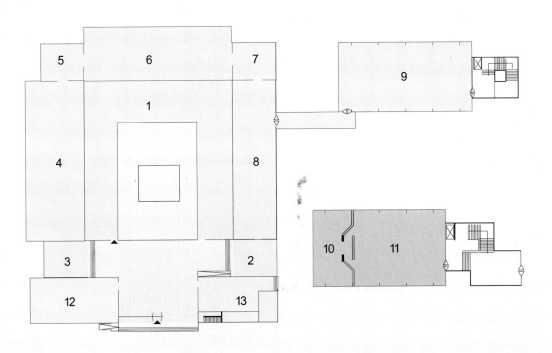

128. Prochous (cruche) de la fin de l'âge du bronze, provenant du tumulus de Sédès. Thessalonique, Musée archéologique.

129. Skyphos mycénien en terre cuite provenant de l'habitat préhistorique de Kastanas. Oeuvre d'un atelier local. Thessalonique, Musée archéologique.

130. Plémochoè provenant de Sindos (Chalastra), 520 av. J.-C. Thessalonique, Musée archéologique.

131. Collier en or découvert dans une tombe de
femme de Sindos. Vers 510 av. J.-C.
Thessalonique, Musée archéologique.

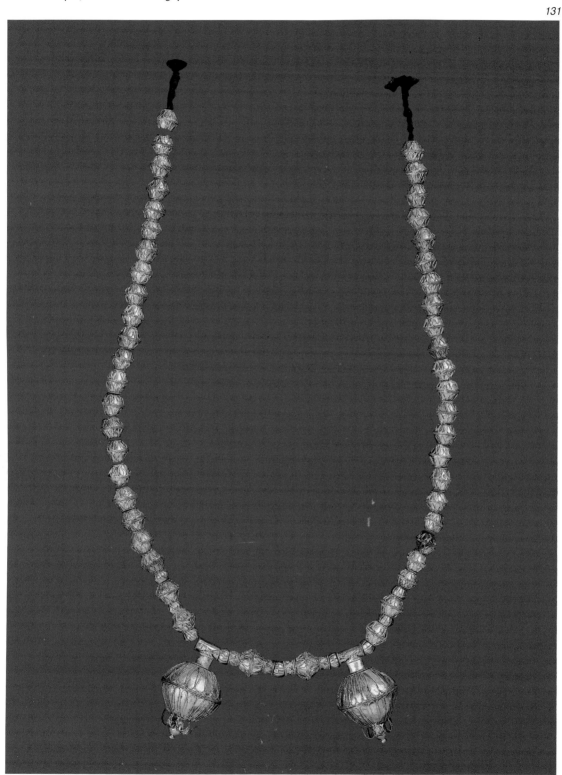

132

132. Superbe stèle funéraire en marbre de jeune fille, provenant de Néa Kallikrateia, oeuvre d'un atelier de Paros. Environ 440 av. J.-C. Thessalonique, Musée archéologique.

133. Protomè de femme en terre cuite, découverte dans une tombe féminine de Sindos, 480-460 av. J.-C. Thessalonique, Musée archéologique.

134. Pélikè à figures rouges provenant du tumulus d'Aineia. Seconde moitié du IVème siècle av. J.-C. Thessalonique, Musée archéologique.

135. Kalpis (hydrie funéraire) en bronze provenant du tumulus d'Aineia, 430 av. J.-C. Thessalonique, Musée archéologique.

133

134

135

137-139. Trois colliers en or. Les deux, en haut, proviennent d'une tombe de Dervéni et datent du dernier quart du IVème siècle av. J.-C. et le troisième, en bas, provient de Sédès et date de la fin du IVème siècle av. J.-C. Thessalonique, Musée archéologique.

136. Couronne de myrte en or découverte dans une tombe de Dervéni (Létè). Dernier quart du IVème siècle av. J.-C. Thessalonique, Musée archéologique.

136

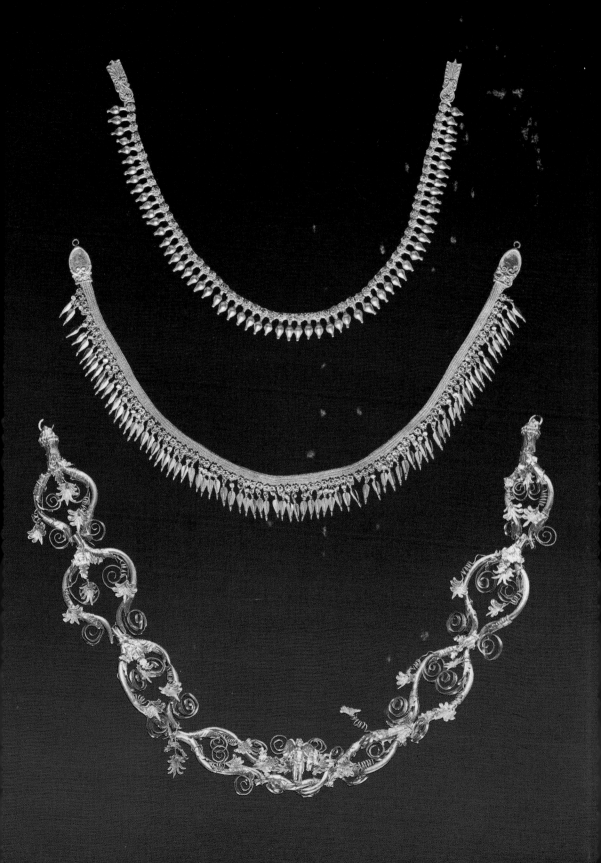

140

141

142

140. Petit disque décoratif en forme de bouclier macédonien provenant de la tombe "macédonienne" de Katérini. Deuxième moitié du IVème siècle av. J.-C. Thessalonique, Musée archéologique.

141. Elément d'un bijou: tête en or d'Héraclès, livré par une tombe de Dervéni. Dernier quart du IVème siècle av. J.-C. Thessalonique, Musée archéologique.

142. Gorgerin en cuir revêtu d'écailles en bronze, découvert dans une tombe de Dervéni. Dernier quart du IVème siècle av. J.-C. Thessalonique, Musée archéologique.

143. Pendants d'oreilles en or provenant de Dervéni. Dernier quart du IVème siècle av. J.-C. Thessalonique, Musée archéologique.

144. Détail d'un cuissard en or provenant de Sédès: le noeud sacré d'Héraclès. Dernier quart du IVème siècle av. J.-C. Thessalonique, Musée archéologique.

144

145. *Diadème en feuilles d'or, provenant d'une tombe de Dervéni. Dernier quart du IVème siècle av. J.-C. Thessalonique, Musée archéologique.*

146. *Diadème royal en argent plaqué d'or, découvert dans la tombe de Philippe II à Vergina. Deuxième moitié du IVème siècle av. J.-C. Thessalonique, Musée archéologique.*

147. *Le superbe cratère en bronze doré découvert dans la tombe B de Dervéni, 320-300 av. J.-C. Thessalonique, Musée archéologique.*

145

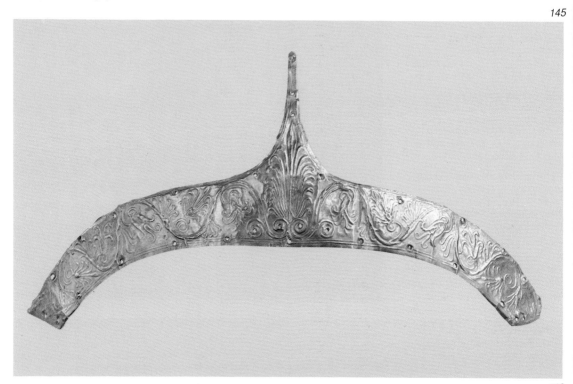

146

148. La couronne d'or formée de branches de chêne, découverte dans le larnax (coffret) de la tombe de Philippe II à Vergina, par dessus les ossements du défunt. Deuxième moitié du IVème siècle av. J.-C. Thessalonique, Musée archéologique.

←

149

149. Plaque d'or historiée: scènes de combat en léger relief. Elle décorait le goryte (sorte de carquois) trouvé dans la tombe de Philippe II, à Vergina. Thessalonique, Musée archéologique.

150. Casque en fer provenant de la tombe de Philippe II à Vergina. Thessalonique, Musée archéologique.

151. Paire de cnémides (jambières) en bronze doré provenant de la tombe de Philippe II à Vergina. On ne manquera pas de remarquer la différence de taille et de configuration des deux cnémides. Thessalonique, Musée archéologique.

151

153

154

152. Lanterne en
bronze ajouré
provenant de la tombe
de Philippe II à Vergina.
Thessalonique, Musée
archéologique.

153-154. Céramique en
terre cuite provenant de
la tombe de Philippe II:
oenochoè à vernis noir
et askos à figures
rouges, importations
attiques. Ces vases
n'avaient jamais servis
avant d'être placés
dans la tombe.
Thessalonique, Musée
archéologique.

157

155. Oiseaux de verre
livrés par des tombes
romaines de
Thessalonique.
Thessalonique, Musée
archéologique.

156. Vases de verre
livrés par des tombes
romaines de
Thessalonique.
Thessalonique, Musée
archéologique.

157. Portrait en bronze
de l'empereur
Alexandre Sévère
(222-235 ap. J.-C.),
provenant de Ryaki en
Piérie. Thessalonique,
Musée archéologique.

158

158. Statue de marbre d'Aphrodite. Type de l'Aphrodite de Fréjus. Réplique romaine d'un original du Vème siècle. Thessalonique, Musée archéologique.

159. Portrait de dame romaine, IIème siècle ap. J.-C. Thessalonique, Musée archéologique.

160. Statue de l'empereur Auguste (27 av. J.-C.-14 ap. J.-C.) découverte à proximité des sanctuaires impériaux de Thessalonique (à l'ouest du Palais du gouverneur). Thessalonique, Musée archéologique.

161. Statue d'Harpocrate découverte dans le Sérapeion, à Thessalonique. Fin du IIème siècle ap. J.-C. Thessalonique, Musée archéologique.

159

160

161

163. Détail d'un pavement en mosaïques d'une maison mise au jour rue Sokratous, IIème siècle ap. J.-C. Thessalonique, Musée archéologique.

162. Détail d'une mosaïque représentant un quadrige participant à une course de chars. Découverte à l'angle des rues Egnatia et Antigonidon. Thessalonique, Musée archéologique.

162

L'EXPOSITION D'ANTIQUITES CHRETIENNES DE LA TOUR BLANCHE

L'Exposition d'antiquités chrétiennes fut organisée en 1983, dans la Tour Blanche, symbole de la ville de saint Démétrius, à l'occasion des 2300 ans depuis la fondation de Thessalonique. Elle réunit des objets datant de 300 ap. J.-C. à 1430 ap. J.-C., provenant en majorité de Thessalonique.

Au rez-de-chaussée sont exposés des monnaies, des inscriptions funéraires, des lampes, des vases, des pavements en mosaïques d'époque paléochrétienne auxquels s'ajoutent documents photographiques, textes, cartes et croquis.

Le premier étage réunit des éléments architectoniques, des fragments de mosaïques murales, des vases, plaques de décoration murale en marbre, un *enkainion* d'argent, des statues, des trésors monétaires, des reliquaires en argent etc. accompagnés de panneaux explicatifs.

Le deuxième étage, qui illustre la vie dans l'au-delà, expose des stèles et des offrandes funéraires (bijoux, tissus, vases en verre et en terre cuite) et des fragments de peintures murales.

Le troisième étage comprend des plaques de chancel sculptées sur leurs deux faces ou sur une seule, des icônes sculptées en marbre, des pierres tombales, des vases funéraires à glaçure, des bijoux en or, des étoffes, des icônes et des fragments de peintures murales, des ustensiles liturgiques, des monnaies, des bulles en plomb, autant de témoignages appartenant à l'époque médiobyzantine jusqu'a l'arrivée des Ottomans.

Le quatrième étage, enfin, présente une esquisse de l'histoire de la peinture monumentale byzantine à Thessalonique à travers les oeuvres les plus caractéristiques exécutées jusqu'en 1387.

164. Reliquaire en argent du IVème siècle ap. J.-C., provenant de Néa Hérakleia en Chalcidique. Thessalonique, Exposition d'antiquités chrétiennes de la Tour Blanche.

165. Fresque d'une tombe voûtée du cimetière Est de Thessalonique. Scène de l'histoire de Sosanna et son interprétation allégorique. Deuxième moitié du IVème siècle ap. J.-C. Thessalonique, Exposition d'antiquités chrétiennes de la Tour Blanche.

164

LE MUSEE DE CIVILISATION BYZANTINE

Le nouveau Musée de civilisation byzantine a été inauguré en septembre 1994 avec une exposition temporaire, présentant une partie des antiquités byzantines de Thessalonique, qui avaient été transportées, en 1916, et gardées depuis au Musée byzantin d'Athènes. Ces oeuvres, ainsi que les autres rendues mais non exposées aujourd'hui pour des raisons diverses, seront comprises dans les unités thématiques de l'exposition permanente du musée, qui ouvrira ses portes dans les années suivantes.

L'exposition temporaire, ayant pour but de célébrer la double joie, de l'achèvement du bâtiment du musée et du retour des antiquités, comprend des icônes portatives, des tissus ecclésiastiques, des sculptures et des inscriptions.

Parmi les icônes on remarque l'excellente icône de Pantocrator "La Sagesse de Dieu", du début du XIVème siècle, l'icône ayant comme thème la Vierge Vréfocratousa (portant le nourrisson), aux environs de 1300, la grande icône ayant comme thème principal les Aghioi Pantès (Tous Saints), d'atelier local, probablement de Thessalonique, du début du XVIIIème siècle, l'icône de saint Minas, oeuvre importante du XVIIIème siècle appartenant probablement aussi à la production artistique d'un atelier de Thessalonique et l'icône avec six saints en deux rangs, d'excellente qualité artistique, datant de l'époque byzantine tardive (XIVème-XVème siècles) et constituant une oeuvre représentative de l'Ecole de Constantinople.

L'exposition se complète avec la présentation de deux tissus ecclésiastiques –une dalmatique et le fameux "Epitaphios (saint suaire) de Thessalonique" brodé en or– et d'un nombre de sculptures et inscriptions représentatives.

Outre le Musée archéologique, l'Exposition d'antiquités chrétiennes de la Tour Blanche et le Musée de civilisation byzantine, on peut également visiter à Thessalonique, le Musée des arts populaires et le Musée du combat macédonien.

166. *"Aër" (corporal) brodé de fils d'or et d'argent, provenant de Thessalonique, (oeuvre d'art remarquable du début du XIVème siècle). Ce voile liturgique était destiné à recouvrir la Sainte Communion, c'est pourquoi les représentations de la Sainte Communion et de Jésus-Agneau évoquent le sacrement de l'Eucharistie. Plus tard, ce genre d'objet, avec la même représentation centrale, fut utilisé comme "Epitaphios" pendant la Semaine Sainte. La broderie réussit habilement à traiter les sujets d'une manière picturale, en tirant pleinement parti des possibilités d'expression de cette technique spéciale; toute une gamme de matériaux précieux: fils d' or et d'argent, soies, variété de points aux reflets divers créent des nuances subtiles et changeantes. Thessalonique, Musée de civilisation byzantine.*

166

167. L'icône de la Vierge Vréfocratousa. Les traits personnels des figures sont indicatifs de la peinture paléologienne, aux environs de 1300. Thessalonique, Musée de civilisation byzantine.

168. La grande icône de Pantocrator "La Sagesse de Dieu", oeuvre excellente de la période paléologienne (début du XIVème siècle). Thessalonique, Musée de civilisation byzantine.

PELLA
et sa région

169

APERCU HISTORIQUE

Sise au centre d'habitats-satellites qui gravitaient autour d'elle, Pella dont la *chora* –ou territoire– s'étendait jusqu'aux carrières de Kyrrhos, à l'ancien lac du Loudias, à Platanopotamos et au torrent de Yanitsa, était la première ville de la Bottie du sud-est, cette région enclavée entre l'Axios et l'Haliacmon et bornée par les chaînes montagneuses du Bermion et du Païkon. Elle fut dotée de remparts dès le règne de Philippe II qui fit d'elle une cité dont le rayonnement peut être qualifié pour l'époque d'international.

Occupée dès le néolithique (on y a recensé environ 16 habitats), toute la région de Pella présente à l'âge du bronze une multitude de sites. Ses habitants –qui seraient, si l'on en croit la tradition, des colons crétois– furent délogés par les Macédoniens lorsque ces derniers quittèrent la Piérie pour venir occuper les immenses pâturages qui correspondent aux actuels départements d'Emathie et de Pella.

Déjà connue d'Hécatée, d'Hérodote et de Thucydide (Vème siècle av. J.-C.), Pella, devenue à l'initiative d'Archélaos la capitale du royaume de Macédoine, est attestée dès le début du IVème siècle comme "la cité la plus considérable de la Macédoine". Elle reçoit des visiteurs aussi prestigieux qu'Euripide ou le poète Agathon. Timothéos ainsi que le poète Choirilos de Samos seront également les hôtes de la cour et le grand Zeuxis, l'un des peintres les plus illustres de l'antiquité, travaillera à la décoration du palais royal.

*169. Vue d'une maison de Pella. On distingue la cour
à péristyle et la superbe mosaïque à losanges
blancs et bleu-gris qui ornait l'antichambre.*

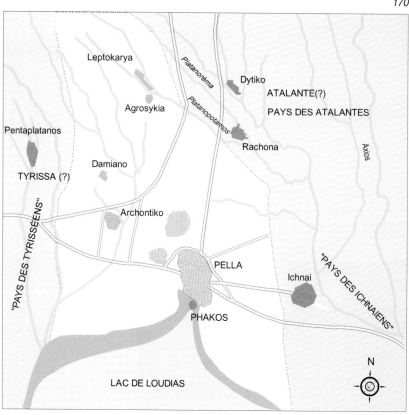

*170. La "chora" de
Pella, à l'époque
hellénistique.*

*171. Plan de Pella,
ancienne capitale de
la Macédoine.*

Terre natale de Philippe II, Pella connaîtra une grande extension sous le règne de ce prince qui la dotera également de vastes palais; artistes, poètes et philosophes trouveront alors à la cour un soutien chaleureux à leur art et un généreux mécène. Sous le règne de Cassandre, la ville se développe conformément au plan dit hippodaméen (ou en damier): elle se pare d'édifices publics grandioses et de vastes demeures particulières aux sols couverts de mosaïques et aux murs ornés de superbes fresques. Ceinte par un rempart dont le périmètre avoisine les 8000m, elle couvre désormais une superficie totale d'environ 2,5ha. Initialement sise au bord de la mer, elle se voit reléguée dès l'époque classique au fond du lac formé par les alluvions du Loudias mais n'en demeure pas moins un port important pour la région puisque cette voie d'eau était navigable. Une petite île au milieu des marécages, Phakos, était reliée à la cité par un pont de bois et faisait à la fois office de prison et de Trésor public pour l'Etat macédonien.

Après avoir connu ses dernières décennies de gloire sous Philippe V et Persée, Pella est livrée au général romain Paul-Emile qui, après son triomphe en 168 av. J.-C. à Pydna, établit son campement sous les puissants remparts de la cité. Siège de la troisième des quatre "mérides" —ou districts, qui correspondent au nouveau découpage administratif du pays de 167 à 147 av. J.-C.— Pella, à l'instar de Béroia, demeure, grâce à la Via Egnatia, l'une des villes les plus "illustres" de la région et cela même après la dissolution du royaume de Macédoine. Mais elle devra bientôt s'effacer devant Thessalonique, promue capitale de la première province romaine d'Orient. Une série de tremblements de terre, l'occupation par les troupes de Mithridate VI, une grave crise économique et surtout la fondation, à l'ouest de son site (vraisemblablement vers 150 ap. J.-C.), à l'emplacement de l'actuelle commune de Néa Pella, de la *Colonia Pellensis* –la colonie romaine de Pella– entraînèrent la fin d'une cité qui avait vu passer sous ses remparts les troupes d'Alexandre marchant à la conquête de l'Asie. Dion Chrysostome, qui visita Pella à l'aube du IIème siècle de notre ère, notait qu'à son époque, il ne restait de Pella (la Pella hellénistique) qu' "un amas de tuiles brisées jonchant le sol". Sous Dioclétien, la colonie romaine de Pella fut vraisemblablement rebaptisée Dioclétianopolis pour reprendre bientôt son antique dénomination. En 473 ap. J.-C., le goth Théodoric s'installera avec ses troupes dans les plaines fertiles qui s'étendent

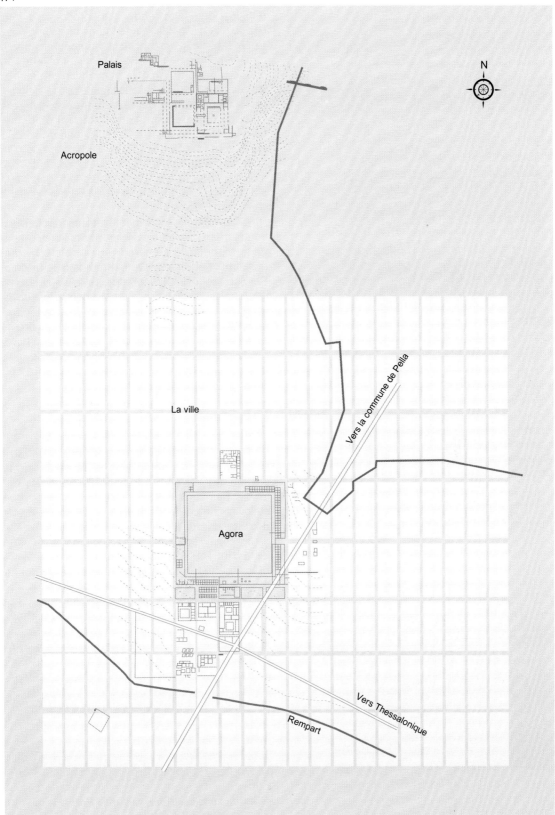

Palais

Acropole

N

La ville

Vers la commune de Pella

Agora

Vers Thessalonique

Rempart

à l'ouest de l'Axios tandis que la tribu slave des Dragoubites s'installe dans toute la région dès le VIIème siècle. Il semble qu'un hameau ait survécu à l'emplacement de Pella jusqu'à la fin de l'époque byzantine. Sous la domination ottomane, les ruines de la cité hellénistique et de la colonie romaine fournissent en abondance des matériaux de construction qui permettront à l'occupant d'édifier une ville sainte musulmane: Yanitsa. Sans doute faut-il voir là une vengeance de l'Orient qui n'a pas oublié l'offensive d'Alexandre? A moins que tel ne soit l'inéluctable sort des cités antiques vouées, avec le temps, à ne vivre que de leur gloire passée?

G. Oikonomou entreprit les premières fouilles en été 1914, presque aussitôt après la libération de la Macédoine au sortir de quatre siècles de domination ottomane. Quarante ans plus tard, le Service archéologique prendra le relais et les recherches systématiques, menées depuis lors dans la région, permettent aujourd'hui encore de mettre au jour les trésors cachés de cette ville qui présida jadis aux destinées du monde connu. Au bord de ce qui fut autrefois le lac de Yanitsa, le modeste village d'Aghioi Apostoloi sera rebaptisé et l'endroit renouera avec sa gloire d'antan.

LA VILLE

De la ville telle qu'elle se présentait avant Cassandre, nous ne savons quasiment rien. Il semble que l'essentiel de la partie construite de la ville, tout comme la nécropole datant de la première moitié du IVème siècle av. J.-C., aient été détruites lorsque Cassandre, animé d'un ambitieux projet, redessina de fond en comble le plan de la cité. Toutefois, certaines tombes à ciste situées à l'est de la ville et vraisemblablement l'aile centrale des palais situés au-dessus de l'acropole remontent à l'époque de Philippe II. Le plan qui présidera à la reconstruction de la Pella post-alexandrine, et qui se fonde sur le système hippodaméen (du nom de l'architecte Hippodamus de Milet), à savoir en damier, présente un quadrillage de larges rues parallèles se coupant à angle droit et ménage des îlots d'habitation rectangulaires d'une largeur uniforme (47m). Quant

172. Stèle funéraire d'un guerrier macédonien, oeuvre d'un atelier local. Fin du Vème siècle av.J.-C. Constantinople, Musée archéologique.

173. Vue aérienne d'une maison de Pella. Fin du IVème siècle av.J.-C.

à la longueur (nord-sud), elle varie (successivement 125, 111, 125, 150 et 125 mètres). La largeur des rues qui coupent la ville d'est en ouest est d'environ 9m alors que les rues orientées nord-sud font environ 6m de large.

L'agora

L'agora, coeur de toute ville antique, est harmonieusement intégrée dans le quadrillage urbain et correspond, pour sa longueur, à cinq îlots du plan, orientés est-ouest. Plus étroite côté sud, elle ménage cinq petits îlots qui abritent des commerces et des ateliers. Avec ses dimensions impressionnantes (200 x 182m environ), le complexe architectural de l'agora constituait, avec les portiques qui l'entouraient et ses boutiques au fond, un complexe architectural imposant. Partant du centre de l'agora et orientée est-ouest, une avenue de 15m de large traversait la ville de part en part (sur toute la largeur), la reliant d'un côté à Edessa et de l'autre à Thessalonique. La construction de l'agora sous la forme que nous lui connaissons aujourd'hui remonte vraisemblablement à une époque nettement antérieure au dernier quart du IIIème siècle av. J.-C.: elle serait probablement à dater des premières années du règne de Philippe V. La destruction de l'ensemble, due soit à un tremblement de terre soit à une invasion de tribus barbares thraces, intervint vraisemblablement pendant les vingt premières années du Ier siècle av. J.-C.

Les maisons

Suivant le plan caractéristique des maisons grecques antiques, l'habitation privée de Pella à l'époque post-classique est tournée vers l'intérieur. A une façade d'une extrême sobriété, vierge de toute décoration, l'intérieur des pièces qui s'ordonnent autour d'une cour carrée, oppose des murs richement décorés et des sols recouverts de mosaïques bigarrées. Deux types de maisons ont été identifiés dans la capitale macédonienne: la maison à péristyle intérieur et la maison à *pastas* ou portique. Les appartements destinés à la vie de tous les jours et les salles de réception pour les hôtes de passage se trouvent côté nord (généralement à deux étages) tandis que les pièces destinées au stockage des biens et, d'une manière générale, tous les espaces auxiliaires sont situés au sud de la maison.

La maison de Dionysos, qui compte parmi les habitations à péristyle les plus somptueuses, présente de superbes mosaïques représentant le dieu Dionysos chevauchant une panthère et une scène de chasse au lion; elle dispose de deux cours intérieures à péristyle. Une autre maison qui doit son nom à la mosaïque de l'enlèvement d'Hélène par Thésée figurant à côté d'une scène de chasse et, sur le côté est, de fragments de l'Amazonomachie, est également fort spacieuse. D'une conception très originale, les mosaïques de Pella, avec leurs savants assemblages et leurs dégradés colorés représentant le jeu des ombres, réussissent à rendre la sensation de l'espace et de la troisième dimension. Grâce à une technique plus élaborée que celle des sols en mosaïque d'Olynthe, et se caractérisant par une alternance de fragments colorés et l'usage de fines lames de terre cuite ou de plomb pour souligner les détails, ces compositions qui, tantôt constituent le motif essentiel du décor —le *pinax* ou panneau central des *andronès*–, tantôt tapissent le seuil des antichambres, constituent de brillants échantillons de la décoration intérieure dans l'antiquité.

Constructions onéreuses, les demeures de la Pella post-alexandrine reflètent la richesse qui fut introduite en Macédoine au lendemain de la campagne d'Asie et restent une référence pour l'architecture des siècles suivants.

175

174

174. Reconstitution de l'ornementation peinte d'une salle de la "maison aux stucs", à Pella. (Reproduction d'un dessin de N. Sphikas et K. Palian).

175. Sol en mosaïques provenant de la "maison de Dionysos" à Pella, représentant une chasse au lion. Dernier quart du IVème siècle av. J.-C. Pella, Musée archéologique.

ΚΥΝΗΓΙΟΝ ΛΕΟΝΤΟΣ

176. Sol en mosaïques provenant de la "maison de
Dionysos" à Pella. Dernier quart du IVème siècle
av. J.-C. Elle représente Dionysos brandissant son
thyrse dans une main tandis que, de l'autre, il
aggripe le col de la panthère qu'il chevauche.
Pella, Musée archéologique.

176

177. *Sol en mosaïques provenant de la "maison de l'enlèvement d'Hélène" représentant une chasse au cerf. Dernier quart du IVème siècle av. J.-C. Pella.*

177

178

178. Sol en mosaïques provenant de la "maison de l'enlèvement d'Hélène" représentant l'enlèvement en question. Dernier quart du IVème siècle av. J.-C. Pella.

180

179. Partie du palais de
Pella, sur l'acropole.

180. Couronnement de
pilier à semi-colonne
engagée ionique
provenant du palais de
Pella. Pella, Musée
archéologique.

LE PALAIS

Couronnant toute la colline qui domine l'antique Pella, au nord de la ville, le palais de la capitale du royaume de Macédoine se développait sur une superficie totale de 60.000 m². Réparti sur trois complexes autonomes mais dont les prolongements communiquaient entre eux, l'ensemble de l'édifice s'insère harmonieusement dans un canevas architectural urbain constitué de zones verticales et horizontales. Dans chacune de ces unités, les espaces couverts servant d'habitation s'ordonnent autour d'une cour centrale. L'aile centrale constitue cependant une exception: elle comporte deux espaces ouverts à péristyles. Sur toute la longueur du côté sud, l'ensemble forme un belvédère de dimensions impressionnantes du haut duquel les nobles occupants contemplaient la plaine immense et, au-delà de la ville, le golfe Thermaïque. Des fragments de chapiteaux doriques et ioniens de différents diamètres plaident en faveur de l'existence d'un second étage, du moins dans certaines ailes de ce complexe architectural qui disposait également d'une piscine.

Les fouilles ont révélé des phases successives de construction, ce qui pose des problèmes de datation. Toutefois, un certain nombre de données nous permettent de dater avec une quasi-certitude la partie centrale de l'édifice de la fin de la première moitié du IVème siècle av. J.-C. Des transformations, des ajouts et des reconstructions sont vraisemblablement intervenus, essentiellement dans la seconde moitié du IVème et au IIIème siècles av. J.-C.

181. Statuette en bronze de Poséidon. Fin de l'époque hellénistique, réplique d'une oeuvre de Lysippe. Pella, Musée archéologique.

LES NECROPOLES

Individuelles, creusées à même la tendre pierre calcaire de la région, les tombes les plus anciennes qui s'étendent sous l'agora de la cité antique, s'échelonnent entre le dernier quart du Vème siècle av. J.-C. et le troisième quart du IVème siècle av. J.-C. Lorsque la ville se développa vers l'est, ces tombes furent remplacées, entre le milieu et la fin du IVème siècle av. J.-C., par des tombes à ciste et par des tombes à chambre voûtées, où étaient enterrés tous les membres d'une famille. Ces dernières devaient survivre à l'occupation romaine. Les riches offrandes funéraires —vases, bijoux, décor du mobilier funéraire en bois, pièces de toreutique etc.— que l'on peut aujourd'hui admirer au Musée de Pella, témoignent à la fois de la piété des habitants de la capitale macédonienne à l'égard de leurs défunts et de l'opulence de leur cité.

LES CULTES

A côté des dieux, des héros et des divinités attestés par la tradition littéraire et épigraphique (les Grands Dieux, Héraclès Phylakos, Asclépios), les fouilles ont permis d'identifier des sanctuaires consacrés à Déméter (Thesmophorion), de Cybèle, d'Aphrodite et de Darron et attestent l'existence du culte de Poséidon, de Dionysos, d'Athéna —célébrée sous l'épithète d'Alkidémos— et du dieu Pan.

LE MUSEE ARCHEOLOGIQUE

En attendant la construction d'un nouveau musée, plus spacieux, qu'exige un site de cet intérêt, le petit pavillon qui se dresse sur le chantier de fouilles, abrite les plus intéressantes des oeuvres livrées par la fouille de la ville antique et des environs; témoignages de l'architecture, de la toreutique, de la céramique, de la sculpture (bas-reliefs et oeuvres en ronde bosse), auxquels s'ajoutent bijoux et mosaïques de sol. Parmi ce choix d'oeuvres exposées, on remarquera surtout, pour l'époque classique, un chien d'excellente facture (milieu du IVème siècle av. J.-C.) et un personnage acéphale monté à cheval (également milieu du IVème siècle),

remarquable par le juste équilibre des volumes de l'animal et du cavalier. L'époque hellénistique tardive se signale par une tête en marbre d'Alexandre à la chevelure écumante et aux traits aussi bien personnels que héroïsés. De la même époque date une petite effigie de bronze du dieu de la mer, Poséidon, réplique d'un original plus grand que nature, attribuée au fameux sculpteur Lysippe. Une reconstitution d'un fragment de la fresque qui décorait l'intérieur de la "maison aux stucs" (fin du IVème siècle av. J.-C.), située au sud-ouest de l'actuel petit musée, retiendra également toute notre attention.

182

184

182. Statuette en marbre de cavalier. Milieu du
IVème siècle av. J.-C. Pella, Musée archéologique.

183. Stèle funéraire de chien. Deuxième moitié du
IVème siècle av. J.-C. Pella, Musée archéologique.

184. Stèle funéraire en marbre provenant de la
nécropole du quartier de l'agora à Pella, portant une
représentation en relief de Xanthos, comme il ressort
de l'inscription gravée dans la partie inférieure de la
stèle:
     Ξάνθος/Δημητρίο/υ καί Ἀμα/δίκας υἱός
        (Xanthos, fils de Démétrios et Amadika)
Fin du Vème siècle av. J.-C. Pella, Musée
archéologique.

183

185. *Hydrie à figures rouges, avec une représentation de la querelle opposant Athéna à Poséidon pour savoir qui donnerait son nom à Athènes. Fin du Vème-début du IVème siècle av. J.-C. Pella, Musée archéologique.*

186. *Alabastre en pierre. Milieu du IVème siècle av. J.-C. Pella, Musée archéologique.*

187. *Alabastre en verre. Milieu du IVème siècle av. J.-C. Pella, Musée archéologique.*

188. *Pélikè en terre cuite à vernis noir. Troisième quart du IVème siècle av. J.-C. Pella, Musée archéologique.*

188

187

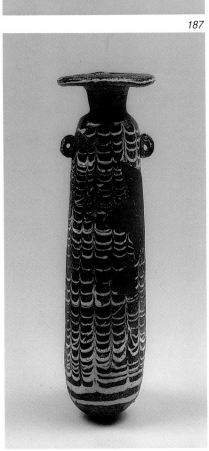

189

189-191. Têtes de figurines féminines en terre cuite
d'époque hellénistique. Pella, Musée archéologique.

192. Figurine féminine en terre cuite (Aphrodite),
IIème siècle av. J.-C. Pella, Musée archéologique.

193. Figurine en terre cuite d'Eros, IIème siècle
av. J.-C. Pella, Musée archéologique.

190

191

192

193

195

194. Tête d'Alexandre,
découverte fortuitement
à Yanitsa, près de
Pella. Fin du IVème
siècle av. J.-C. Pella,
Musée archéologique.

195. Statuette en
marbre d'Alexandre
figuré sous les traits du
dieu Pan. Epoque
hellénistique. Pella,
Musée archéologique.

196

197

198

199

200

196. Couvercle en terre
cuite de petit bassin
(lékanis) à vernis noir.
Troisième quart du
IIIème siècle av. J.-C.
Pella, Musée
archéologique.

197. Moule en terre
cuite pour la fabrication
de skyphoi à décor en
relief du type mégarien.
Le décor représente
une Ilioupersis (prise
de Troie). Début du
Ier siècle av. J.-C.,
provenant d'un atelier
local de Pella. Pella,
Musée archéologique.

198. Vase conique
profond en terre cuite
avec des figures
appliquées. Seconde
moitié du IIème siècle
av. J.-C. Pella, Musée
archéologique.

199. Buste de femme
en terre cuite. Début du
Ier siècle av. J.-C. Pella,
Musée archéologique.

200. Figurine en terre
cuite d'Athéna
Alkidémos. Fin de
l'époque hellénistique.
Pella, Musée
archéologique.

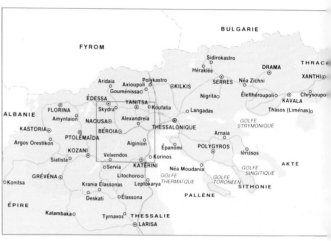

BEROIA
et sa région

201

APERCU HISTORIQUE

Sise à mi-chemin de la voie antique conduisant de Thessalonique en Thessalie et en Haute Macédoine, sur les contreforts orientaux du Bermion, dans un site stratégique et très protégé, Béroia, la seconde ville de la région après Thessalonique, la cité fondée par Cassandre, joua toujours un rôle majeur, tant dans les environs immédiats que dans l'ensemble de la Grèce du Nord.

La région qui borde le plateau où se dresse aujourd'hui encore la ville moderne de Béroia —et qui s'étend au nord-est jusqu'aux communes de Néa Nikomédeia, Stavros et Alexandreia, au sud-est jusqu'au fleuve Haliacmon, au sud-ouest et à l'ouest jusqu'au village d'Asomati et au pied du Bermion et enfin au nord jusqu'à la commune de Patrida–, est riche en témoignages archéologiques et historiques qui permettent de retracer l'évolution de la cité depuis le début du néolithique.

C'est ainsi qu'à la sortie de Néa Nikomédeia, sur la rive du lac dont les eaux s'étendaient jadis jusqu'à Yanitsa et à Pella, a été mis au jour l'habitat le plus ancien d'Europe, attestant une implantation rurale dès le VIIème millénaire av. J.-C. Des habitats préhistoriques, datant d'époques plus tardives, ont été identifiés aux lieux-dits Yanissa, Angélochori et Polyplatanos. On y a notamment découvert des ruines d'époque hellénistique et romaine: édifices hellénistiques à Alexandreia, villa romaine à Nisi, tombe "macédonienne" hellénistique au niveau du barrage sur l'Haliacmon, etc.

Depuis l'antiquité, deux versions s'affrontent à propos de l'origine du nom de la ville: l'historien Théagène faisait déjà état, dans son ouvrage aujour-

201. Béroia avec sa plaine.

d'hui perdu, intitulé *Makédonika,* de ces deux étymologies, répertoriées ensuite par le lexicographe Stéphanos de Byzance (VIème siècle ap. J.-C.) dans ses *Ethnika.* La première version attribuait le nom de Béroia au fondateur de la ville, Phéron *(Φέρων>Βέρων),* tandis que la seconde à Béroia, la fille du macédonien Bérès *(Βέρης).*

L'antiquité

La tombe à ciste, mise au jour exactement au nord de l'édifice abritant le musée et renfermant des offrandes datant du début de l'âge du fer (Xème-VIIIème siècle av. J.-C.) ne constitue pas un témoignage véritablement probant: en effet, des offrandes funéraires analogues à celles-ci ont été découvertes dans des monuments funéraires d'époques plus tardives. Nous ne disposons d'aucune autre indication qui témoignerait d'une installation humaine sur le plateau qu'occupait (et qu'occupe encore de nos jours) la ville, ni à l'époque en question, ni aux époques postérieures – géométrique et archaïque. C'est en fait dans le premier livre des *Histoires* de Thucydide (CXI, 4) que Béroia est attestée pour la première fois de façon incontestable: l'historien fait mention de la cité à propos d'une tentative ratée de siège que les Athéniens y avaient livré (en 432 av. J.-C.), lors de l'expédition de Chalcidique, dans le cadre de la Guerre du Péloponnèse.

C'est de la même époque et de l'époque immédiatement postérieure (fin du Vème et première moitié du IVème siècle) qu'il faut sans doute dater les trouvailles mises au jour dans la nécropole classique qui s'étend le long et sous la route menant de la gare de chemin de fer à l'entrée nord de la ville. Pourtant, les fouilles entreprises dans l'enceinte de la ville n'ont révélé aucun vestige d'édifice qui puisse être daté des règnes d'Archélaos, puis de Perdiccas, d'Amyntas II et enfin de Philippe II et d'Alexandre le Grand.

Divers témoignages nous prouvent, en revanche, que la vie n'en continuait pas moins à Béroia: ainsi, en 338 av. J.-C., l'orateur athénien Kalliménon, ami de Philippe et d'Alexandre le Grand se rendit en visite dans la cité et s'y maria. L'or qui affluait en Macédoine, après les conquêtes d'Orient servit vraisemblablement à Béroia, comme cela fut le cas à Pella, à ériger de riches édifices, notamment sous le règne de Cassandre. C'est sans doute de cette époque et de l'époque immédiatement postérieure que date le célèbre plan dit "hippodaméen" –ou en damier– dont quelques traces sont encore perceptibles dans la configuration des ruines visibles au centre de la ville actuelle. Plusieurs figures célèbres étaient originaires de Béroia: le triérarque de l'armée d'Alexandre le Grand, Mylléas Zoïlos, le receveur des impôts de Phénicie, Koiranos, et très vraisemblablement le fameux Harpalos qui, après la mort d'Alexandre le Grand, pilla le trésor royal.

A l'emplacement de la nécropole datant du IVème siècle av. J.-C. –dont les tombes sont dans leur grande majorité à fosse– ont été identifiées quelques tombes du même type, mais datant du IIIème siècle av. J.-C.

Dans l'enceinte de la ville qui voit se succéder à l'époque les règnes de Démétrios Poliorcète, d'Antigone Gonatas, puis de Philippe V, seuls de très rares monuments ou ruines ont été mis au jour. Et pourtant, il est impensable que Béroia n'ait pas connu alors, exactement comme au IVème siècle, un certain essor, d'autant qu'elle

202. Cratère en cloche en terre cuite, à figures rouges, de style de Kerch, décoré de scènes du cycle de Dionysos et d'Aphrodite. Il fut utilisé comme urne cinéraire et sa découverte dans une tombe de Béroia atteste les relations commerciales qu'entretenait la cité avec l'Attique. Légèrement postérieur au milieu du IVème siècle av. J.-C. Béroia, Musée archéologique.

202

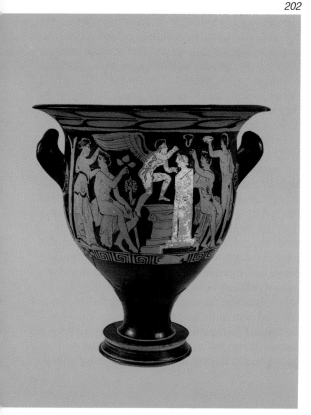

203

203. Statuette en
bronze de jeune
baigneuse qui aurait
été retrouvée à Béroia.
Elle compte parmi les
plus belles oeuvres de
la petite statuaire et est
vraisemblablement
postérieure à Lysippe.
Munich, Staatliche
Antikensammlungen
und Glyptothek.

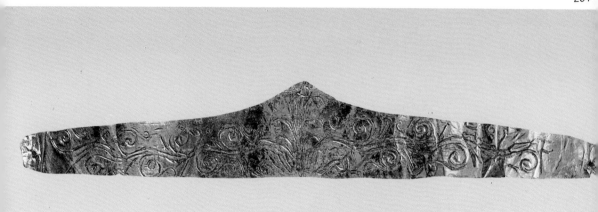

205

204. *Diadème en or à décor végétal, présentant des orifices permettant de le fixer sur la tête de la défunte; provenant d'une tombe féminine de Béroia. Fin du IVème siècle av. J.-C. Béroia, Musée archéologique.*

205. *Paire de pendants d'oreilles en or se terminant en tête de lion; provenant d'une tombe féminine de Béroia. Fin du IVème siècle av. J.-C. Béroia, Musée archéologique.*

206. *Bijoux en or provenant d'une tombe féminine de Béroia; paire de pendants d'oreilles, bague et collier en or (avec anneaux en or et cornaline); provenant d'une tombe féminine de Béroia. Milieu du IIème siècle av. J.-C. Béroia, Musée archéologique.*

était le berceau de la nouvelle maison royale des Antigonides (294-168 av. J.-C.). Les sanctuaires panhélléniques et diverses cités du monde helladique font état de *proxènes* (les actuels consuls), de *théarodokoi* (contrôleurs) et d'*hiéromnémons* (secrétaires attachés à chaque délégation au conseil des *amphictyons*) originaires de Béroia. On sait également que des émissaires royaux défendaient les intérêts de la cité à la cour du roi d'Illyrie et auprès du Sénat romain.

En outre, l'abondance de stèles funéraires d'époque hellénistique moyenne et tardive et, plus encore, le grand nombre, aux abords de la cité, de tombes à chambres creusées dans la roche friable et jaunâtre de la région ainsi que les riches offrandes funéraires qu'elles renferment témoignent indirectement de la prospérité économique de Béroia. Un passage de Plutarque qui relate le siège de la cité par Démétrios Poliorcète en 288 av. J.-C., du temps où celle-ci était aux mains de Pyrrhos, nous permet d'imaginer les environs de Béroia, et notamment la région située à l'est du plateau. Il paraît que tout le versant qui abrite aujourd'hui les quartiers ouvriers était couvert de chênes. Il ressort également de sa description du siège de la ville que, dès le début du IIIème siècle, celle-ci était pourvue de puissants remparts dont certaines sections, avec des additions plus tardives, ont été en partie conservées. C'est vraisemblablement à ses remparts que Béroia dut d'échapper, quelques années plus tard, (en 280/79 av. J.-C.) aux incursions des bandes galates qui, dans leur folie dévastatrice, devaient à quelques années d'intervalle (en 274) piller et profaner les tombes royales d'Aigéai (Vergina).

A l'instar des autres villes de Macédoine, Béroia était administrée par un collège de citoyens éminents, les *politarques*, ceux-ci ayant succédé à l'*épistate* qui représentait auparavant le pouvoir royal. Les habitants étaient regroupés en tribus (*phylès*) dont sont connues la Peukastikè, la Vérikè, la Péonis et une dernière que l'on croit

206

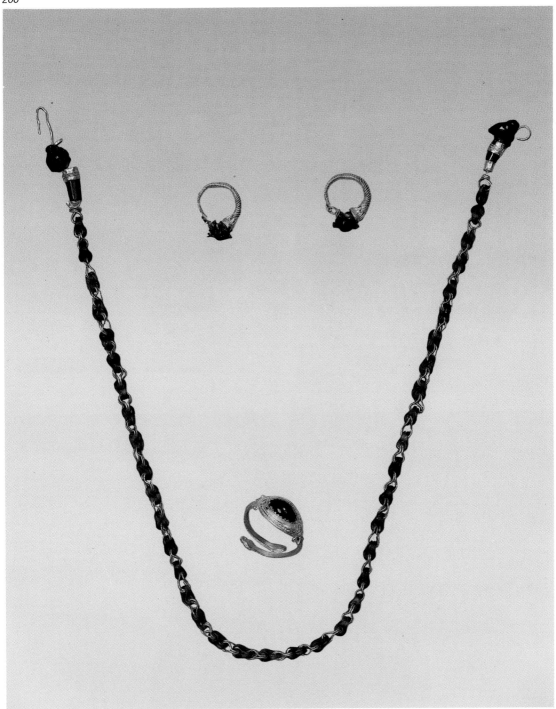

pouvoir identifier à l'Antigonis. La cité renfermait des sanctuaires dédiés à Héraclès Kynagide, Asclépios, Aphrodite, Artémis, Apollon et Dionysos.

Si l'on en croit certains historiens, c'est dans cette période tardive du royaume de Macédoine qu'il conviendrait de chercher l'origine du "Koinon macédonien" –autrement dit la ligue à caractère religieux regroupant les représentants des cités de Macédoine– dont l'existence nous est notamment attestée par des inscriptions datant de l'Empire romain. Auquel cas, il est permis d'affirmer que, dès cette époque, Béroia en était le siège.

207

208

209

210

207. Askos à figures rouges, provenant de la nécropole classique de Béroia. Deuxième moitié du IVème siècle av. J.-C. Béroia, Musée archéologique.

208. Buste de divinité féminine en terre cuite, provenant d'une tombe de Béroia. Fin du IVème siècle av. J.-C. Béroia, Musée archéologique.

209. Pyxis en terre cuite avec couvercle, provenant d'une tombe féminine de Béroia. Elle porte un décor végétal "West slope" et sur la partie bombée du couvercle, un buste en relief d'Artémis. Première moitié du IIème siècle av. J.-C. Béroia, Musée archéologique.

210. Figurine en terre cuite d'Aphrodite portant un petit Eros, provenant d'une tombe féminine de Béroia. Oeuvre d'un atelier local. Début du IIème siècle av. J.-C. Béroia, Musée archéologique.

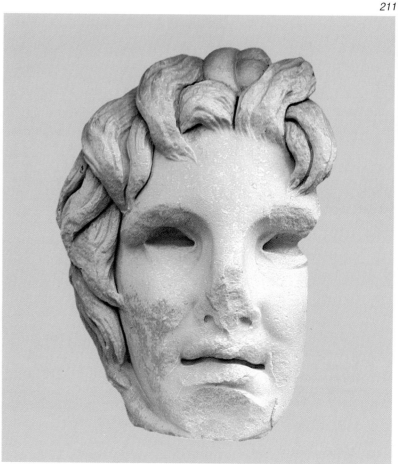

211. Tête en marbre de Méduse, plus grande que nature, IIème siècle ap. J.-C. Elle était encastrée dans la porte nord du rempart, pour dissuader les ennemis de s'en approcher. Béroia, Musée archéologique.

La domination romaine

Le 22 juin de l'an 168 av. J.-C., Persée, le dernier roi de Macédoine, est défait à la bataille de Pydna par le consul romain Paul-Emile: la Macédoine est alors transformée en protectorat romain jusqu'en 148 av. J.-C., date à laquelle elle est rattachée à l'Imperium Romanum, en tant que première province d'Orient (*Provincia Macedonia*). Hippias de Béroia, le chef des phalanges macédoniennes et ses concitoyens, Médon et Pantauchos, livrent la ville aux Romains dès le lendemain de la bataille: une nouvelle page est alors tournée dans l'histoire de la cité et de toute la région.

Au Ier siècle av. J.-C. et au début du Ier siècle ap. J.-C., les épisodes tragiques qui ébranlent la République romaine finissante, puis les premiers temps de l'Empire, ont de lourdes répercussions sur la cité. Béroia sera menacée par des hordes de tribus barbares et Pompée en fera son quartier général pour entraîner ses troupes juste avant la bataille de Pharsale (48 ap. J.C.). Elle réserve un accueil chaleureux au christianisme quand l'apôtre Paul y débarque, en 50 ap. J.-C., et commence à prêcher dans la synagogue. Sous la domination romaine, forte des privilèges que lui garantit la *Pax Romana,* la cité, tirant parti de sa position légèrement en retrait des frontières, de sa plaine fertile et de son commerce actif, ne tarde pas à devenir la "ville de Macédoine, grande et populeuse" que décrivait Lucien de Samosate.

Siège du "Koinon des Macédoniens", Béroia organise en l'honneur des empereurs des célébrations au cours desquelles prennent place des concours aussi bien athlétiques que littéraires et artistiques. Tous les cinq ans, la participation de spectateurs et de concurrents, venus des quatre coins du monde antique, assure à la cité une aura considérable. Ce prestige est encore renforcé du fait que s'y réunissent les représentants des cités macédoniennes, ou *synèdres*, venus également s'acquitter des formalités du culte des empereurs au nom desquels des temples avaient été spécialement érigés. Béroia s'autorise de son pouvoir pour demander à l'empereur Nerva qu'il lui accorde le titre honorifique de métropole, titre qui lui est décerné à titre exclusif, peu avant 56 ap. J.-C. Elle réussira en outre à intéresser directement à ses problèmes et à ses affaires intérieures Trajan (98-117 ap. J.-C.) puis les empereurs Marc-Aurèle et Lucius Verus (161-169); en signe de gratitude, la cité édifiera des statues en l'honneur de Claude et de Septime-Sévère et immortalisera, dans ses inscriptions, les noms de tous ses illustres enfants qui s'employèrent à embellir leur cité, prêtèrent assistance à leurs concitoyens en période de famine, s'efforcèrent d'alléger l'impôt provincial et eurent à coeur d'ériger des édifices d'utilité publique.

Cité grecque à part entière, dotée d'une *boulè* (conseil) et d'un *démos* (assemblée du peuple), de magistrats locaux –comme les *politarques*– et de hauts fonctionnaires –tels les *eirénarques*, les *sitônes,* les trésoriers, les *oikonomoï*– d'un corps de médecins, d'architectes et d'un puissant collège de prêtres, Béroia, qui reste avant tout hellénophone, consacre beaucoup d'efforts à l'éducation de sa jeunesse. En témoignent le grand nombre de listes d'éphèbes inscrits dans les "gymnases" de la ville qui ont été conservées ainsi que la célèbre "Loi gymnasiarque" –texte de loi gravé sur une belle stèle blanche– qui régissait le fonctionnement des gymnases en question et que l'on peut voir aujourd'hui dans le musée de la ville.

Cité au renom international, Béroia réunit dans son enceinte une foule d'étrangers venus de tous les coins du monde: Grecs, Orientaux, Romains, qui s'y établissent à titre provisoire pour les uns, définitif pour les autres. Ils sont négociants, artisans, artistes, athlètes ou gladiateurs. Ce furent ces étrangers qui introduisirent le culte d'Isis, d'Harpocrate, de la déesse Syrienne, de Sérapis et qui se chargèrent d'ériger des sanctuaires en leur honneur.

Un certain nombre de témoignages épigraphiques nous permettent de préciser le visage qu'offrait la cité sous l'Empire romain: ils attestent l'existence d'esclaves, d'affranchis, d'"unions" de citoyens à caractère religieux ou professionnel, de corporations et d'associations. Les inscriptions nous renseignent également sur l'activité artistique des citoyens, les représentations religieuses, les combats de gladiateurs et de belluaires, qui se tenaient vraisemblablement dans les théâtres et les amphithéâtres, dont l'un pourrait être localisé à proximité de l'actuel "Elia".

212

213

212. *Portrait de femme en marbre, IIème siècle ap. J.-C. Béroia, Musée archéologique.*

213. *Fragment d'un bas-relief funéraire décoré d'un buste de femme, provenant de Béroia (?), Ier siècle ap. J.-C. Béroia, Musée archéologique.*

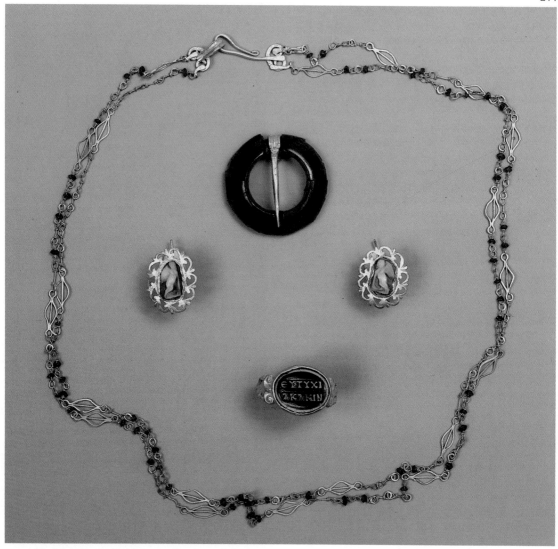

214. Bijoux en or provenant d'une tombe à ciste, IIIème siècle ap. J.-C. Béroia, Musée archéologique.

215. Médaillon monétiforme en or, qui devait célébrer une victoire, portant un buste de Philippe II. Découvert à Aboukir (Egypte), IIIème siècle ap. J.-C. Paris, Bibliothèque Nationale.

Les vestiges mis au jour lors des fouilles successives permettent de conclure à l'existence d'édifices monumentaux et d'un réseau de rues très sophistiqué: sous les actuelles rues Mitropoléos, Vénizélou et Akatamachitou et sur toute leur longueur, ainsi que sur des terrains contigus à la rue Elias, il existait des voies dallées de 4m de large, dotées d'un système souterrain de tout à l'égout et de conduites d'adduction d'eau de part et d'autre de leurs bordures; ces voies, le plus souvent bordées de portiques (*Vie Colonnate*), étaient flanquées de magasins et de pâtés d'habitation. Des bains publics (*balaneia*) ont été localisés à l'emplacement de l'actuelle rue Pindou, non loin de la place Aghiou Antoniou, autrement dit en plein centre de la ville antique et moderne; les fouilles ont en outre révélé l'existence d'un groupe de boutiques le long de la rue Parodos Edessis.

Les nécropoles de l'époque, échelonnées aux sorties de la ville, en direction de Thessalonique (à Palaiophoros), de Kozani (quartier du Gymnase) et de Piéria présentent des groupements de tombes à fosse, des sarcophages de marbre, tantôt ornés de bas-reliefs tantôt sans décor et enfin des tombes couvertes de tuiles. Toutefois, les petits propriétaires terriens des environs (par ex. la région

216

de l'actuel hameau de Promithéa) élisaient pour dernière demeure un petit coin de leurs terres.

Le IIIème siècle ap. J.-C., qui fera date dans l'histoire de la cité comme dans celle de toute la Macédoine, devait apporter à Béroia les honneurs et la gloire. Le culte des empereurs est alors associé à celui d'Alexandre le Grand, les jeux en l'honneur des princes de ce monde prennent le nom de "Alexandreia Olympia" et, pour couvrir les dépenses considérables engagées par l'organisation de manifestations d'une telle ampleur, la cité frappe des monnaies de bronze, d'abord au nom du "Koinon des Macédoniens" puis en son nom propre (à partir de 242 ap. J.-C.). Toujours dans le cadre des jeux, on frappe également à cette époque les fameux *nikétéria* qui sont remis

216. Les deux faces d'une monnaie en bronze du "Koinon des Macédoniens". A l'avers, la tête d'Alexandre; au revers, des temples consacrés au culte impérial romain, III siècle ap. J.-C. Athènes, Musée numismatique.

217. La "tour de marbre" des remparts de Béroia, conservée à l'est de l'entrée nord de la ville. Elle appartient à la période de la reconstruction de l'enceinte défensive à l'aide de fragments architectoniques arrachés à des édifices voisins. Vers le IIIème siècle ap.J.-C.

217

aux vainqueurs en guise de prix: il s'agit de médailles en or, en forme de monnaies, qui portent des représentations rappelant les exploits et la vie d'Alexandre le Grand, déjà devenu à l'époque une figure de légende (une de ces médailles, découverte à Aboukir, en Egypte, est exposée au Musée archéologique de Thessalonique). Toutefois, ces derniers feux ne sont qu'un prélude aux jours plus noirs qui s'annoncent. Les Barbares qui, dès le troisième quart du IIIème siècle, avaient commencé à exercer leurs ravages dans les provinces danubiennes de l'Empire romain et aux frontières orientales, déferlent sur le monde helladique vers le milieu du siècle et s'y livrent au pillage et au vandalisme: Karpes et Goths assiègent Thessalonique et Sparte. Béroia, qui n'échappe pas, elle non plus, à leurs assauts, s'empresse alors de renforcer tant bien que mal ses défenses, soit en réparant ses remparts à l'aide de remplois empruntés aux monuments voisins et notamment aux constructions funéraires d'époque hellénistique tardive, soit en les reconstruisant à partir d'autels funéraires en marbre des Ier et IIème siècles ap. J.-C.

L'époque byzantine

A la fin du IIIème siècle ap. J.-C., l'empereur Dioclétien (284-304) divisa l'Empire romain en 12 "diocèses" eux-mêmes subdivisés en provinces. La Macédoine constitua alors une province du "diocèse" des Mésies, et Béroia fut rattachée à cette province dont la capitale était Thessalonique. Sous la seconde tétrarchie, la ville passa, comme toute la Macédoine, aux mains de Licinius mais, après 324 et la défaite de ce dernier par Constantin le Grand à Chrysoupolis, Béroia échut au nouveau prince de ce monde, le premier empereur chrétien. Le martyre de quarante jeunes filles qui prit place à l'époque des persécutions n'en constitua pas moins un lourd tribut payé par l'Eglise sur l'autel de la foi.

On ignore quel fut le sort de la cité lors des incursions de Goths et de Huns, à la fin du IVème et dans la première moitié du Vème siècle ap. J.-C. En revanche, lorsque les Ostrogoths envahissent la région, vraisemblablement en 473 ap. J.-C., un traité est signé, cédant Béroia au nouvel occupant pour une brève période.

Sous Justinien Ier, plus précisément en 535 ap. J.-C., l'Etat est divisé en deux grandes préfectures (d'Orient et l'Illyricum) et en 64 provinces comportant 435 villes. L'Illyricum comptait alors au nombre de ses provinces la fameuse "Macédoine Première", dont l'une des 32 villes était Béroia. A dater de cette époque –voire plus tôt– et jusqu'à la quatrième Croisade (1204), la cité et sa région vont connaître les horreurs des guerres livrées par Byzance aux envahisseurs venus de divers horizons; elles seront en outre le théâtre de persécutions, de poursuites et de déplacements forcés de populations jusqu'au fin fond de la Syrie et des provinces danubiennes. Il faudra compter aussi avec une série de tremblements de terre qui, en 896, 904 et 985 détruiront la ville. Les Avaroslaves (531), puis les Sarrasins (904), les Bulgares (985, 1040/41, 1286/7) et vraisemblablement les Normands (1082) se rendirent maîtres de la ville, en dépit des efforts pour consolidation des remparts (en 1016, par exemple). Néanmoins, les obstacles seront une fois de plus surmontés, l'adversité vaincue et la ville repassera sous la protection de l'Empire byzantin.

Lorsque les Francs de la Quatrième Croisade démantelèrent l'Empire byzantin, en 1204, Béroia fut cédée à Boniface de Montferrat, prince du royaume de Thessalonique et un évêque latin vint s'installer dans la ville. En 1220-24, la cité connut le sort réservé à toute la Macédoine et passa donc sous la juridiction du souverain d'Epire, Théodore Comnène Doucas. Quelques années plus tôt (1205), la riche plaine qui s'étendait –et s'étend encore aujourd'hui– devant la ville avait été mise à sac par des hordes de Vlachobulgares, conduites par le tsar Ioannis, surnommé par les Byzantins Skyloyannis. Au gré des mutations radicales survenues sur la scène politique, Béroia réintègre d'abord le royaume de Nicée, sous la houlette de Jean III Vatatzès, puis rentre, après 1261, dans le sein de l'Empire byzantin que Michel VIII Paléologue s'emploie à reconstruire; entre temps, elle avait été, pour un court laps de temps (1257) rattachée à l'Etat d'Epire de Michel II Doucas. Mais la cité n'est pas au bout de ses peines. Si elle réussit en effet à échapper au siège des Catalans, en 1309, il lui faut subir en revanche les vicissitudes engendrées par la rivalité qui oppose Andronic II et Andronic III, les empereurs Paléologues, entre 1321 et 1328, puis les conséquences de la perfide alliance unissant Jean Cantacuzène et Jean V Paléologue, d'une part, au prince serbe, Stéphane Douchan, d'autre part.

Nous possédons quelques témoignages sur les derniers siècles d'existence de la cité avant qu'elle ne tombe aux mains des Turcs nous éclairant sur la vie publique et privée de ses habitants. C'est ainsi qu'on a pu identifier, à la lisière de Béroia, le quartier "tou Skoronychou" –probablement l'actuel quartier d'"Exo Panaghia"– et "Elia", qui

219

porte toujours ce nom. Les sources nous ont transmis le nom de "Basilikos" qui correspond à l'actuel Tripotamos et elles attestent l'existence d'un grand marché couvert. Nous connaissons également le nom de certaines portes de la forteresse, réparée et agrandie par Stéphane Douchan (1331-1355), qui souhaitait la doter de deux acropoles et d'une double rangée de murs transversaux: il y avait la Porte Opsikianè, une Porte Basilikè (royale), du côté de la sortie vers Thessalonique, et une dernière, connue comme Porte d'Anna Kapousi, vraisemblablement érigée par Anne Paléologue, dans la section méridionale. On sait également que près des remparts –vraisemblablement les remparts orientaux– poussait une riche végétation d'épineux. La tour à moitié en ruines, que l'on peut voir aujourd'hui dans la cour des Vieux Tribunaux (dite Tour de Vergina) et la base de la tour où se dressait jadis l'Horloge de la ville, sur la place du même nom, auraient fait partie, à en croire certains historiens, des travaux de fortification de Douchan. A cette époque, l'Eglise de Béroia fut promue au rang de métropole et l'importance de la cité, à la fois comme centre de tradition religieuse et centre artistique au rayonnement intense se traduit par le grand nombre d'églises encloses dans ses murs. L'"historiographie" populaire attribue cette profusion d'églises au fait que la ville était un centre d'exil pour des hommes illustres, thèse invérifiable. En revanche, on sait que sur les 72 églises que comptait Béroia au début du XXème siècle –il en reste aujourd'hui environ 50– beaucoup constituaient le *katholikon* de monastères ou étaient des chapelles privées.

A l'époque byzantine, la plaine qui s'étend devant la ville produisait *grosso modo* les mêmes récoltes qu'aujourd'hui, auxquelles s'ajoutait le riz, du fait de la proximité des marais de Yanitsa. La région était également riche en produits forestiers et l'élevage y était, semble-t-il, développé de même que l'arboriculture, les cultures maraîchères et la viticulture. On y pratiquait aussi l'api-

218. La Panaghia Glykophilousa (la Vierge au doux baiser). Icône portative de Béroia, vraisemblablement oeuvre d'un atelier de Kastoria. Fin du XIVème siècle.

219. Le Christ Sauveur. Partie centrale du triptyque, provenant de l'iconostase particulière d'un riche habitant de Béroia, vraisemblablement oeuvre d'un atelier de Thessalonique.

220. Saints Georges et Démétrius. Icône portative de Béroia, oeuvre d'un atelier de la Grèce du Nord, XVIIème siècle.

culture et la sériculture. Les bois du Bermion garnissaient la table des habitants de Béroia d'un gibier abondant.

Le nombre considérable de moulins à eau dans la région de Béroia explique que ses habitants aient été réputés, à travers tout le royaume, pour leur activité de blanchiment et de teinture des étoffes. C'est notamment à Sarantovrysi et à Lianovrochi que cet artisanat était le plus florissant. L'extraction du marbre et le travail du marbre et du cuivre occupaient également de nombreux habitants de Béroia.

Le commerce international aussi bien que le commerce avec Thessalonique et Constantinople était aux mains des Juifs, déjà implantés dans la ville à l'époque romaine mais dont le nombre s'accrut considérablement avec l'afflux de migrants, bannis d'Espagne, aux XVème et XVIème siècles. Pour ce qui est de l'autonomie administrative de la cité, Jean Cantacuzène nous apprend qu'elle reposait sur trois principaux organes: l'aristocratie (οι άριστοι, les meilleurs), le peuple (ο δήμος) et le clergé (ο κλήρος). Les *aristoi* étaient des citoyens riches et puissants, le *démos* étant représenté par la classe inférieure et moyenne. Il y avait aussi les "têtes" de la ville, autrement dit les instances qui exerçaient le pouvoir exécutif.

Des tombes pauvres, presque toujours dépourvues d'offrandes funéraires, simples fosses généralement regroupées, présentant rarement un enduit à l'intérieur, ont été mises au jour dans la région du Nouveau Gymnase, au sud de Béroia (Kato Elia) et quelques autres, à la sortie de la ville, en direction de Kozani. Quelques tombes ont également été découvertes dans des églises: il y a tout lieu de penser que ce sont des membres du clergé qui y sont inhumés.

Les temps modernes

Avec la prise de Kallipolis, en 1354, par les troupes turques et leur violent assaut dans les Balkans, c'est une nouvelle ère qui s'ouvre pour la région, une ère marquée tant sur le plan politique que culturel par des changements progressifs qui devaient être lourds de conséquences pour les habitants de la région (Grecs, Bulgares, Serbes) comme pour ceux d'Europe centrale. A la prise de Serrès (1383) succède celle de Béroia, au cours du siège de Thessalonique: la ville est alors assujettie à l'impôt par les Turcs (1387?). Toutefois, c'est sous Bajazet Ier, en 1391, qu'elle sera définitivement annexée à l'Empire ottoman. Les archives notariées de Venise nous apprennent, qu'entre 1381 et 1388 et notamment l'année 1383

puis 1387, de nombreux prisonniers de Béroia furent vendus comme esclaves sur les marchés de la ville italienne. De la même époque, datent des récits populaires qui se sont conservés jusqu'à nos jours, comme l'histoire de la reine Virginia ou Vergina qui préféra se précipiter du haut de sa tour plutôt que d'être emmenée en captivité ou encore la légende d'un certain Chatzikatvias qui livra Béroia aux Turcs par traîtrise, en les laissant s'introduire dans la ville par une porte au sud qu'il était censé garder (aujourd'hui encore l'endroit s'appelle "Yola Geldi", c'est-à-dire "le chemin par où ils sont entrés") et enfin l'histoire du métropolite Arsénios, pendu à un platane, près de l'ancienne métropole. Cette même tradition populaire attribue au nom de Béroia une étymologie fantaisiste: elle le fait remonter à "Karaféria" (Kara Ferya = Noire Béroia), nom que les Turcs auraient attribué à cette cité dont le siège leur avait valu bien des tourments.

Le coup porté à l'Empire après la bataille d'Ankara (1402), l'agitation intérieure et la situation exceptionnelle qui prévaut freinent, mais momentanément seulement, les progrès des nouveaux maîtres. Bientôt, les mouvements de libération sont réprimés, les tentatives pour secouer le joug turc étouffées, et l'occupant reprend la situation en main. De nombreux habitants de Béroia fuient alors leur ville et trouvent refuge dans les montagnes, d'autres se convertissent à l'Islam, mais la plupart d'entre eux restent et, dans les conditions de vie pénibles que leur impose la servitude, ils continuent à mener le juste combat. La principale tâche des archontes locaux consiste à protéger les institutions municipales, les libertés religieuses et la dignité des habitants, notamment après la prise définitive de Béroia par les Turcs (1448-49), c'est-à-dire au lendemain de la défaite des Hongrois dans la plaine du Kosovo (1448), qui anéantit tout espoir de libération.

La plupart des églises sont transformées en mosquées; certaines autres, entièrement livrées à l'abandon, ne tardent pas à tomber en ruines. La ville est divisée en deux: la population grecque est concentrée au nord-est tandis que les Turcs et les Juifs chassés d'Espagne à la fin du XVème siècle se réservent les quartiers sud-ouest. Ces derniers, qui sont d'habiles artisans, ont un cadeau à offrir à leur nouvelle patrie: l'art du tissage dont ils sont les maîtres.

Centre important d'artisanat et de commerce, Béroia dispose de l'une des premières écoles grecques de Macédoine: des hommes remarquables y sont élevés et elle retient l'intérêt de l'occupant. En 1519, elle compte 231 familles musulmanes contre 578 non-musulmanes. Au XVIIIème siècle, les 4000 habitants du XVIème siècle ont doublé. A l'époque où le voyageur turc, Evliya Celebi, visite la ville (1668), Béroia compte 600 boutiques, un *bedesten* (marché couvert), 15 *khan* (auberges) et 300 moulins à eau. Elle est spécialisée dans le foulage d'étoffes de laine et les peignoirs de bains, produits très prisés dans tout l'Empire. Elle exporte également de la soie. La riche plaine qui s'étend à l'est de la ville produit du riz, du coton et des céréales.

Outre les biens de ce monde, on cultive aussi, au pied du Bermion, le *Credo* orthodoxe du Christianisme. Centre important de vie monastique, la région de Béroia forme à cette époque des hommes d'une grande spiritualité: saint Antoine le Jeune, saint Denys, Théophane de Ioannina. Elle dispose de monastères aussi célèbres que celui de Saint-Jean-Baptiste sur l'Haliacmon et de nombreuses églises, édifiées pour les unes à cette époque, restaurées pour les autres, ou encore décorées, grâce aux subsides de riches citoyens, à l'incitation et sous la haute protection de personnalités comme le patriarche Jérémie II (1572-1595). La fondation d'écoles se généralise à cette époque: des maîtres comme Ioannikios (1721-23), Cyrille (1771), Triantafyllos (1790), Angélos (1817) dispenseront leur enseignement dans l'école grecque de Béroia, fondée en 1650 par le saint moine Kallinikos Manios. Nombreux sont pourtant les Grecs qui seront formés dans les écoles de communautés grecques d'Europe occidentale, et qui rendront hommage à leur patrie. Ainsi, Jean Kottounios (1572-1657), cet érudit, professeur à l'université de Padoue, lèguera ses biens au Collège Kottouneion qu'il avait lui-même fondé en 1653 et, dans son testament, instituera une bourse permettant à huit Grecs d'y poursuivre leurs études.

Nombreux sont aussi les commerçants chevronnés, installés dans les grandes capitales d'Europe centrale, à Budapest et à Vienne notamment mais également sur les territoires de la Hongrie, de l'actuelle ex-Yougoslavie et de la Roumanie, qui, animés d'un idéal fervent et conscients de leur dette à l'égard de l'Hellénisme, contribuent de leur mieux au réveil de leur nation. C'est le cas par exemple des familles Vikélas et Raktivan.

Le vent de liberté qui commence à souffler sur la péninsule de l'Haimos, après la bataille navale de Naupacte (1571), ranime chez les habitants de Béroia le désir de secouer le joug turc. L'oppression qui pèse sur les Grecs avec les recrutements forcés pour le corps des Janissaires, la misère qui règne dans les campagnes, les humiliations, les lourds impôts et les abus exercés par les autorités turques au détriment de la population asservie avaient déjà largement préparé le terrain. Les *armatoles* et les *klephtes* qui, dès le XVIème siècle, s'organisent en bandes dans les montagnes environnantes, harcèlent l'occupant, pendant les siècles suivants, surtout après les campagnes d'Orlof, même si leurs assauts ne sont pas suivis de résultats décisifs, du fait de la proximité de grands centres urbains –comme Thessalonique et Larisa– qui disposent d'importantes forces armées. Déjà attisé par les exhortations de missionnaires éclairés prêchant l'indépendance –au nombre desquels, l'infatigable porte-étendard de la nation, le grand Kosmas d'Etolie, qui se rend à Béroia en 1775– le sentiment de révolte est encore nourri par les messages des Lumières européennes.

La fièvre de construction qui règne alors à Béroia, comme dans toute la Macédoine, et se traduit par l'édification de maisons de maîtres (*archontika*), à deux étages pour la plupart et à la riche décoration picturale intérieure, s'inscrit dans ce nouvel esprit et contribue à cette renaissance de la pensée. Parmi les plus beaux exemples d'architecture urbaine populaire des XVIIIème et XIXème siècles, les *archontika* de Vikélas (1773), de Sior Manolakis, Raktivan, Tzindos, Sapountzoglou (1850), avec leur décor en bois sculpté et doré et leurs fresques polychromes, témoignent de la prospérité de leurs propriétaires et sont révélateurs du changement qui s'est fait jour, à la fois dans les mentalités et dans le mode de vie, consacrant un mélange de modèles importés d'Europe centrale et d'éléments locaux.

A la fin du XIXème siècle, Béroia est une ville bien "arrosée", au pied du Bermion boisé, qui compte 1200 familles, pour moitié grecques et pour moitié ottomanes, exception faite de 50 foyers juifs et 30 tsiganes. Elle compte 12 quartiers, 15 mosquées, 72 églises (dont un grand nombre sont en ruines), 5 *khan* en pierre et 12 moulins à eau. Elle dispose d'une école comprenant les six classes du cycle normal, d'une école secondaire de trois classes, d'un pensionnat de jeunes filles et d'écoles maternelles. L'association "Mélissa" renferme une bibliothèque. Six manufactures hydrauliques, des filatures de coton (notamment les filatures Sossidis et des frères Chatzinikolakis), construites au début du XXème siècle, ainsi que les premières carrières de marbre, marquent l'entrée de la région dans l'ère industrielle et préparent la ville à sa libération et à son rattachement à l'Etat grec (le 16 octobre 1912).

221. Plan de l'actuelle Béroia avec indication des emplacements des vestiges antiques et des églises byzantines et post-byzantines, aujourd'hui détruites.

222. Vue de la partie nord-est des remparts. Des autels funéraires en marbre ainsi que d'autres fragments architectoniques y ont été encastrés à la hâte, lors des incursions barbares (IIIème siècle ap. J.-C.).

LES MONUMENTS
LES REMPARTS

Conservant encore des tronçons des remparts hellénistiques (blocs de pierre taillée en appareil isodome et tours circulaires), l'enceinte fortifiée de la ville de Béroia entoure encore –dans la mesure où elle a pu résister aux ennemis comme aux amis– le plateau où se dresse la ville actuelle. Présentant de nombreux remplois (autels funéraires en marbre et autres éléments architecturaux) qui y furent hâtivement encastrés, en des temps difficiles (IIIème siècle ap. J.-C.), réparés tant bien que mal à la faveur des périodes de répit (époque byzantine moyenne), couronnés de constructions édifiées à la hâte (domination ottomane), les remparts renferment la légende de la ville, au fil des siècles. Bastions de souvenirs et archanges vengeurs.

LES EGLISES BYZANTINES

Sur les soixante-douze églises que la légende prête à Béroia, les ravages du temps, les occupants adeptes d'autres religions, les Néohellènes futiles avec leurs plans urbains tracés au cordeau, ont laissé dans les cours des immeubles –ou ce qui tient lieu de cours– un nombre relativement restreint de monuments ecclésiastiques, témoins de la piété des membres des riches familles, de personnalités illustres, de clercs et de hauts-fonctionnaires exilés de la cour byzantine. Ces monuments ont connu les Comnènes, les Paléologues, les tsars bulgares, les krals serbes, les Francs et les Turcs. Ils ont été éclairés par les cierges allumés de la main de fidèles anonymes. Désormais, c'est une voisine dévote et, depuis qu'ils ont trouvé leur place dans les programmes de restauration, quelque scrupuleux gardien des antiquités qui veillent sur eux.

Ancienne Métropole

L'église la plus ancienne de Béroia, l'Ancienne Métropole, consacrée aux apôtres Pierre et Paul, a été érigée sur les ruines d'une église paléochrétienne. Basilique à trois nefs, coiffée d'un toit de tuiles, avec sa nef centrale légèrement surélevée, elle date, comme la fresque des hiérarques qui orne l'abside, du XIIème siècle. C'est au XIVème siècle que furent exécutées les fresques décorant les intrados des voûtes. Sous la domination ottomane, l'église fut transformée en mosquée et rebaptisée Hounkiar Djami. On ignore à quelle époque fut détruite la nef sud. Aujourd'hui, il est impossible d'en visiter l'intérieur.

222

223. *Saint Jean le Théologien, fresque de l'église du même nom à Béroia, XIIIème siècle.*

224. *"La descente aux Enfers", fresque de l'église de la Résurrection du Seigneur à Béroia. Début du XIVème siècle. Elle compte parmi les chefs-d'oeuvre de la peinture de l'époque des Paléologues.*

Aghios Ioannis Théologos (Saint-Jean l'Evangéliste)

De l'église initiale —construction des débuts du XIIIème siècle— n'est aujourd'hui conservée que la partie occidentale et le saint des saints (*hiéron*), qui ont subi des additions à l'époque de la domination ottomane.

Aghios Vlasios

L'église à une seule nef et couverte de tuiles d'Aghios Vlasios, extérieurement simple et dépouillée, oeuvre du XIIIème siècle, a subi au fil des siècles quantité de modifications qui en ont altéré le visage initial. Les fresques qui en décorent l'intérieur sont vraisemblablement dues à un peintre particulièrement talentueux et datent du tournant entre le XIIIème et le XIVème siècle.

Résurrection du Seigneur (Le Christ)

En étroite connexion avec Saint-Nicolas l'Orphelin de Thessalonique, l'église de la Résurrection du Seigneur présente des fresques, exécutées, à en croire l'inscription, en 1315 par Kalliergis, peintre de talent qui signe "le meilleur peintre de toute la Thessalie" (c'est-à-dire la Macédoine, à l'époque). "La descente aux Enfers" témoigne merveilleusement de l'art de l'époque et de la sensibilité du peintre.

Aghios Kirykos et Aghia Ioulitta

Ornée de fresques du XIIIème siècle, qui furent achevées (puis recouvertes) trois siècles plus tard, l'église, édifiée à la mémoire de saint Kirykos et de sainte Ioulitta, sa mère, avec son beau décor en maçonnerie cloisonnée à l'extérieur de l'abside, fut vraisemblablement érigée par l'évêque Makarios. Les annexes nord et ouest sont postérieures et altèrent la forme initiale de l'édifice.

Parmi les sanctuaires de l'époque byzantine tardive, dont certaines cachent peut-être, sous le voile de la domination ottomane, leur visage byzantin, il faut mentionner la **Panaghia Chaviara** et **Aghios Nikolaos** (de la paroisse de Saint-Antoine). La basilique à trois nefs d'**Aghios Géorgios** (paroisse de Saint-Antoine) et l'église à une seule nef d'**Aghios Nikolaos Makariotissis**, avec ses couleurs sombres et ses figures émaciées et anguleuses —sombres comme les années de servitude— représentent la peinture du XVIème siècle.

224

LE MUSEE ARCHEOLOGIQUE

Face à la plaine qui s'étend devant Béroia, le Musée archéologique de la ville, édifié dans les années 1960, au bord du plateau et qui a l'apparence d'une maison macédonienne, ne pouvait imaginer quels trésors archéologiques allait lui prodiguer la terre de Bottie, dans les décennies suivant sa construction.

Les trois salles mais également les réserves du musée ont peine à contenir toutes les trouvailles provenant de l'habitat préhistorique de Néa Nikomédeia (débuts du néolithique) et de la nécropole des tombes de Vergina (début de l'âge du fer). Il regorge de témoignages d'offrandes funéraires (céramiques et figurines en terre cuite) d'époques classique et hellénistique (on admirera notamment une épée en fer, à poignée chryséléphantine, datant de la fin du IVème siècle av. J.-C.), des sculptures et des stèles funéraires provenant de Béroia et des environs, notamment de Leukadia et de Vergina (ainsi, le très beau groupe du chasseur avec son chien, provenant d'Aigéai), des portraits et un buste du dieu fluvial Olganos (moitié du IIème siècle ap. J.-C.). Témoignage unique, la "Loi gymnasiarque" est une sorte de règlement intérieur du gymnase local. Dans le jardin du musée, on peut voir des autels funéraires et honorifiques (Ier-IIIème siècles ap. J.-C.), dont bon nombre avaient été encastrés dans les remparts de la ville en tant que remplois, dans des périodes difficiles, ainsi qu'une foule d'inscriptions qui renseignent le visiteur sur la "cité et la société" du siège du "Koinon des Macédoniens" (un nombre non négligeable d'entre elles sont des actes d'affranchissements et proviennent du sanctuaire de la Mère des dieux, situé à l'extérieur de Béroia, sur les monts Piériens). Impressionnante par sa taille, la tête de marbre de Méduse, oeuvre du IIème siècle ap. J.-C., à l'entrée du musée, était autrefois fixée à la porte orientale du rempart pour décourager les ennemis de la cité.

225

226

225. Epée en fer à poignée d'ivoire, ornée d'une Nikè en or, provenant d'une tombe à ciste de Béroia. Fin du IVème siècle av. J.-C. Béroia, Musée archéologique.

226. Kalpis (hydrie funéraire) en bronze, 370-360 av. J.-C., provenant de la même tombe à ciste que l'épée. Béroia, Musée archéologique.

227. Détail d'une stèle peinte, avec représentation d'une figure féminine, provenant du remblai de la Grande Toumba de Vergina. Fin du IVème siècle av. J.-C. Béroia, Musée archéologique.

227

228. Support de table en marbre portant une représentation en relief de Zeus, métamorphosé en aigle pour enlever Ganymède, IIème siècle ap. J.-C. Béroia, Musée archéologique.

229. Stèle funéraire de Patérinos, fils d'Antigone, 100-80 av. J.-C. Béroia, Musée archéologique.

228

230

231

230. Portrait romain,
IIème siècle ap. J.-C.
Béroia, Musée
archéologique.

231. Buste du dieu
fluvial Olganos, l'un des
trois enfants de Bérès,
fils de Makédôn.
Environ 150 ap. J.-C.
Ses soeurs, Miéza et
Béroia, donnèrent leur
nom aux deux villes
macédoniennes. Béroia,
Musée archéologique.

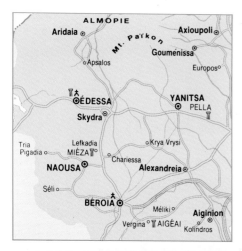

EDESSA
et sa région

232

APERCU HISTORIQUE
ET SITE ARCHEOLOGIQUE

C'est aux confins de la plaine et des montagnes de Macédoine, dans un site escarpé et imposant, arrosé d'une multitude de ruisseaux et à la végétation luxuriante, qu'est bâtie Edessa. Déjà attestée dès le début du IIIème siècle av. J.-C., par une inscription delphique, la cité est également mentionnée par Diodore de Sicile, Strabon, Appien et Tite-Live. Construite sur un plan relativement complexe, du fait qu'elle s'étend sur deux niveaux, l'acropole (à l'est de la ville actuelle) et la ville proprement dite (dans le lieu-dit Longos), elle était probablement habitée dès l'époque préhistorique. Petite agglomération rurale jusqu'au IVème siècle av. J.-C., c'est vraisemblablement sous Philippe II qu'elle prend le visage d'une cité avant d'être fortifiée, au début du IIIème siècle av. J.-C., dans le cadre d'un ambitieux programme de poliorcétique, dicté, à l'époque, par l'insécurité que laissait présager la période post-alexandrine.

L'acropole, dotée d'un mur d'enceinte de 2,20m de large, épousant la forme d'un triangle isocèle et couvrant une surface d'environ 3,5ha, enfermait dans ses murs le *bouleutérion,* les temples de Zeus Ypsistos et de Dionysos et vraisemblablement des édifices publics. Les cours d'eau rapides qui enserraient l'acropole avant de se précipiter en écumant dans la plaine, venaient encore renforcer son caractère de place forte.

La ville basse, ceinte par un rempart de 3m de large et de forme rectangulaire, occupait une

232. Les cascades d'Edessa.

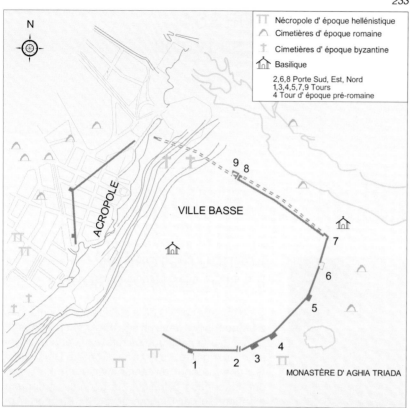

Nécropole d' époque hellénistique
Cimetières d' époque romaine
Cimetières d' époque byzantine
Basilique
2,6,8 Porte Sud, Est, Nord
1,3,4,5,7,9 Tours
4 Tour d' époque pré-romaine

N

ACROPOLE

VILLE BASSE

MONASTÈRE D' AGHIA TRIADA

233. Edessa. Relevé topographique de la vieille ville [en haut à gauche, l'acropole et au centre, la ville basse (Longos) avec l'enceinte fortifiée].

234. Section du rempart sud-est.

235. La Porte Est.

236. La Porte Sud.

235

236

surface d'environ 230ha. Des tours et des portes
–la Porte Sud étant particulièrement intéressante
avec sa cour circulaire dans laquelle débouche
la *Via Colonnata* (IIème siècle ap. J.-C.) confèrent
à cet ouvrage fortifié d'environ 1300m un caractère monumental et témoignent, comme les multiples réfections et les additions, du souci cons-
tant qu'eurent les habitants de la ville de protéger leur liberté, au fil des siècles.

A l'instar des autres villes macédoniennes,
du temps de la domination romaine, Edessa avait
à la tête de son administration, une *boulè* et des
politarques. A côté de la population grecque, on
rencontrait alors des colons venus d'Italie qui, tirant parti des richesses de la terre et de toutes
les possibilités offertes par la région, ainsi que de
la présence de la Via Egnatia, avaient développé
des transactions commerciales importantes.

La déesse Mâ, au nom de laquelle de nombreux
esclaves avaient été affranchis, joua, semble-t-il,
un rôle important dans le panthéon local.

Des nécropoles ont été mises au jour, tant autour de l'acropole que dans le périmètre de la ville
basse. Elles présentent des groupes de tombes à
chambres voûtées, creusées dans la roche friable
de la région, où sont généralement enterrées des
familles (époque hellénistique moyenne et tardive), des tombes à ciste (début de l'Empire) et à
chambre unique, décorées de fresques à l'intérieur (époque proto-byzantine). L'apparition de
hordes barbares en Macédoine au IIIème siècle
ap. J.-C. oblige les habitants d'Edessa à construire en toute hâte des bastions sur l'acropole et,
à l'aide de remplois, arrachés aux ruines de nombreux monuments antérieurs, à consolider les
remparts de la ville basse laissés à l'abandon.
Mais, dans les siècles qui suivent (VIème et VIIème
siècles), ces fortifications ne suffirent pas à protéger Edessa des incursions des Slaves et des
Avars. Bientôt, la ville est occupée et livrée au feu.
C'est peut-être la raison pour laquelle la population abandonna la vieille ville, pour se cantonner

237. *Le Longos, vu de la ville actuelle d'Edessa.*

238. *La rue flanquée de colonnes.*

239. *Stèle funéraire couronnée d'un fronton en relief,
d'époque romaine. A en croire l'inscription, elle fut
sculptée par Hermias et Paraskévè, de leur vivant.
Edessa, Collection archéologique.*

240. *Inscription funéraire d'époque romaine de
Secundus d'Edessa et de sa femme Julia.
Edessa, Collection archéologique.*

dans l'enceinte de l'acropole. Mais les ravages exercés par les eaux qui, pendant des siècles, accumulent des dépôts sédimentaires à Longos ne furent sans doute pas étrangers non plus à ce repli. Le Fort, comme appellent Edessa les chroniqueurs Glykas et Kédrinos, la célèbre Vodéna des guerres gréco-bulgares du XIème siècle (Samuel, Basile Bulgaroctone) restera tout au long de l'époque byzantine mais également pendant les quatre siècles d'occupation turque, la ville sur le rocher. Cette cité que décrit Cantacuzène (en 1350), qu'occupent les Ottomans en 1380 et qu'évoque, en 1669, le voyageur turc, Evliya Celebi.

En 1798, lorsqu'Ali Pacha occupe la ville, Edessa compte 12.000 âmes dont 500 familles grecques et 1500 musulmanes. On y dénombre six mosquées, une cathédrale et un évêché, construit au bord du plateau où s'étend la ville, près des cascades, dominant la plaine fertile et ses arbres fruitiers.

Le jour du marché hebdomadaire –le *bazar*– les habitants des villages du Sarigjöl, d'Arnisa et de Florina affluent à Edessa pour y vendre leurs produits agricoles et acheter des produits manufacturés. Autour de la ville, s'étend une campagne superbe; une végétation luxuriante s'accroche aux rochers et le limon des eaux abondantes qui gazouillent à chaque pas offre au pays la bénédiction des dieux. Au fil des siècles, cette protection plane sur les remparts, les rues, les maisons de la vieille ville qui jadis s'étendait jusqu'au Longos, puis sur les basiliques paléochrétiennes et les tombes mises au jour à l'emplacement du monastère moderne d'Aghia Triada.

La prospérité dont jouissent les habitants de la ville leur permet de réaliser des prodiges dans le domaine de l'éducation: aux écoles privées, vient s'ajouter, en 1782, un centre d'enseignement municipal, le célèbre "Hellénomouseion" qui fonctionnera sans interruption jusqu'en 1821.

La nouvelle du soulèvement du Péloponnèse galvanise les esprits, et la flamme de la liberté qui a embrasé la Chalcidique et Thasos d'un côté, l'Olympe et l'Ossa de l'autre, arrivent jusqu'en Macédoine centrale et occidentale et y gagnent du terrain: au début de l'année 1822, dans le monastère de Dovra, où se sont rassemblés des chefs militaires de toutes les régions de Macédoine occidentale afin d'organiser la lutte, Edessa est présente. Elle sera de toutes les victoires et de toutes les défaites. Elle connaîtra les asservissements, les atrocités exercées par les autorités turques, les pillages des bandes armées albanaises. Toutefois, sur les sommets du Bermion, les *armatoles* macédoniens –"libres assiégés"– continueront à brandir le flambeau de la révolution et nombre d'entre eux passeront même en Grèce méridionale pour se porter au secours de leurs frères.

241

241. La mosquée Yeni (édifice du XIXème siècle) qui abrite la collection archéologique.

242. L'ancienne Métropole, église d'époque médio-byzantine, ornée de fresques, XIème-XIVème siècles.

243. Rue d'Edessa bordée de vieilles maisons.

242

243

LA COLLECTION ARCHEOLOGIQUE

C'est dans la mosquée Yeni, construite au XIXème siècle, qu'est abritée la Collection archéologique de la ville (provisoirement fermée au public) qui comprend essentiellement le riche matériel épigraphique d'époque romaine et hellénistique identifié à Edessa et dans la région ainsi que les découvertes consécutives à la fouille du Longos (essentiellement céramique des premiers temps du christianisme).

244. Vases en terre cuite et lames, début de l'âge du bronze. Edessa, Collection archéologique.

245. Vases à vernis noir et alabastres, IVème siècle av. J.-C. Edessa, Collection archéologique.

244

245

246. *Vases en verre, IIème-IVème siècle ap. J.-C.*
Edessa, Collection archéologique.

246

247

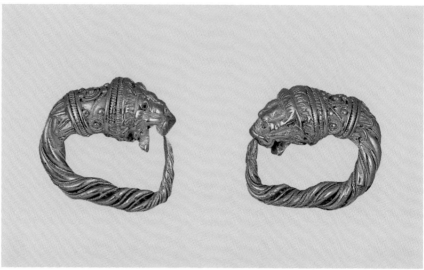

248

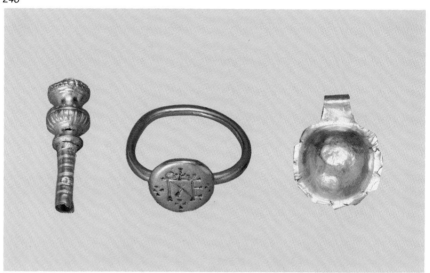

249

250

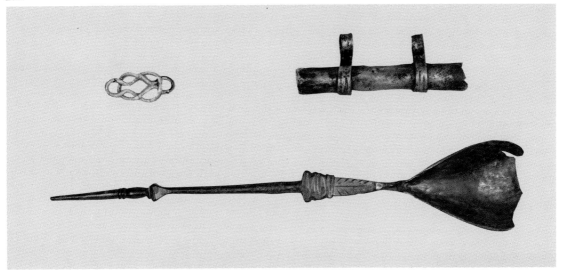

251

247. Pendants d'oreilles en or, se terminant en mufles de lions, IVème siècle av. J.-C. Edessa, Collection archéologique.

248. Objets en or (tête de fibule, bague au chaton gravé d'une inscription, pendentif), IIIème-VIème siècle ap. J.-C. Edessa, Collection archéologique.

249. Bagues en argent, d'époque byzantine (Xème-XIème siècles), portant l'inscription "Seigneur, viens en aide à celui qui porte la bague". Edessa, Collection archéologique.

250. "Noeud magique" d'Héraclès, pendentif en argent et cuiller en argent, IIIème-VIème siècles ap. J.-C. Edessa, Collection archéologique.

251. Inscription paléochrétienne: "Fais halte, ô toi, Rhodope, mon épouse...". Edessa, Collection archéologique.

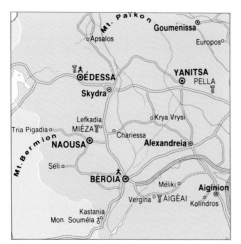

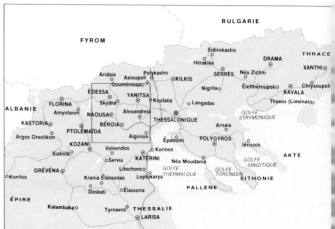

MIEZA
(Leukadia près de Naousa) et sa région

252

APERCU HISTORIQUE

Au pied du mont Bermion, entre le plateau où s'élève aujourd'hui Naousa et la riche plaine, en bas, le terrain suit une pente douce, jalonnée de terrasses. La terre y est grasse, molle, accumulée au fil des siècles, par les alluvions des torrents.

Les archéologues semblent avoir de bons arguments pour localiser l'antique cité macédonienne de Miéza, patrie de Peukestas, l'un des commandants de trirème d'Alexandre le Grand, dans ce triangle formé par Naousa, Kopanos et Leukadia et qui, au fil du temps, nous a livré un abondant matériel mais plus encore une foule d'édifices et de tombes à caractère monumental.

Le grand complexe architectural datant du début de l'époque hellénistique dans la région de Bélovina, la vaste nécropole de Kamara qui réunit des tombes à fosse et à ciste, creusées dans le rocher (Vème et IVème siècle av. J.-C.), les anciens vestiges à Isvoria, du IVème siècle, l'abondance d'édifices funéraires disséminés dans la campagne aux environs des communes de Kopanos et Leukadia, mais surtout les tombes "macédoniennes" –à ce jour, au nombre de quatre– plaident en faveur de cette thèse.

Au début du Haut Empire, Miéza, qui, si l'on en croit la mythologie, aurait emprunté son nom à la fille du roi Bérès, conserva vraisemblablement

252. Le site idyllique de Nymphaion, les "promenades ombragées" de Plutarque, près de l'ancienne ville de Miéza. Au milieu d'une végétation dense et à côté de sources gazouillantes, ce sanctuaire, dédié aux Nymphes des eaux, a été, pendant trois ans, l'école où Alexandre, le futur souverain du monde, a appris l'art de "bien vivre".

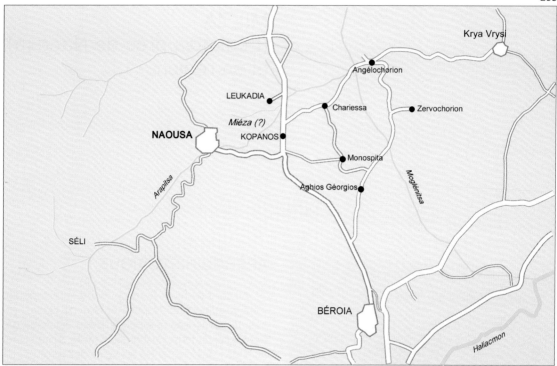

son autonomie. Les vestiges paléochrétiens y sont fort rares.

LE SITE ARCHEOLOGIQUE

La découverte du site archéologique de Miéza, qui s'est faite très progressivement, depuis les premières investigations, menées au XIXème siècle par Kinch et Delacoulonche, doit beaucoup au professeur Ph. Petsas. Ce dernier —poursuivant les recherches de l'éphore des antiquités Ch. Makaronas— a fouillé méthodiquement la région de Miéza et étudié les trouvailles qu'il a, bien sûr, replacées dans leur contexte historique.

LES TOMBES "MACEDONIENNES"

La tombe du Jugement. Le monument funéraire le plus important fut mis au jour en mai 1954: il s'agit du plus imposant des tombeaux livrés par cette zone archéologique. C'est au cours de travaux d'élargissement d'un chemin vicinal menant à Chariessa que la sépulture fut fortuitement découverte. Par la suite, la fouille en fut méthodiquement entreprise sous la conduite de l'éphore des antiquités, Ph. Petsas. Le *tumulus* qui recouvrait jadis le tombeau ne devait pas dépasser 1,50m de hauteur. En revanche, on évalue son diamètre à environ 10m. Construit en dalles de pôros, le tombeau comprenait deux chambres voûtées: la chambre funéraire proprement dite et l'antichambre. Sa façade monu-

mentale grandiose (8,60m de haut x 8,68m de large) et imposante présentait deux étages: l'étage inférieur était de style dorique, l'étage supérieur —en réalité, un pseudo-étage— d'ordre ionique. Les quatre "tableaux peints" qui s'enserrent entre les demi-colonnes doriques retiennent toute l'attention. Le thème de la représentation est d'une beauté exceptionnelle et la scène figurée sur les quatre panneaux est à la hauteur du monument qu'elle décore: le défunt (à gauche, pour le spectateur), debout, le corps légèrement tourné, s'apprête à partir pour le grand voyage. C'est Hermès Psychopompe qui le mène aux Enfers où l'attendent les juges infernaux, Eaque et Rhadamanthe, le premier assis, le second debout, appuyé sur son bâton.

La frise en bas-relief, exécutée en stuc, est fixée au monument, en plusieurs endroits, par des clous. Elle représente des cavaliers et des fantassins, vraisemblablement macédoniens et perses, s'affrontant dans un combat à la vie à la mort.

Onze métopes, trois au-dessus de l'entrée et deux au-dessus de chaque entrecolonnement illustrent le combat mythique entre les Centaures et les Lapithes. Presque entièrement peintes dans un coloris unique (brun-jaune), elles constituent plutôt une "ébauche" qu'une composition picturale achevée.

L'antichambre, un rectangle de 6,50 x 2,12m, dont la hauteur maximale est estimée à 7,70m, n'a pas été complètement fouillée pour des rai-

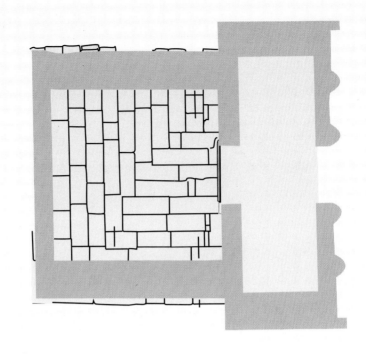

253. La région du triangle Naousa-Kopanos-Leukadia où l'on situe la cité antique de Miéza. (Ce site a livré des vestiges d'édifices, des tombes "macédoniennes", un théâtre, des constructions à portique et diverses trouvailles.)

254-255. Plan et coupe de la Grande tombe de Leukadia ou tombe du Jugement.

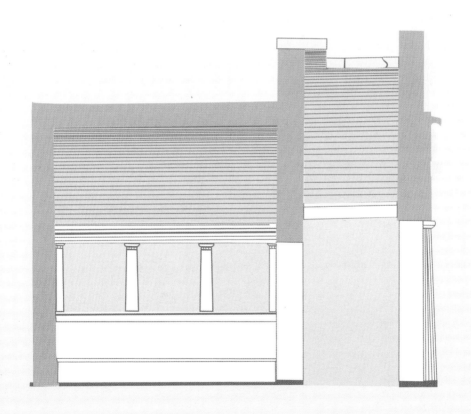

257-258. Deux des quatre figures (le mort et Rhadamanthe) du Jugement du défunt, thème principal du décor du premier étage de la tombe.

256. La Grande tombe de Leukadia ou tombe du Jugement. Début du IIIème siècle av. J.-C.

256

257

258

sons de sécurité. Elle ne présente aucun décor, si ce n'est deux boucliers ronds en relief (de 0,78m de diamètre), à gauche et à droite de la porte percée dans le mur mitoyen entre l'antichambre et la chambre funéraire.

La chambre funéraire est un espace presque carré (4,80 x 4,72m) de 5,26m de hauteur maximale. Le sol était recouvert de dalles de pôros. Elle est entourée d'un socle qui supportait des pilastres coiffés d'une architrave ionique et d'une corniche sculptée.

La Grande tombe de Leukadia ou tombe du Jugement date de la première moitié du IIIème siècle av. J.-C. Elle a subi des réparations et des modifications —surtout en façade— dues incontestablement à une seconde, voire une troisième réutilisation de ce monument funéraire, par les descendants du premier défunt qui y avait été enseveli.

La tombe aux Anthémia. A cent ou cent cinquante mètres au nord-est de la tombe du Jugement, auprès du chemin vicinal menant à Chariessa, une tentative de fouille clandestine a amené l'éphore des antiquités, K. Rhomiopoulou, à entreprendre la fouille et l'étude d'une seconde tombe "macédonienne" dans la région de Leukadia, en 1971. Recouverte d'un *tumulus* qui, avec le temps et du fait des labourages successifs, avait perdu pas mal de sa hauteur au moment de la fouille, et présentant un large *dromos* —ou couloir d'accès— en pente, perpendiculaire à sa façade, le monument a l'apparence d'un temple prostyle: quatre demi-colonnes engagées encadraient la large ouverture faisant office d'entrée sur la façade, autrefois barrée par six gros blocs de pôros, posés les uns sur les autres (qui ont été retirés au moment de la fouille). Une architrave à deux fasces et une frise étroite sont coiffées d'un fronton décoré de trois acrotères, un au centre et deux aux angles, décorés de palmettes ou *anthémia*. Les motifs végétaux richement colorés, pleins de fraîcheur de la frise, alternant avec les surfaces blanches éclatantes des enduits muraux, des demi-colonnes et de l'entablement ainsi que l'admirable composition figurant un couple allongé, sur le fronton, confèrent beaucoup d'éclat

259

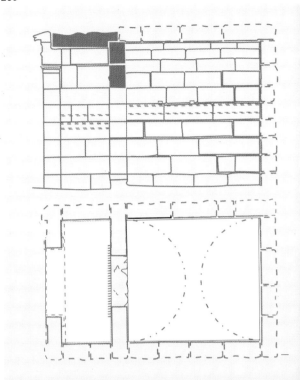

et de chaleur à la façade principale. Aux proportions harmonieuses du monument (5,20m de large et 8,10m de long sur une hauteur de 5,50m) répond la sobre distribution des espaces intérieurs: une antichambre parallélépipédique (2 x 4,10m) conduit, par une porte en marbre à deux vantaux qui conserve intact le système de serrure et qui imite une porte en bois, à la chambre funéraire proprement dite (4,10 x 5,10m) dont le grand côté, à l'ouest, comporte un banc maçonné. Sur le côté opposé, un socle rectangulaire en pierre sur lequel sont figurés des branches d'olivier en guise de décor, devait supporter, dans l'antiquité, un vase en métal très précieux ou le *larnax* contenant les os du défunt.

Répondant à la sobriété des murs noirs et rouges de la chambre funéraire, le décor de la voûte de l'antichambre, dans des tons ocre-jaune très doux, présente une originalité dans sa composition: de hauts *anthémia* aux tiges fines alternent avec de grands nénuphars ouverts, blancs et mauves, disposés dans un onirique champ bleu-ciel qui, dans une abstraction artistique, veut probablement rendre le monde infernal.

Bien que les pillards qui se sont introduits par le toit dans la chambre funéraire aient profané le monument et aient manifestement emporté l'ensemble des offrandes funéraires, une investigation minutieuse a néanmoins permis de recueillir, dispersés sur le sol et dans la terre aux abords de la tombe, des dizaines de petits objets précieux en ivoire (membres de corps humains, motifs ornementaux etc.) provenant de la *taenia* sculptée en relief, qui ornait soit un coffre de bois renfermant des objets personnels du mort, soit le lit funéraire.

La datation du monument à la fin du IIIème siècle av. J.-C. semble devoir être retenue.

La tombe de Kinch. A l'emplacement de l'actuelle route nationale Béroia-Edessa, et non loin de la tombe du Jugement, on a mis au jour dans les vingt dernières années du siècle dernier, un élégant monument funéraire à deux chambres qui devait de-

261

259. La composition d'une exceptionnelle beauté qui orne la voûte de l'antichambre de la tombe aux Anthémia: sur un onirique champ bleu-ciel, figurant vraisemblablement le monde infernal, de délicats anthémia (palmettes) alternent avec des nénuphars ouverts, blancs et mauves.

260. Coupe et plan de la tombe de Kinch. Vers 300 av. J.-C.

261. La façade de la tombe de Kinch dans la région de Leukadia.

venir célèbre, sous le nom de l'archéologue danois, K.F. Kinch, qui l'étudia de 1887 à 1892.

La façade, les murs mitoyens et les plafonds des deux chambres portaient un fin enduit de marbre. La porte extérieure, sans battants et jadis barrée par de gros blocs de pôros, est délimitée par deux pilastres coiffés de chapiteaux et couronnée par une étroite architrave sur laquelle court une frise dorique à triglyphes et métopes.

L'antichambre, un espace large mais peu profond (1,50 x 3,50m) au décor très simple, conduit à la chambre funéraire. La porte du mur mitoyen, de construction plus soignée que celle de la façade, présente un seuil et un encadrement sculpté. Du décor peint des murs de la salle

262. Décor peint polychrome (aujourd'hui détruit). Scène d'affrontement entre un cavalier macédonien et un fantassin perse qui s'enfuit, terrorisé devant le danger. Tympan du mur oriental de la tombe de Kinch.

263-264. Fragment du décor peint de la tombe de Lyson et Kalliklès. Y sont figurées des armes macédoniennes: boucliers, casques, épées, cnémides et trophées. Premier quart du IIème siècle av. J.-C.

la plus vaste et la plus importante ne sont conservés aujourd'hui que de rares fragments. Il est toutefois possible de se représenter les murs d'aplomb, peints en rouge pompéen, sur une hauteur de 1,70m et ornés dans la partie supérieure, d'une étroite *taenia*, portant un décor végétal stylisé. Mais sur le tympan du mur du fond, à l'est, la représentation polychrome qui figure l'affrontement entre un cavalier macédonien et un fantassin perse terrorisé, qui fuit devant le danger, a été entièrement détruite.

La tombe de Kinch qui doit être datée de la fin du IVème siècle (vers 300 av. J.-C.) fait partie des rares sépultures du genre qui présente un *dromos*, ce que nous appellerions aujourd'hui un "couloir" d'accès.

La tombe de Lyson et Kalliklès. A deux cent mètres au nord de la tombe de Kinch, un panneau guide le visiteur et l'invite à découvrir, au milieu d'un riche verger, la tombe de Lyson et de son frère Kalliklès, tous deux fils d'Aristophane. Le monument qui fut mis au jour au printemps de l'année 1942 et fouillé par Ch. Makaronas, alors

264

éphore des antiquités, n'a pas encore été entièrement dégagé. Il est simple dans son agencement puisqu'il est constitué d'une chambre funéraire à voûte et d'une antichambre à plafond plat.
Ce sont les espaces intérieurs qui font tout l'intérêt de la sépulture: en effet, l'antichambre et la
chambre funéraire proprement dite, ont toutes
deux conservé leur décoration murale peinte
dans des tons éclatants. Dans l'antichambre, un
périrrhantérion (bassin d'eau lustrale), portant à
son extrémité, un petit rameau de laurier et un
autel où se love un serpent (symbole chthonien),
dans des tons vert pâle, bleu-ciel et brun, confèrent au lieu une atmosphère paradisiaque. En
pénétrant dans la chambre, on a le sentiment de
se trouver au milieu d'un portique que le regard
peut aisément traverser. Une plinthe peinte court
au bas des murs et supporte des orthostates qui

*265. Le Nymphaion qui hébergea l'"Ecole" d'Aristote,
au lieu-dit Isvoria, près du village de Kopanos. On
distingue (dans la partie inférieure de la figure) les
vestiges d'un portique et sur la surface lisse du
rocher, des entailles destinées à recevoir la
charpente du toit.*

imitent un placage de marbre polychrome. Cette
fausse estrade supporte quatorze pilastres peints,
coiffés de chapiteaux ioniques d'où s'échappent
de foisonnantes guirlandes de fleurs.

La voûte de la chambre funéraire, au décor
très sobre, imite les créneaux des murs et rappelle
des motifs brodés sur des tapis et des étoffes.
Au-dessus de l'entrée et sur le mur du fond de la
chambre, les tympans semi-circulaires sont
peints dans des tons chauds rouges et orangés;
des cuirasses, des casques, des épées et des
boucliers, peints dans des teintes ocre-jaune et
brun foncé viennent s'y loger.

Les parois verticales du mur du fond et des murs
latéraux sont creusées de deux rangées de niches
carrées (0,36m de côté), initialement bordées
d'une rangée de briques, qui contenaient autrefois
les urnes et les offrandes funéraires des défunts.
Au-dessus de chaque cavité peinte en rouge
sombre, était écrit le nom du défunt: les noms des
hommes, en haut et ceux des femmes, en bas.

La tombe que sa construction permet de dater à
la fin du IIIème ou au début du IIème siècle av. J.-C.,
fut réutilisée par les descendants des premiers défunts jusqu'à la quatrième génération.

265

LE NYMPHAION

Plutarque rapporte que, voulant soustraire son fils à l'influence de sa mère Olympias, le roi Philippe, envoya Alexandre en compagnie de son maître, le philosophe Aristote, dans l'idyllique région du Nymphaion, près de Miéza. Dans une végétation touffue et auprès de sources gazouillantes, ce sanctuaire consacré aux Nymphes allait devenir, l'espace de trois années, l'école où le futur maître du monde apprendrait à "vivre justement".

C'est à cette école et au Nymphaion qui l'abritait qu'appartiennent, pense-t-on (c'est notamment la thèse de Ph. Petsas qui l'a fouillé), les ruines découvertes à Isvoria (Kéfalari) à l'ouest du village de Kopanos. La riche végétation, les nombreuses sources naturelles et les trouvailles archéologiques plaident en faveur de cette thèse. En effet, les trois grottes naturelles, avec leurs stalactites, pourraient correspondre à celles que décrit l'historien romain, Pline, tandis que le portique en forme de Π dont sont conservés le *toichobatès* (partie inférieure des murs) et les *simas* en terre cuite (aujourd'hui au musée de Béroia) cadrent bien avec les "promenades ombragées" évoquées par Plutarque.

266

266. Sima en terre cuite provenant du Nymphaion, IVème siècle av. J.-C. Béroia, Musée archéologique.

267. Le plan du Nymphaion. On distingue l'entrée dans le sanctuaire, les grottes naturelles et le portique en forme de Π.

267

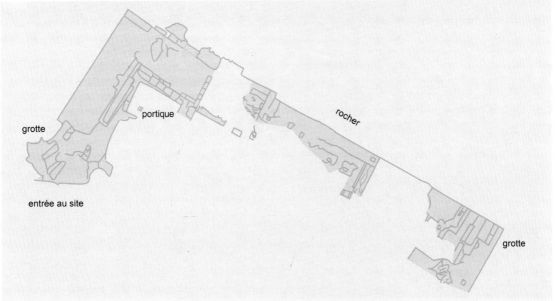

grotte

portique

rocher

entrée au site

grotte

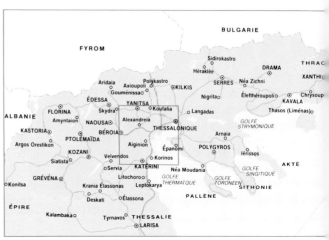

VERGINA (AIG[E]AI)
et sa région

268

L'HISTORIQUE DES FOUILLES

C'est en 1861 que l'archéologue français L. Heuzey inaugura les recherches archéologiques, en fouillant avec l'architecte H. Daumet, au lieu-dit Aghia Triada, la partie orientale du célèbre palais hellénistique de Vergina et une tombe "macédonienne", à la sortie ouest du hameau de Palatitsa (les trouvailles ont été transférées au Musée du Louvre).

Les fouilles se poursuivirent en 1938, à l'initiative de K. Rhomaios, professeur d'archéologie, à l'Université de Thessalonique, alors toute nouvellement fondée. Il découvrit, près de Vergina, une seconde tombe "macédonienne", parmi les plus élégantes de ce type, contenant un trône de marbre dans sa chambre. Cet infatigable professeur continua, après la Seconde Guerre Mondiale, l'exploration du site, assisté dans sa tâche par Ch. Makaronas, éphore des antiquités, (1954-1956). C'est à cette époque que furent dégagées d'autres parties du palais.

Après une interruption de deux années, les fouilles recommencent entre 1959 et 1974, avec le soutien de l'Université de Thessalonique, sous la direction des profeseurs d'archéologie, Géorgios Bakalakis et Manolis Andronikos. Ce dernier, qui décida dès 1937 de consacrer sa vie au site de Vergina, lorsque, encore étudiant, il commença à suivre les fouilles aux côtés de son maître, K. Rhomaios, eut la chance extraordinaire de découvrir entre autres, au bout de plusieurs années de fouilles au site de la Grande Toumba, la splendide tombe monumentale du roi Philippe II.

268. Vue générale du site archéologique de Vergina.

269

269. Bijou en bronze figurant trois doubles haches, découvert dans une tombe féminine du Cimetière des Tumuli à Vergina. Thessalonique, Musée archéologique.

270. Skyphos protogéométrique avec le décor caractéristique de cercles concentriques. Vers 900 av. J.-C. Thessalonique, Musée archéologique.

271. Quartier du Cimetière des Tumuli.

272. "Couronne" de bronze, décorée d'un cercle pointillé et d'une croix inscrite qui constitue le symbole solaire. Provenant d'une tombe féminine du Cimetière des Tumuli à Vergina. Vers 900 av. J.-C. Thessalonique, Musée archéologique.

270

Les recherches archéologiques qui se poursuivent aujourd'hui sous l'égide de la même université, ont permis de dégager tout le palais ainsi qu'une partie de l'antique cité d'Aigéai avec sa fortification, son théâtre et des sanctuaires consacrés à Eukléia et Cybèle, ainsi qu'un grand nombre d'autres tombes "macédoniennes" dans le quartier de la nécropole royale, mentionné par les historiens de l'époque. Parallèlement, l'université et le Service archéologique ont fouillé des secteurs du Cimetière préhistorique des Tumuli, au nord de la ville et au nord-est de la commune.

LE SITE ARCHEOLOGIQUE

LE CIMETIERE PREHISTORIQUE

L'étendue et la durée de l'existence du Cimetière des Tumuli attestent la présence d'un habitat florissant fondé, vers la fin du XIème siècle av. J.-C., par des colons venus d'Europe centrale. A en juger par les offrandes funéraires que renferment les tombes, il semble que cette agglomération ait connu un rayonnement particulier

vers le IXème siècle av. J.-C. et ait entretenu des contacts avec la Grèce méridionale. Un certain nombre d'indices ont permis à quelques historiens d'affirmer que l'emplacement de cette agglomération coïncide avec celui de la ville d'époque classique.

Le nombre initial des *tumuli,* dont seuls une centaine ont été mis au jour, est évalué à 300 environ. Le diamètre de chaque *tumulus* oscille entre 14 et 16m de long, leur hauteur ne dépassant jamais 1,50m.

Les tombes de l'âge du fer que renfermaient ces *tumuli* (ils en contiennent aussi d'autres plus tardives, datant de l'époque hellénistique) situées à même le sol, dans des fosses parallélépipédiques, étaient en règle générale disposées en rayons: les offrandes funéraires étaient constituées, pour les tombes masculines, d'armes et de quelques vases rituels, et pour les tombes féminines, de riches bijoux et de vases en quantité.

Chaque *tumulus* appartenait manifestement à une famille, et l'existence de groupes de *tumuli* incite à penser que ceux-ci étaient regroupés par *génos.*

271

272

LA VILLE

C'est dans la zone située entre le palais et le théâtre qui s'étend jusqu'à la tombe dite "de Rhomaios" que les fouilles ont permis de localiser la ville d'Aigéai dont seules quelques petites parties ont été dégagées, comprenant essentiellement des sanctuaires. Toute la zone d'habitations qui était entourée d'un rempart comportant une acropole sur les versants nord-est des monts Piériens, semble avoir été très endommagée, entre le début et le milieu du IIème siècle av. J.-C. Du reste, les complexes architecturaux qui ont été mis au jour datent de la seconde moitié du IVème siècle av. J.-C.: il s'agit du sanctuaire d'Eukléia et d'un édifice aux proportions monumen-tales, qui semble avoir eu un caractère public et resta en usage jusqu'à la fin du Ier siècle ap. J.-C.

273

274

275

273. Base en marbre
d'une statue votive
portant l'inscription:
ΕΥΡΥΔΙΚΑ ΣΙΡΡΑ
ΕΥΚΛΕΙΑΙ ("Eurydice,
fille de Sirrhas, éleva
cette statue à Eukléia").
Eurydice Sirrha était
la mère de Philippe II.
La base fut trouvée
devant le sanctuaire
d'Eukléia, à Vergina.

274. Le temple
d'Eukléia à Vergina.
A gauche, les bases
de statues votives.

275-276. Portrait en
marbre d'Eurydice (fille
de Sirrhas, épouse du roi
Amyntas III, mère de
Philippe II et grand-
mère d'Alexandre le
Grand), placé sur le
corps d'une statue
péplophore en marbre.
La statue était érigée
sur une base inscrite
(fig. 276) et constituait
une offrande votive,
dans le sanctuaire de la
déesse panhellénique,
Eukléia. C'est l'une des
rares oeuvres originales
de la grande plastique
du IVème siècle av. J.-C.
qui nous ait été
conservée.

276

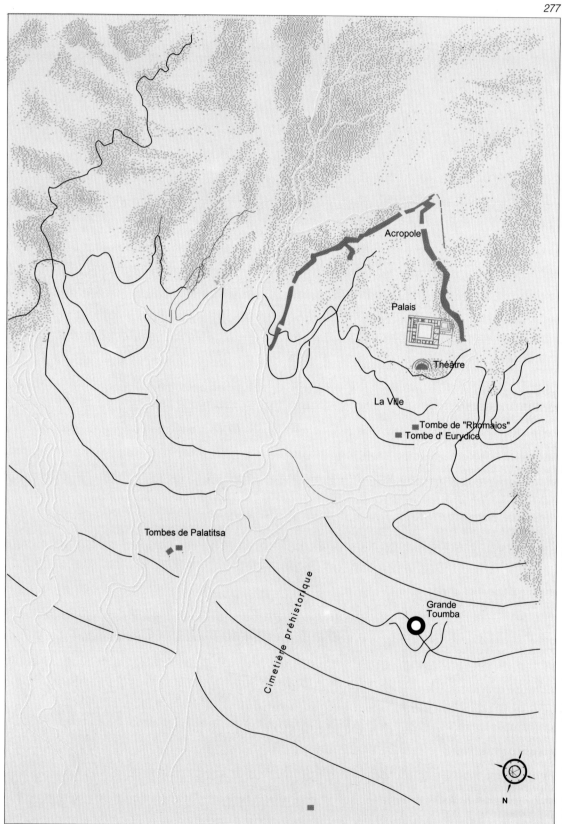

Acropole

Palais

Théâtre

La Ville

Tombe de "Rhomaios"

Tombe d' Eurydice

Tombes de Palatitsa

Cimetière préhistorique

Grande
Toumba

N

Du côté de l'agora, le sanctuaire d'Eukléia qui comporte un *oikos*, maison à deux chambres bâtie en blocs de pôros (époque hellénistique), une construction en forme de temple, une série de bases votives destinées à recevoir des statues, le long de la place et de la rue, ainsi qu'un bâtiment à portique, constitue l'un des lieux de culte les plus importants du royaume de Macédoine. On y a mis au jour un serpent de marbre –peut-être une représentation de Zeus Meilichios– et une statue en marbre d'Eurydice, fille de Sirrhas, mère de Philippe II et grand-mère d'Alexandre le Grand qui sont parmi les rares oeuvres originales de la plastique du IVème siècle av. J.-C. à nous être parvenues.

LE PALAIS

Le complexe palatial qui se dresse sur le vaste

277. Plan du site archéologique de Vergina.

278. Vue aérienne du palais et du théâtre de Vergina.

plateau d'Aghia Triada est le palais le plus imposant qui ait été jamais découvert en Macédoine. Construit dans un site exceptionnel, sur les pentes septentrionales des monts Piériens, il domine toute la plaine de l'Haliacmon. Si certains archéologues pensent que tout ce complexe architectural aurait été érigé à seule fin d'abriter des banquets (*symposia*), d'autres estiment qu'il faut plutôt y voir une résidence de campagne (villa). Selon toute vraisemblance, il s'agirait bien de la résidence royale.

Le palais mesure 104,50m de long sur 88,50m de large. Les espaces d'habitation sont agencés autour d'une cour centrale carrée (de 44,50m de côté), bordée sur ses quatre côtés de portiques symétriques, à colonnes doriques en pôros. Sur la façade extérieure nord du bâtiment, donnant sur la plaine, fut ajoutée, conformément au plan initial, une vaste véranda oblongue, dotée d'un parapet en pôros imitant le bois. Tout l'édifice est construit en pôros à l'exception des seuils qui sont en marbre. La partie supérieure de la maçonnerie, au-dessus des orthostates, est en briques

278

crues enduites de stuc peint de différentes couleurs. Les fragments architectoniques étaient également enduits de stuc.

On entrait dans le palais par le côté est qui comportait vraisemblablement deux étages et présentait au rez-de-chaussée, à l'extérieur, un portique dorique. Trois vestibules successifs, le premier de 10m de large sur 6m de profondeur, le second de dimensions légèrement inférieures et le troisième de 10 x 10m conduisaient au portique oriental du péristyle de la cour intérieure.

Deux doubles colonnes imposantes, coiffées de chapiteaux ioniques séparaient le passage entre le second et le troisième vestibule, en trois parties. De ce côté de l'édifice, à droite et à gauche de l'entrée, se trouvaient de grandes salles couvertes, qui servaient peut-être de casernement pour la garde ou de réserves. A l'aile orientale du palais, vraisemblablement destinée au culte (on y a découvert une inscription unique en son genre faisant référence à Héraclès Patrôos) ainsi qu'à la vie publique et qui était notamment utilisée pour les apparitions publiques du chef de l'Etat, appartenaient, immédiatement à gauche de l'entrée, la *tholos* (espace couvert cylindrique inscrit dans un carré) et au sud, quatre salles, probablement destinées à abriter les archives et les objets sacrés.

La disposition des pièces sur le côté sud qui constituait, selon toute vraisemblance, l'aile la plus officielle, est particulièrement intéressante: en effet, on y trouve à chaque extrémité une pièce carrée, disposant d'une entrée sur la cour. Leurs sols étaient recouverts de mosaïques non-figuratives. Au centre de l'aile, trois doubles colonnes imposantes de style ionique, conduisaient du portique sud à une vaste pièce —ou *prostas*— qui servait d'antichambre à deux autres salles plus somptueuses, situées à l'est (superficie: 82m^2) et à l'ouest. La présence de pavements en mosaïque et notamment la composition au décor végétal au centre, encadré de quatre figures féminines coiffées du *kalathos,* nous incite à identifier cette aile à l'*oikos* ou maison proprement dite du palais. L'aile ouest est occupée, dans l'angle sud, par trois pièces et un conduit en maçonnerie qui devait communiquer avec des installations sanitaires puis, en direction du nord, par une enfilade de trois salles dallées en marbre. Ces pièces, les plus vastes de tout le palais, au sol dallé de marbre servaient probablement de salles de banquet. La date généralement avancée pour la construction du palais (troisième

279

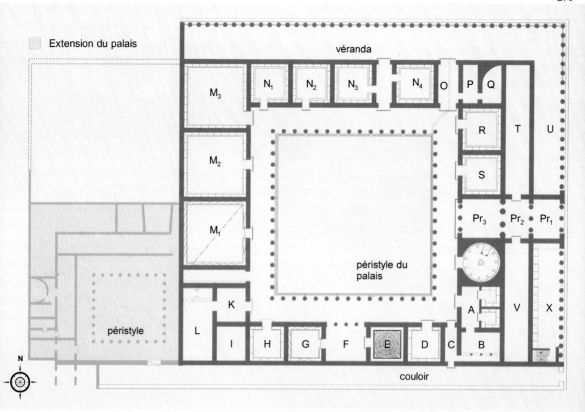

281

279. Plan du palais de Vergina.

280-281. Plan de la mosaïque de la salle E du palais de Vergina. Le motif décoratif central est constitué d'une grande rosace d'où jaillissent huit paires de rinceaux entrelacés qui se ramifient régulièrement vers la périphérie. Les espaces sont occupés par des fleurs, des feuilles et des volutes. Tout le motif central est encadré d'une frise circulaire de méandres et de postes. Les triangles vides, aux quatre coins, sont occupés par un génie féminin (détail de la mosaïque, en bas).

quart du IVème siècle av. J.-C.) paraît exacte.

Les recherches menées dans les années 70 ont mis au jour à l'ouest du palais et communiquant avec lui, comme une sorte d'extension, un autre complexe de dimensions plus petites et de construction moins soignée, mais *grosso modo* de même plan: là aussi, autour d'une cour centrale carrée –dont les portiques sur les quatre côtés présentaient, comme l'indiquent leurs bases qui ont été conservées, des colonnes de bois– étaient agencés les espaces d'habitation mieux conservés à l'angle sud-ouest. On a prétendu que cette construction était contemporaine du grand palais mais il semble plus probable que l'on ait affaire à une résidence de fortune, construite aussitôt après la destruction du palais (peut-être suite à un séisme ou à un glissement de terrain) en tout cas avant la conquête de la Macédoine par les Romains (168 av. J.-C.)

LE THEATRE

Etroitement lié au palais, dont 60m à peine le séparent, le théâtre d'Aigéai constitue avec celui-ci un complexe architectural unique dont il occupe le nord. Orienté vers la plaine fertile et l'Haliacmon, il permettait aux spectateurs de suivre la pièce tout en jouissant du paisible paysage macédonien. Seule la première rangée de gradins, le canal d'évacuation creusé devant celle-ci, les murs des *parodoi,* et les fondations de la scène étaient construits en pierres. L'absence d'autres rangées de gradins, et la déclivité régulière qui se prêtait mal à une telle construction, rend plausible l'existence dans la *cavea* du théâtre de *cunei* (travées) de bois, elles-mêmes assises sur des estrades en bois. L'*orchestra*, de 28,50m de diamètre, porte en son centre la base en pierre de l'autel de Dionysos (*thymélè*) qui n'a pas encore été trouvé. Des huit couloirs dallés de pierre qui séparaient transversalement la *cavea* en *cunei,* c'est le septième en partant de l'ouest qui est le mieux conservé et sa hauteur (20m) nous permet de nous faire une idée de la taille initiale de la *cavea* en fer à cheval. Oeuvre de la seconde moitié du IVème siècle av. J.-C., le théâtre fut, comme le prouvent les découvertes archéologiques –et notamment l'examen des trou-

283

282. Le théâtre de Vergina.

283. Tête de femme en terre cuite (Cybèle?) découverte dans le sanctuaire de la Mère des dieux.

vailles– désaffecté dans le second quart du IIème siècle av. J.-C.

L'intérêt du monument tient également au fait qu'il est lié à des épisodes importants de l'histoire ancienne: c'est là qu'en 336 av. J.-C. fut assassiné Philippe II, le jour où il célébrait en grande pompe le mariage de sa fille Cléôpatre avec un certain Alexandre, roi d'Epire.

La mise au jour, à proximité du théâtre, du sanctuaire de la Mère des dieux, Cybèle, a permis de dégager un édifice à deux chambres présentant un foyer en leur centre et comportant des autels et des cavités destinées à recevoir des libations. Ce lieu servait manifestement à l'initiation des fidèles. Des statues de culte en terre cuite et des offrandes votives permettent de dater le sanctuaire du milieu du IIème siècle av. J.-C. environ.

LES TOMBES "MACEDONIENNES"

A. LES TOMBES DE LA GRANDE TOUMBA

La Grande Toumba, ce gigantesque tertre qui se dressait à l'extrémité occidentale du Cimetière des Tumuli, est unique en son genre dans l'ensemble du monde helladique. Son diamètre atteignait 110m et sa hauteur moyenne dépassait les 12m. Sa fouille, qui a débuté en 1952, a mis au jour les tombes royales suivantes:

La tombe de Philippe II

Construite en pôros, à l'exception des portes de marbre à deux vantaux de l'entrée en façade et de l'accès ménagé dans le mur mitoyen, la tombe de Philippe II est l'une des plus vastes des tombes "macédoniennes" connues à ce jour. Couverte d'une voûte, elle se compose de deux chambres et sa longueur totale est de 10m pour une largeur de 6m environ. Les mesures intérieures sont pour l'antichambre: 3,66m de long et 4,46m de large et pour la chambre: 4,46m de long sur 4,46m de large, pour une hauteur de 5,30m. Extérieurement, la chambre portait une épaisse couche de ciment hydraulique alors que toutes les surfaces visibles étaient couvertes d'un fin enduit de marbre blanc, coloré par endroits de différentes teintes pour mettre en évidence ou souligner certains détails architecturaux.

La façade dorique était ornée de deux semi-colonnes entre deux antes (ou *parastadès*). Au-dessus de l'entablement (qui se compose d'une architrave et d'une frise à triglyphes et métopes), là où l'on attendrait un fronton, une grande frise de 5,56m de long sur 1,16m de hauteur –un témoignage unique de la grande peinture antique– immortalise, dans une gamme variée de tons et de couleurs splendides, une chasse où sont figurés des lions, des ours, des antilopes et des sangliers, dans un paysage figuré par quelques arbres.

Dans l'antichambre, une large *taenia,* d'un rouge profond courait le long des murs et était encadrée par d'autres plus petites, blanches, dont l'une portait un décor de rosaces. A peu près au milieu du côté gauche de l'antichambre, un sarcophage en marbre contenait un coffret d'or –*larnax*– (0,38 x 0,32 x 0,20m) qui renfermait des os brûlés, enveloppés dans un tissu de pourpre, et une couronne d'or. Par terre, on a trouvé un *gorytos* (sorte de carquois) en or, des pointes de flèches, une paire de cnémides, des substances organiques en décomposition, une couronne en or, des fragments d'albâtre, des petits plateaux en or. Dans la chambre principale, dont les murs ne portaient pas la couche d'enduit final, les trouvailles étaient encore plus nombreuses et plus riches. Dans un sarcophage, semblable à celui de l'antichambre, on a découvert un second *larnax* en or contenant des os, jadis enveloppés d'un tissu de pourpre, et une couronne d'or très précieuse. Sur le sol, étaient entreposés une vingtaine de vases en argent, une cuirasse en fer à décoration en or, des ustensiles en terre cuite ou en cuivre, un casque en fer, un diadème en or, une épée à poignée en ivoire, un bouclier d'une facture exceptionnelle, et quantité de petits objets d'art en ivoire, qui appartenaient à la

284

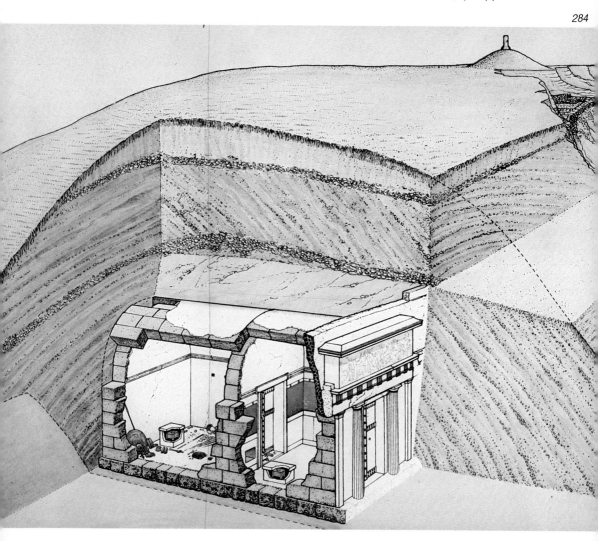

décoration des meubles en bois, vraisemblablement du lit funéraire.

La datation de cette tombe –troisième ou dernier quart du IVème siècle av. J.-C.– fait l'objet de recherches.

284. Plan de la tombe de Philippe II.

285. L'imposante façade de la tombe de Philippe II.

287-288. *Les deux fragments de tissu d'or et de pourpre contenus dans le coffret en or découvert dans l'antichambre de la tombe de Philippe II. Thessalonique, Musée archéologique.*

286. *Le larnax (coffret) en or, provenant de l'antichambre de la tombe de Philippe II. Thessalonique, Musée archéologique.*

286

287

288

289-290. Le diadème en or contenu dans le coffret en or, découvert dans l'antichambre de la tombe de Philippe II. Thessalonique, Musée archéologique.

291. La couronne de feuilles et de fleurs de myrte en or, provenant de l'antichambre de la tombe de Philippe II. Thessalonique, Musée archéologique.

289

290

294

292. *Intérieur du larnax en or découvert dans la chambre funéraire de la tombe de Philippe II et contenant les os brûlés du défunt. Thessalonique, Musée archéologique.*

293. *Le coffret en or provenant de la chambre funéraire de la tombe de Philippe II. Thessalonique, Musée archéologique.*

294. *Tête en ivoire, figurant vraisemblablement la mère d'Alexandre le Grand, Olympias. Elle appartenait sans doute au décor du lit funéraire. Thessalonique, Musée archéologique.*

295. *Tête de jeune homme, au visage sévère et pensif, en ivoire. Thessalonique, Musée archéologique.*

296. *Tête en ivoire représentant un jeune homme. Comme les deux précédentes, elle faisait sans doute partie de l'ornementation du lit funéraire. Thessalonique, Musée archéologique.*

295

296

298

297. Bouclier chryséléphantin provenant de la chambre de la tombe de Philippe II. Thessalonique, Musée archéologique. (Dessin par G. Miltsakakis).

298. La cuirasse en fer provenant de la tombe de Philippe II. Thessalonique, Musée archéologique.

299. Vases en bronze et armes en fer, tels qu'ils furent découverts dans l'angle sud-ouest de la chambre funéraire de la tombe de Philippe II.

299

303

304

←
300-301. Deux
amphores en argent,
provenant de la tombe
de Philippe II.
Thessalonique, Musée
archéologique.

302. Oenochoè en
bronze, provenant de la
tombe de Philippe II.
Thessalonique, Musée
archéologique.

303-304. Bassin et seau
en bronze, provenant de
la tombe de Philippe II.
Thessalonique, Musée
archéologique.

305. Torche de bronze découverte dans la tombe de Philippe II. Thessalonique, Musée archéologique.

306. Trépied de bronze provenant de la tombe de Philippe II. Comme le suggère l'inscription gravée sur le rebord, il s'agissait d'une récompense remportée aux "Héraia" d'Argos. Avant 430-420 av. J.-C. Thessalonique, Musée archéologique.

305

306

La tombe du Prince

A une faible distance et légèrement au nord de la tombe de Philippe II, la tombe du Prince présente un certain nombre de traits communs avec cette dernière. C'est une sépulture à deux chambres, construite en pôros; sa façade est dorique et, à l'intérieur comme à l'extérieur, la porte, à deux vantaux, est en marbre. De même, elle présentait une grande frise inscrite sur un entablement mais qui n'a pu être conservée du fait qu'elle avait été appliquée sur un support périssable (peut-être du cuir).

Par contraste avec le riche décor de l'antichambre, la chambre funéraire se caractérise par sa sobriété et sa simplicité. A une hauteur de 2,20m, un simple bandeau bleu foncé court sur les quatres côtés de la pièce, bordé respectivement en haut et en bas d'un *kymation* (moulure) ionique et lesbique. Une sorte d'autel parallélépipédique, présentant une cavité circulaire en son milieu, contenait une *hydrie* (urne) d'argent sur l'épaule de laquelle reposait une couronne d'or. Par terre, des restes décomposés provenant de meubles en bois et des éléments décoratifs en argent et en ivoire témoignent de la richesse du défunt. Dans l'angle nord-ouest de la chambre, des ustensiles en argent et un support de lampe en fer accompagnaient vingt sept vases en argent découverts dans l'angle sud-ouest.

Dans l'antichambre, sur les murs de laquelle court une *taenia* représentant une course de biges (chars tirés par deux chevaux), ont été découverts des fragments d'un vêtement incrusté d'or très précieux, des strigiles en bronze, un talon de lance en fer et un fragment de lance dorée.

La tombe du Prince est, selon toute vraisemblance, postérieure à la tombe dite de Philippe II.

307. La façade de la tombe du Prince.

308. Bas-relief superbe en ivoire, provenant du lit funéraire de la tombe du Prince; à gauche, Pan aux pieds de bouc joue de la flûte et conduit, au son de sa musique, le couple qui lui emboîte le pas –un homme barbu, brandissant un thyrse et une jeune femme. Thessalonique, Musée archéologique.

308

309. La "table" en forme de pilastre, en tuf, découverte près du mur ouest de la chambre de la tombe du Prince. Dans une cavité ménagée dans la surface de la table, une hydrie d'argent contenait les os du défunt. Photographie de fouille.

310. L'hydrie cinéraire en argent, sur l'épaule de laquelle reposait une couronne d'or, provenant de la tombe du Prince. Thessalonique, Musée archéologique.

311

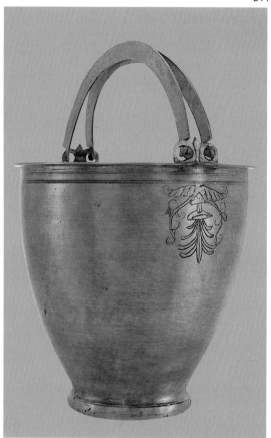

311. Petit seau d'argent, provenant de la chambre de la tombe du Prince. Thessalonique, Musée archéologique.

312. Passoire en argent destinée au filtrage du vin, provenant de la chambre de la tombe du Prince. Thessalonique, Musée archéologique.

313-314. Frise portant des représentations d'une course de chars, provenant de l'antichambre de la tombe du Prince.

312

313

314

La tombe de Perséphone

A la lisière de la Grande Toumba, l'édifice en forme de parallélogramme, construit en pôros (dimensions intérieures: 3,50 x 2,10m pour une hauteur de 3m), à proximité des fondations de ce que les archéologues ont baptisé le Hérôon, constitue, par son ornementation superbe un échantillon de la peinture grecque antique, bien qu'il ait été profané dès l'antiquité. La puissance et l'aisance du trait rivalisent avec la force suggestive des couleurs, à l'intérieur, sur trois des quatre murs enduits (le quatrième, à l'ouest, était occupé par des étagères en bois destinées à entreposer les offrandes) l'artiste talentueux —on a suggéré qu'il pourrait s'agir du célèbre Nikomachos auquel la tradition prête une rapidité d'exécution impressionnante— a représenté sur une

315

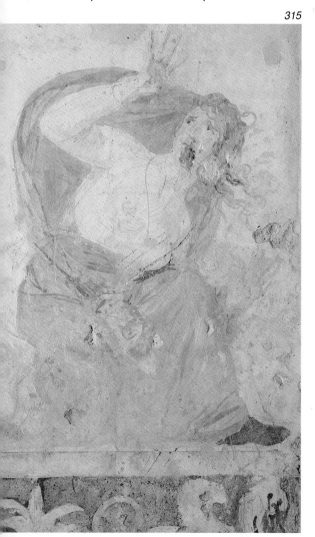

large frise le mythe de l'enlèvement de Perséphone par Pluton.

Face aux trois Moires que le destin a voué à perdre beaucoup de leur éclat initial, laissant au loin, seule assise sur "la pierre qui ne sourit pas" (selon l'expression homérique), la déesse Déméter, triste et songeuse, désemparée par la soudaineté de l'événement, le dieu barbu du Monde Infernal, brandissant le sceptre de son macabre pouvoir, s'élance à brides abattues sur son quadrige, dans les ténèbres éternelles, étreignant de sa poigne vigoureuse son précieux butin tant convoité: la silhouette tragique de la jeune Perséphone. La poitrine dénudée, la jeune déesse tend les bras dans un geste de désespoir. Hermès aux pieds agiles —complice et guide rusé de Pluton— et Cyanè —compagne de l'infortunée Perséphone, à laquelle elle ne peut venir en aide, tant elle est effrayée par cet enlèvement et les prodiges qui surviennent autour d'elle— font pendant au motif décoratif qui, sur un bandeau bleu, surmontant la plinthe d'un beau rouge pompéen au bas des murs, représente des griffons antithétiques de part et d'autre d'une fleur.

Contrairement à d'autres compositions peintes et monuments funéraires de l'époque de Vergina et de Leukadia, les fresques de la tombe de Perséphone s'imposent non tant par l'alternance judicieuse des volumes et la justesse du trait que par la force de la conception et l'usage sobre qui est fait d'une palette limitée de couleurs qui, appliquées à coups de pinceaux rapides, vivants, acquièrent volume et mouvement.

Au nord de ces trois tombes, on a découvert une quatrième tombe "macédonienne" avec une colonnade libre sur sa façade. Outre le stylobate, les colonnes et quelques blocs de pierre des murs, le monument a été pillé et détruit.

Ces quatre sépultures royales et l'*hérôon* sont protégés depuis 1993 par un dispositif spécial.

315. Cyanè (?). Détail de la fresque de l'enlèvement de Perséphone.

316. Détail de la magnifique fresque figurant l'enlèvement de Perséphone. Elle représente une partie du char sur lequel Pluton, les rênes et le sceptre dans la main droite, étreint de la main gauche Perséphone qui se débat. Derrière le char, tombée à terre, une amie de Perséphone (Cyanè?), frappée de stupeur.

B. LES TOMBES SITUEES AU NORD DU PALAIS

Un second groupe de tombes monumentales a été découvert un peu au nord du palais vers la plaine; à la lisière de la ville antique, et au voisinage des dernières maisons du village de Vergina. A ce groupe appartiennent les sépultures suivantes:

La tombe de Rhomaios

La façade du monument, qui doit son nom au professeur K. Rhomaios qui l'a fouillé en 1938, présente quatre demi-colonnes ioniques, deux de part et d'autre de l'entrée. La porte est en marbre, à deux vantaux. Une architrave à deux fasces portant un décor peint (qui fait alterner des paires de palmettes avec d'autre motifs végétaux) et un sobre fronton triangulaire complètent l'architecture de la façade principale de la tombe derrière laquelle s'ouvre le vestibule oblong (4,50 x 2,50 x 4,30m).

L'intérêt essentiel que présente ce monument réside dans l'existence d'un superbe trône de marbre carré (4,56m de côté sur une hauteur de 1,98m), adossé à l'angle sud-est de la chambre principale et accompagné d'un petit tabouret indépendant; il présente des accoudoirs qui figurent des sphinx en ronde bosse et porte un décor peint sur les côtés (griffons mettant en pièces un cerf). C'est l'un des rares témoignages du genre.

317. *Reconstitution de la façade ionique, imitant un temple, de la tombe de Rhomaios.*

317

La tombe d'Eurydice

A moins de quatre mètres à l'est de la tombe de Rhomaios, les fouilles menées par l'Université de Thessalonique ont permis de dégager ces dernières années le plus original de tous les monuments funéraires du genre: la tombe "macédonienne" d'Eurydice.

La façade de cet édifice souterrain voûté, de 10,70m de long et 7,50-7,90m de large qui comprenait une chambre funéraire (5,51 x 4,49m) précédée d'une antichambre (2,50 x 4,49m) n'a pas encore été complètement fouillée. Toutefois, la particularité du monument, enduit à l'intérieur seulement d'un mortier blanchâtre, réside dans le superbe décor architectural que comporte l'étroit mur du fond de la chambre, où le travail des surfaces et les enduits polychromes imitent les murs d'une façade: sous un tympan semi-circu-laire sans décor, quatre demi-colonnes ioniques flanquent la fausse porte et deux fausses fenêtres et "soutiennent" l'architrave ionique à trois fasces et la frise bleue ornée de palmettes blanches. L'entablement se termine par une corniche à denticules sculptées. Toutefois, le chef-d'oeuvre est bien sûr le trône de marbre (2m de haut sur 1,18m de large) qui occupe toute la largeur de l'entrecolonnement est, et son tabouret indépendant, tous deux richement décorés à l'encaustique. La surface du dossier du trône est occupée par la représentation frontale d'un quadrige sur lequel sont montées les divinités du Monde Infernal, Pluton et Perséphone. Au bas du dossier,

318. La chambre de la tombe d'Eurydice, dont l'étroit mur du fond imite une façade, le trône et le tabouret en marbre.

318

deux séries superposées de petits piliers ménagent des ouvertures dans lesquelles se logent des sphinx et des caryatides en haut relief. Sur la façade antérieure du trône et du tabouret, des bandeaux figurent des griffons affrontés, des lions ailés ainsi qu'un cerf déchiqueté. Peintes dans des tons or, azur, rouge, vert, marron, couleurs chaudes, résistant au temps, qui se marient avec une originalité inventive, ces représentations viennent enrichir les collections d'oeuvres de la peinture monumentale antique.

Le coffret de marbre pillé, portant des traces d'un tissu de pourpre qui enveloppait jadis les os du défunt —peut-être aussi une couronne d'or— regarde muet la foule d'offrandes qui accompagnaient le mort et qui ont été jadis volées par des mains sacrilèges. La taille, le luxe de la tombe, sa construction particulièrement soignée et enfin, le trône si imposant suggèrent qu'il s'agit de la dernière demeure d'un membre de la famille royale. Les données chronologiques inclinent à penser qu'il s'agirait de la tombe d'Eurydice (puisque la tombe est attribuée à une femme), la mère de Philippe: en effet, des bases de la même période portent des inscriptions indiquant qu'elles faisaient parties des offrandes d'Eurydice à la ville d'Aigéai.

C. LES TOMBES DE PALATITSA

Un troisième groupe de tombes a été fouillé à une faible distance du village de Palatitsa. Appartiennent à ce groupe les tombes suivantes:

La tombe d'Heuzey

De cette tombe fouillée en 1861 par L. Heuzey à l'ouest de Palatitsa et dont les portes de marbre ont été transférées au Musée du Louvre, il ne reste aujourd'hui que les parties inférieures des murs.

Monument à deux chambres, mesurant 4,80m de long sur 3,85m de large, il était construit en blocs orthogonaux de pôros et la chambre funéraire tout comme l'antichambre étaient couvertes d'une voûte semi-cylindrique. La façade très sobre portait un couronnement de style ionique: une architrave à trois fasces, couronnée d'une corniche à denticules (larmier) qui s'appuyait aux extrémités sur des chapiteaux d'antes, peints sur l'enduit blanchâtre, occupait toute la largeur du mur extérieur. La porte de marbre à deux vantaux de l'entrée était barrée par une série de blocs de pôros disposés les uns sur les autres. L'antichambre oblongue (1,45m de profondeur) aux murs jointoyés, communique, par une porte elle aussi en marbre à deux battants, avec la vaste chambre funéraire (3,10 x 2,55m) où étaient symétriquement disposés, face à face, dans la longueur des grands côtés, deux lits de marbre d'environ 2m de long sur 1m de large destinés à recevoir les défunts.

Les tombes de la propriété des frères Bella

Non loin de la tombe d'Heuzey, au sud-ouest, et sous un *tumulus* qui, avant le début de la fouille, atteignait 1m de haut sur 45m de diamètre, l'Université de Thessalonique a mis au jour trois

320

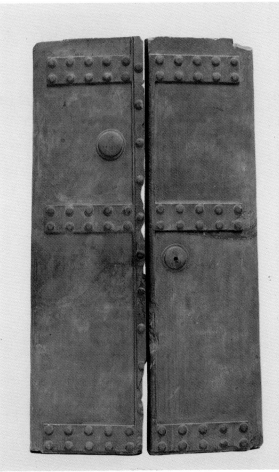

319. Le trône de marbre de la chambre de la tombe d'Eurydice.

320. La porte en marbre à deux vantaux de la tombe d'Heuzey. Paris, Musée du Louvre.

tombes "macédoniennes", pillées dès l'antiquité, et une petite tombe à ciste non profanée.

Tombe a. Avec une entrée orientée vers le sud, la plus grande de ces trois tombes dispose d'un couloir d'accès —ou *dromos*— de 7,80m de long qui débouche sur la façade du monument. Quatre demi-colonnes doriques, deux à gauche et deux à droite, encadrent l'ouverture de la porte qui, avant le pillage, était barrée par des blocs de pôros entassés les uns sur les autres. Une simple architrave avec triglyphes et métopes et un fronton surmonté par une corniche d'une hauteur inhabituelle couronnent la façade principale de la tombe qui portait un enduit de marbre blanc. Dans l'étroite antichambre (1,20 x 3m environ), dont le plafond horizontal imite, grâce à la présence de fausses poutres, un vrai plafond de bois, une bande entoure, à 1,75m de hauteur, les murs où dominent le rouge et le blanc. En revanche la chambre funéraire voûtée qui présente une porte de marbre à deux battants, est d'un intérêt beaucoup plus grand: contre le mur, dans l'angle nord-ouest de

321

322

321. La façade de la tombe a.

322. Une extrémité du long côté du lit-sarcophage de la chambre funéraire de la tombe a de la propriété des frères Bella.

323

la chambre, un lit-sarcophage de pierre, fait de nombreux blocs de pôros, imite par des entailles appropriées et de riches enduits de couleur un meuble de bois tandis que le couvercle veut rendre l'impression d'un matelas.

L'étude des éléments architectoniques et des tessons brûlés découverts dans le *dromos* a permis de placer la tombe dans la seconde moitié du IIIème siècle av. J.-C.

Tombe b. Avec une entrée à l'ouest, la seconde tombe, disposant d'une simple chambre (3,50 x 3m) et dont la façade (3,87 x 4,95m) ne présente aucun arrangement architectural particulier, s'impose par la fresque sobre et comme hors du temps qui orne le linteau de l'élégante porte. Au centre de la représentation, le mort prenant appui de la main droite levée sur sa lance, tête nue, le regard perdu dans le vague, porte par dessus son chiton bleu une cuirasse décorée sur la poitrine d'une Gorgone. De part et d'autre du personnage, à une certaine distance, deux figures symbolisent très vraisemblablement Arétè et Arès. La première, une digne matrone richement vêtue, à droite de la composition, lui tend une couronne d'or. Le second, appuyé sur un bouclier avec un aigle pour emblème (*épiséma*) et touchant la poignée de son épée, est assis sur un tas de boucliers, butin de l'ennemi apparemment vaincu.

Sur la paroi orientale de la chambre funéraire, un imposant trône de marbre dont le dossier est simplement peint sur la surface du mur, accompagné de son tabouret indépendant, était censé pourvoir aux besoins de l'occupant du monument après sa mort; ses os étaient disposés dans un coffret en métal, aujourd'hui perdu, qui contenait un étui en pôros. Les fouilles invitent à placer la tombe au début du IIIème siècle av. J.-C. et cette datation semble devoir être retenue.

Tombe c. C'est de la fin du IIIème siècle que date vraisemblablement aussi la troisième et dernière tombe de ce *tumulus,* qui plus sobre que les deux autres, était par ailleurs d'une construction plus simple. Le seul décor que présente la façade est un petit fronton en bas-relief au-dessus de la porte. L'intérieur de ce monument à chambre unique (2,50 x 2,30m environ) était au deux tiers occupé par un gigantesque sarcophage disposé parallèlement au long côté sud.

323. La figure du guerrier mort provenant de la tombe b de la propriété des frères Bella.

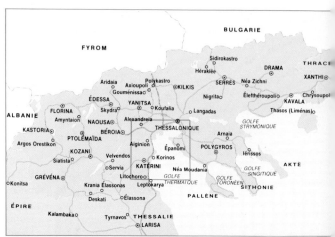

DION
et sa région

324

APERCU HISTORIQUE

Sur les versants septentrionaux de l'Olympe, contrôlant complètement l'étroit passage entre la Macédoine et la Thessalie, la ville de Dion, jadis à moins de sept stades des côtes du golfe Thermaïque, était la cité sacrée par excellence des Macédoniens. C'est là qu'à la fin du Vème siècle av. J.-C., Archélaos fut le premier à offrir en grande pompe un sacrifice à Zeus Olympien et aux Muses Piérides, inaugurant dans la ville des concours dramatiques et athlétiques –les "Olympia" de Dion– encore en vigueur vers 100 av. J.-C. C'est dans cette cité encore que Philippe II célébra la prise d'Olynthe, capitale de la Confédération de Chalcidique, et qu'Alexandre le Grand invoqua l'aide du plus grand des dieux, avant d'entreprendre sa campagne d'Orient. Dans le sanctuaire de Zeus, avaient aussi été érigées les célèbres statues de Lysippe, qui représentaient les vingt-cinq compagnons d'Alexandre, tombés à la bataille du Granique.

Pourtant, avec ses remparts courant sur 2550m et une superficie d'à peine 36ha, Dion ne dépassa jamais, ni à l'époque de Thucydide ni plus tard –durant les premières années de la domination romaine– les dimensions d'une bourgade (ou *polisma*).

On pense que la première installation de colons (*coloni*) s'y fit en 43 av. J.-C. à l'instigation de Brutus; quoi qu'il en soit, le transfert massif de colons italiens dans la ville et la fondation de la *colonia* furent l'oeuvre d'Auguste, immédiatement après la victoire navale d'Actium (31 av. J.-C.). Si

324. Photographie aérienne du site archéologique de Dion.

le latin était la langue officielle, les inscriptions en grec l'emportent largement et témoignent à la fois de la prépondérance de l'élément local et de la rapide hellénisation des étrangers. Les deux basiliques qui furent édifiées sur les ruines de la cité antique, plus une troisième à l'extérieur des remparts, célèbrent la gloire du Christianisme. Au IVème siècle ap. J.-C. (343), l'évêque de Dion prend part au Concile de Serdica (Sofia) et au Vème siècle (431) au Concile d'Ephèse. Victime des raids des Ostrogoths, Dion ne pansera jamais ses blessures. Les inondations du fleuve Vaphyras, les tremblements de terre et le temps enseveliront dans l'oubli la cité tant admirée par C. Caecilius Metellus qui la pilla, après avoir écrasé la révolte d'Andriskos (150-148 av. J.-C.).

LE SITE ARCHEOLOGIQUE

LES REMPARTS

C'est très vraisemblablement la configuration du terrain, entièrement plat, qui avait dicté le plan quadrangulaire régulier de la ville; mais on peut penser également que les architectes de l'époque appliquèrent au quadrillage urbain et aux fortifications de Dion l'expérience qu'ils avaient acquise dans les nouvelles cités fondées par Alexandre et ses successeurs en Asie.

Selon toute vraisemblance, le rempart, que les fouilles archéologiques invitent à dater d'environ 300 av. J.-C. —du moins dans leur premier état— fut l'oeuvre de Cassandre. Renforcée par endroits par des tours carrées, destinées à assurer une meilleure protection, l'enceinte présentait un solide *toichobatès* (partie inférieure de la muraille), fait d'une couche de pierres solidement appareillées et d'une ou deux assises de gros blocs en bel appareil isodome: au-dessus, se développait un large mur en briques crues. Dans le tronçon oriental, la régularité du plan carré était rompue par un décrochement en saillie oblong qui venait interrompre le cours du fleuve Vaphyras, alors navigable, et était dû à l'existence, à cet endroit, d'un port. La fortification d'époque classique fut vraisemblablement détruite en 220 av. J.-C., lorsque la capitale religieuse des Macédoniens fut pillée par les ennemis de Philippe V, les Etoliens, conduits par le général Scopas.

L'impression que produisit sur les Romains cette oeuvre de poliorcétique lorsque, un peu

325

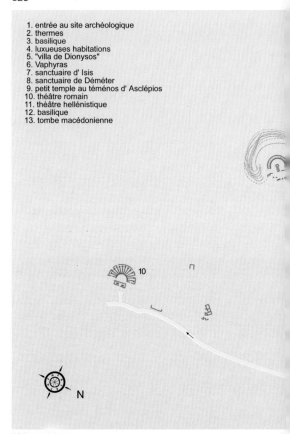

1. entrée au site archéologique
2. thermes
3. basilique
4. luxueuses habitations
5. "villa de Dionysos"
6. Vaphyras
7. sanctuaire d' Isis
8. sanctuaire de Déméter
9. petit temple au téménos d' Asclépios
10. théâtre romain
11. théâtre hellénistique
12. basilique
13. tombe macédonienne

326

325. Plan du site de Dion (ville, théâtres, sanctuaires).

326. Tronçon de l'enceinte des remparts.

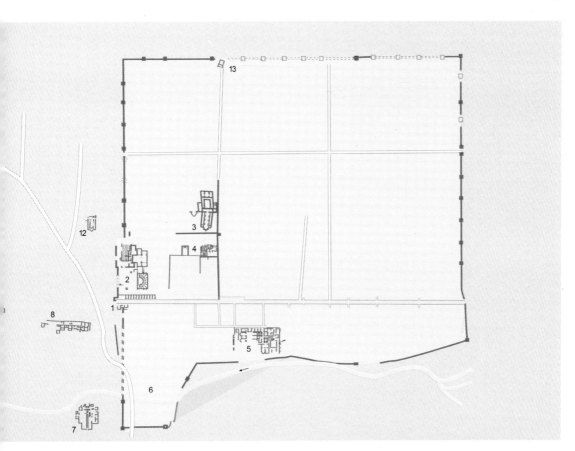

après la bataille de Pydna, en 169 av. J.-C., ils entrèrent dans la ville désertée, nous invite à conclure que les murailles avaient été rapidement réparées –vraisemblablement par le père de Persée lui-même et de façon exemplaire. Jusqu'en 250 ap. J.-C., l'occupant romain ne semble guère s'être soucié des remparts de la *Colonia Iulia Diensis*: c'est seulement au début de la seconde moitié du IIIème siècle ap. J.-C., lorsque les hordes barbares déferlent sur la péninsule balkanique, qu'on pourvoit à la fortification de Dion. On met alors à contribution les édifices en ruines d'époques plus glorieuses: autels, statues en marbre et fragments architectoniques serviront de remplois pour une construction hâtive.

La dernière phase de la construction des remparts, oeuvre de la moitié du IVème ap. J.-C., est remarquable par la technique de construction: un parement brut, dans lequel les pierres sont assemblées avec de la chaux et entourées d'éclats de tuiles. Sensiblement plus petite (longueur 1600m), l'enceinte n'entoure qu'une partie de la cité, jadis florissante (dont la surface est évaluée à 15,5ha). Toutefois, la ville sera bientôt entièrement détruite: dès le milieu du Vème siècle ap. J.-C., Dion appartient déjà au passé.

LA VILLE

Comme on pouvait s'y attendre, la plupart des trouvailles datent de l'époque romaine et byzantine récente: en effet, le mince remblai, d'une part, l'occupation humaine permanente, d'autre part, ont éliminé les vestiges de périodes plus anciennes, à quelques rares exceptions près. La voie centrale, longue d'environ 670m, qui traverse la ville du nord au sud, recouverte, sous l'Empire romain, de grandes dalles d'agglomérat de galets appartient au tissu urbain de l'époque classique et hellénistique. On peut penser que les rues secondaires, perpendiculaires et parallèles à l'artère principale, qui font partie d'un plan hippodaméen (ou en damier) appartiennent également à ce canevas initial. Dans les îlots d'habitation (*insulae*) délimités par ces rues, on a mis au jour des magasins, de luxueuses habitations, des thermes, des ateliers, des vespasiennes. Ces constructions des IIème et IIIème siècles ap. J.-C. témoignent de la richesse et de la prospérité des habitants de la cité, l'une des premières colonies romaines de Macédoine.

LES GRANDS THERMES

Les grands thermes, autrement dit les bains publics de Dion, au sud de la ville, protégés des vents du nord et donnant directement sur l'artère principale de la cité, accueillaient, comme aujourd'hui, l'étranger qui entrait dans la ville par la Porte Sud. Pourvus d'un large *atrium* au centre, lui-même entouré de latrines, de boutiques et d'ateliers, ils constituaient un complexe architectural permettant de passer d'agréables heures. Après avoir traversé la cour à ciel ouvert, qui par un escalier étroit reliait l'ensemble à l'artère centrale, et après avoir laissé sur sa droite l'odéon, le visiteur parvenait dans le bâtiment central qui disposait de piscines, de vestiaires, de *caldarium*, *tepidarium* et *frigidarium* (salles de bains chauds et froids), d'espaces de repos, de chambres de sudation et de massage. Un dense réseau d'adduction et d'évacuation d'eau parcourait le sous-sol et un système élaboré d'hypocaustes garantissait la température voulue aux pièces qui avaient besoin d'être chauffées. On peut penser que l'aile nord du bâtiment, qui abritait les statues en marbre représentant les fils et les filles d'Asclépios (aujourd'hui exposées au musée local), était réservée à des usages thérapeutiques. Les sols aux pavements de mosaïque (troupe marine) ou dallés de marbre ainsi que les statues de divinités et de nymphes, autrefois dressées dans des niches d'ornementation, conféraient aux thermes un caractère luxueux et monumental.

LA "VILLA DE DIONYSOS"

Edifiée en 200 ap. J.-C., la vaste "villa de Dionysos", ainsi appelée en raison de la magnifique mosaïque illustrant la vie du dieu du vin, qui orne le sol de la salle centrale, constitue l'une des constructions les plus impressionnantes mises au jour dans la ville antique de Dion. Derrière une rangée de boutiques et d'ateliers construites le long de l'une des voies secondaires de la partie orientale de la cité et auprès d'un établissement de bains, dont les sols sont décorés de grandes mosaïques, une cour à péristyle ionique, dotée d'un puits, conduisait, côté est, à la salle à manger de la vaste demeure, le *tablinum* des Romains. Venaient ensuite des salles de dimensions plus petites: l'une d'elles où l'on peut encore voir une niche en demi-cercle qui abritait une statue de Dionysos brandissant une corne dans la main droite, ainsi qu'un sol dallé de mosaïques géomé-

327. Vue aérienne du quartier sud-est de l'antique cité de Dion. On distingue l'artère principale qui traverse la ville du nord au sud, avec les boutiques et les ateliers sur le côté ouest, les thermes (bains publics) et l'odéon d'époque romaine.

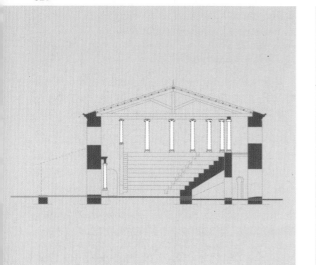

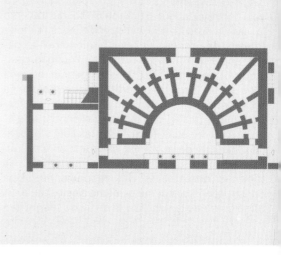

328. Partie des hypocaustes des grands bains publics.

329-330. Plan et coupe de l'odéon romain.

triques, était vraisemblablement consacrée au culte du dieu en question. Mais la pièce la plus luxueuse de tout l'édifice devait être une salle de banquets: de plan carré (100 m² environ), elle présentait un sol recouvert d'une mosaïque polychrome où étaient figurées des scènes du cycle dionysiaque. Un grand tableau occupait le centre de la mosaïque, bordé en haut et en bas par trois plus petits. Des postes séparent ces panneaux "peints" de la large bande décorée d'abaques qui courait le long des murs et délimitait l'espace dans lequel étaient disposés les lits des convives. La représentation centrale, imposante et épique, qui, en même temps qu'un disposition picturale, trahit aussi une certaine affectation, a pour thème le triomphe de Dionysos: le dieu représenté de face, nu sur un char tiré par des panthères marines, brandit dans sa main droite levée un rhyton, et dans la main gauche un thyrse. A ses côtés, figé par la crainte sacrée, se tient un vieux silène au chiton poilu. Deux centaures marins, portant chacun sur les épaules un grand vase, conduisent les panthères dont ils tiennent les rênes. La couleur blanche des mosaïques du sol, sur lequel se développe la scène, contrastant avec le bleu violine des vagues, confère à ces figures un relief et une grandeur monumentale. Sur les tableaux, qui, trois par trois, entourent la représentation centrale, sont figurés des masques de théâtre. Les accessoires en bronze des lits datent vraisemblablement de la construction. Des statues des membres de la maison impériale, de divinités ainsi que de particuliers, complétaient l'ornementation de la villa. Toute vie y prit fin brusquement, lorsqu'un incendie, probablement causé par un séisme, réduisit l'édifice à néant.

LES SANCTUAIRES

Si le sanctuaire de Zeus et des Muses —ce lieu de culte très vénéré de la nation macédonienne— n'a pas encore été dégagé, son emplacement, comme dans le cas d'Olympie, de Némée et d'autres sanctuaires, a été localisé à l'extérieur de la ville, peut-être dans un bois, à proximité du théâtre construit plus tard, à l'époque romaine.

C'est du reste à l'extérieur et au sud de la cité que l'on a découvert les autres sanctuaires de Dion:

Le sanctuaire de Déméter

L'ensemble d'édifices à deux chambres (11 x 7m), orienté à l'est et situé légèrement à l'extérieur de la Porte Sud de la ville, fut détruit par le feu et date vraisemblablement de la fin du IVème siècle av. J.-C. La découverte, parmi les trouvailles mises au jour par les fouilles, d'une tête en marbre de la déesse, d'une figurine en terre cuite représentant un porcelet, des *kernoi* et d'un *skyphos* gravé d'une dédicace à Déméter ont permis d'y reconnaître le sanctuaire de la déesse. Outre ces deux *mégara*, ce site présente toute une série d'*oikoi*, simples pièces ouvertes: dans le sol de l'une d'elles, on a retrouvé le support d'une table d'offrandes et une base destinée à recevoir une statue de culte. Les fouilles ont révélé que ce temple de Déméter existait déjà à l'époque archaïque et qu'il avait été érigé sur des édifices antérieurs.

Le sanctuaire de Dionysos

C'est dans le voisinage immédiat du théâtre hellénistique, que se dresse, comme on pouvait s'y attendre, le sanctuaire de Dionysos: à en juger par les témoignages épigraphiques et les découvertes archéologiques, celui-ci disposait d'une série de constructions de style dorique. De petits autels de marbre, un cadran solaire en marbre et une statuette d'Hermaphrodite comptent parmi les offrandes les plus remarquables.

Le sanctuaire d'Isis

Dans un site précédemment consacré au culte d'Artémis Eileithyia, la déesse de l'enfantement, on a découvert, en 1978, en creusant un canal d'irrigation, le sanctuaire d'Isis, cette déesse égyptienne qui, avec Sérapis, Anubis et Harpocrate, fut honorée en Macédoine depuis l'époque hellénistique jusqu'aux dernières années de l'Empire romain. Edifié sous les Sévères (II et IIIème siècles ap. J.-C.), le *téménos* était constitué de quatre petits temples, disposés sur le côté occidental d'une place entourée par des bâtiments auxiliaires. Le plus grand de ces temples, érigé sur un *podium* élevé auquel on accédait par un escalier monumental et présentant une *prostasis* à quatre colonnes ioniques (élevée ultérieurement) était dédié à Isis Lochia et comprenait un *pronaos* et une *cella*. Les offrandes, souvent fragmentaires, découvertes sur les marches de l'escalier et autour de l'autel du temple, auquel conduisait un long couloir depuis l'entrée principale sur la partie orientale du sanctuaire, témoignent de la dévotion des adorateurs de cette déesse "prompte à exaucer les prières".

Un premier temple, situé au nord du temple central était dédié à Aphrodite Hypolympidia (= honorée sous le mont Olympe), un second, au sud, était peut-être consacré à Eros. Le temple d'Aphrodite, simple *cella,* dotée d'une grande

porte sans vantaux, abritait au fond, dans une niche, la statue de la déesse érigée sur un socle inscrit. La présence dans ce temple d'une grande citerne —qui occupe en fait toute la surface au sol— nous éclaire sur la relation qu'établissaient les Anciens entre Aphrodite Hypolympidia et les abondantes eaux sacrées dégringolant de la plus haute montagne de Grèce, au pied de laquelle est située Dion. C'est non loin du temple d'Eros que fut vraisemblablement construit, à une époque postérieure, le quatrième temple appartenant à ce complexe architectural et dédié, comme le suggère la statue cultuelle en marbre qui y a été découverte, à Isis Tychè tenant à la main une corne d'Amalthée.

Des tremblements de terre et une série d'i-

331. La statue d'Aphrodite Hypolympidia. Elle était érigée sur une base inscrite, dans une niche du naïskos de la déesse, qui faisait partie du téménos d'Isis. Dion, Musée archéologique.

332. Vue aérienne du téménos (enclos sacré) du sanctuaire d'Isis.

333. Le théâtre hellénistique.

nondations ont, semble-t-il, détruit assez rapidement ce sanctuaire charmant, bientôt livré à l'humidité et à la vase, qui ne furent pas non plus étrangères à sa dégradation.

LE THEATRE HELLENISTIQUE

Au sud de la ville et à l'ouest du site où fut mis au jour le sanctuaire de Déméter, a été localisé dès l'époque de Leake (début du XIXème siècle) le théâtre hellénistique de Dion, dont la fouille systématique a débuté en 1970.

En tirant parti de la légère déclivité naturelle offerte par la colline, l'architecte du théâtre, se conformait aux principes en vigueur à l'époque post-classique; mais en remodelant le site pour les besoins de la construction, en entassant la terre déblayée ailleurs et en créant un remblai artificiel, il a innové considérablement et fait de ce monument une oeuvre parfaitement originale et l'une des plus réussies du genre.

L'*orchestra*, de 26m de diamètre environ, présentait un sol en terre battue et était entourée par un canal en pierre, peu profond et à ciel ouvert, destiné à évacuer les eaux de ruissellement. Dans l'axe du théâtre et à l'intérieur de l'*orchestra*, un passage souterrain, comportant une chambre de part et d'autre, a été identifié avec l'"escalier charonien" des Anciens, autrement dit le passage d'où surgissaient les acteurs qui incarnaient des personnages du Monde Infernal. La *cavea*, dépourvue de mur de soutènement à ses extrémités et, partant, faite de glacis de galets qui viennent mourir doucement devant les *parodoi*, présentait des gradins en briques épaisses sans mortier, une technique alors totalement inusitée dans la construction des théâtres. Il n'est pas impossible qu'à l'époque hellénistique, on ait recouvert de marbre cette couche de briques.

A l'inverse de la *cavea,* la construction de l'espace scénique –*skénè, proskénion* et *paraskénia*– était plus soignée: les murs de la scène, au-dessus d'une certaine hauteur, ainsi que le *proskénion*, qui était couronné par un entablement dorique, étaient constuits en marbre. La couverture utilisait des tuiles de type laconique. Les recherches archéologiques suggèrent que le théâtre fut vraisemblablement abandonné après 168 av. J.-C. et fut plus ou moins remis en usage jusqu'au début de l'Empire romain. Du reste, l'édification d'un théâtre romain dans la région (*cf. infra*) prouve bien que ce monument était désaffecté.

333

LE THEATRE ROMAIN

C'est au sud-est du théâtre hellénistique, que fut édifié, très vraisemblablement dans la première moitié du IIème siècle ap. J.-C., le théâtre romain de Dion. S'apparentant par sa configuration aux théâtres de Corinthe et de Patras, il comprend une *cavea* (16,45m de rayon), une *orchestra* (10,70m de rayon), une *skéné* et un *proskénion* et est orienté à l'est.

Séparée en quatre ailes par trois escaliers étroits, la *cavea* (ou *koilon*) était délimitée à l'extérieur par un haut mur maçonné semi-circulaire. Les travées (ou *cunei*) reposaient sur les plafonds de onze espaces voûtés rayonnants, qui, à l'exception des derniers ouverts sur les *parodoi*, communiquaient avec le corridor semi-circulaire qui courait le long du parement interne du mur extérieur. Selon toute vraisemblance, le théâtre disposait de 24 rangées de gradins, dont seul un très petit nombre est aujourd'hui conservé. Revêtu alors d'un placage de marbre polychrome,

334. La façade dorique de la tombe "macédonienne" I.

et doté d'un décor sculpté, le dispositif scénique, indépendant du *koilon,* a été presque entièrement détruit par les eaux jaillissantes.

Les remaniements, visibles en quatre points au moins de la *cavea* et de la *skéné* et que des monnaies ont permis de dater du dernier quart du IVème siècle ap. J.-C., seraient intervenus après un éboulement de certaines parties du théâtre consécutif à un séisme ou pourraient s'expliquer par les nouveaux usages qui étaient faits du monument.

LES NECROPOLES

Les nécropoles de Dion qui sont localisées au nord et à l'ouest de la cité, s'échelonnent entre le milieu environ du Vème siècle av. J.-C. et le début du Vème siècle ap. J.-C. Tombes couvertes dans des périboles de pierres sèches, stèles sculptées, autels funéraires sont autant de monuments qui témoignent du souci qu'avaient les habitants de leurs morts. Pourtant, les constructions les plus imposantes sont les tombes "macédoniennes" –pour la plupart pillées– qui ont été mises au jour à partir de 1929.

334

335

335. *Bague en or provenant d'une des tombes mises au jour devant le seuil de la tombe "macédonienne" IV. Seconde moitié du IVème siècle av. J.-C. Dion, Musée archéologique.*

336. *Bracelet en or provenant de la tombe à ciste mise au jour sous le tumulus de la tombe "macédonienne" IV. Seconde moitié du IVème siècle av. J.-C. Dion, Musée archéologique.*

336

Tombe "macédonienne" I

Cette tombe à deux chambres, présente une façade dorique, percée d'une ouverture faisant office de porte qui était barrée par cinq blocs de pôros bien appareillés, disposés les uns sur les autres. Elle consiste en une antichambre de style ionique, au plafond plat, et une chambre funéraire voûtée, renfermant le grand lit funéraire en marbre qui porte un décor géométrique peint, des palmettes et un combat de chevaux. La tombe, ornée de nombreuses fresques dans l'antiquité, a considérablement souffert des dégradations et a été endommagée par le temps. Fouillée par le professeur G. Sotiriadis, à la fin des années 20, elle se trouve à une faible distance du rempart occidental.

Tombe "macédonienne" II

Mise au jour en 1953, au nord de la ville, cette tombe souterraine à chambre unique présentait une façade recouverte de stuc; des bas-reliefs décoraient l'encadrement de la porte d'entrée et le couronnement en fronton. A l'intérieur de la tombe, dont le sol était recouvert de galets de couleurs, on a découvert sur un lit funéraire en pierre, disposé le long de la petite paroi au fond, un squelette de jeune fille, entouré de rares offrandes. Des guirlandes de fleurs accrochées aux murs par des clous, des frises et de riches étoffes ornaient jadis

cette sépulture, comme l'indiquent les rares traces qui en sont aujourd'hui conservées.

Tombe "macédonienne" III

Dotée d'un gigantesque linteau surplombant l'ouverture, qui faisait office de porte et était barrée par trois gros blocs de pierre entassés les uns sur les autres, cette tombe à chambre unique, découverte en 1955, non loin de la tombe "macédonienne" I, contenait un lit en maçonnerie, auquel furent ajoutés plus tardivement trois piédestaux de diverses tailles. Le décor peint consistait en bandeaux colorés.

Tombe "macédonienne" IV

A l'ouest de Karitsa et sur un *tumulus* de terre artificiel, cette tombe à chambre unique, qui fut mise au jour en 1980, présentait une particularité propre à certains monuments funéraires de Macédoine orientale et de Thrace: elle disposait d'un *dromos* —ou couloir d'accès— en maçonnerie. Les vantaux de la porte en marbre grisâtre, sous le fronton de la façade décorée de stuc, conduisaient à la chambre mortuaire où le lit du défunt était vraisemblablement en bois, orné de représentations sculptées en ivoire. Le monument, qui fut pillé dès l'antiquité, avait été construit vraisemblablement vers 200 av. J.-C.

LE MUSEE ARCHEOLOGIQUE

Le Musée de Dion, musée archéologique local où sont également exposées les découvertes de tout le département de Piérie, possède des richesses qui rappellent, de la façon la plus éloquente, l'histoire et les prouesses artistiques des habitants de cette ville sacrée de Macédoine ainsi que de toute la région, jusqu'à l'époque byzantine: vases, bijoux de bronze et armes en fer, offrandes funéraires mises au jour dans les tombes recouvertes de *tumulus* du début de l'âge du fer (1000-700 av. J.-C.), au pied de l'Olympe; stèles funéraires du Vème siècle av. J.-C., tantôt ornées de superbes bas-reliefs, tantôt ayant pour tout motif le nom du défunt (découvertes à Dion et à Pydna); offrandes votives en marbre et statues cultuelles de dieux, déesses et muses du IVème et IIème siècles av. J.-C., provenant des *oikoi* des sanctuaires de Déméter, d'Asclépios etc; textes épigraphiques (inscriptions votives, traités, alliances etc); trouvailles de la tombe "macédonienne" IV de Dion (décoration en ivoire, IIIème siècle av. J.-C.); statues des fils et des filles d'Asclépios (provenant des thermes de Dion, oeuvres d'un atelier néo-attique); portraits d'hommes de lettres et d'empereurs, datant du IIème siècle ap. J.-C.; outils.

337. Skyphos en terre cuite, provenant du cimetière des tumuli dans la région de Dion, près d'Olympe. Début de l'âge du fer. Dion, Musée archéologique.

338. Stèle funéraire d'une mère et de son enfant, provenant de la nécropole de Pydna. Travail remarquable d'un atelier de la Grèce du Nord. Seconde moitié du Vème siècle av. J.-C. Dion, Musée archéologique.

337

339. Détail d'une stèle funéraire de jeune fille, découverte à Dion. Milieu du Vème siècle av. J.-C. Thessalonique, Musée archéologique.

340. Statue féminine d'une muse, vraisemblablement Terpsychore, tenant une lyre en écaille de tortue et foulant un rocher. Fin de l'époque hellénistique. Dion, Musée archéologique.

341. Statue de Podaleirios, fils d'Asclépios, se dressant sur une plinthe inscrite. Elle appartient à un ensemble de sculptures représentant les Asclépiades et fut découverte dans les thermes. Vers 200 ap. J.-C., Dion, Musée archéologique.

340

341

345

342. Bol en calice en argent, présentant un décor au repoussé à l'extérieur; au fond, à l'intérieur, est appliqué un buste de Ménade. Dernier quart du IVème siècle av. J.-C. Dion, Musée archéologique.

343. Bol en calice en argent présentant un décor au repoussé à l'extérieur; au fond, à l'intérieur, est appliqué un buste de jeune satyre. Dernier quart du IVème siècle av. J.-C. Comme le précédent, il fut découvert dans une tombe de la toumba Pappas à Sévastè, dans la région de Dion. Dion, Musée archéologique.

344. Buste de Ménade, sur le fond du bol en calice en argent de la figure 342.

345. Buste de jeune satyre sur le fond du bol en calice de la figure 343.

346. Couronne de feuilles et de fleurs de lierre en or, provenant d'une tombe de la toumba Pappas, à Sévastè dans la région de Dion. Environ au milieu du IVème siècle av. J.-C., Dion, Musée archéologique.   →

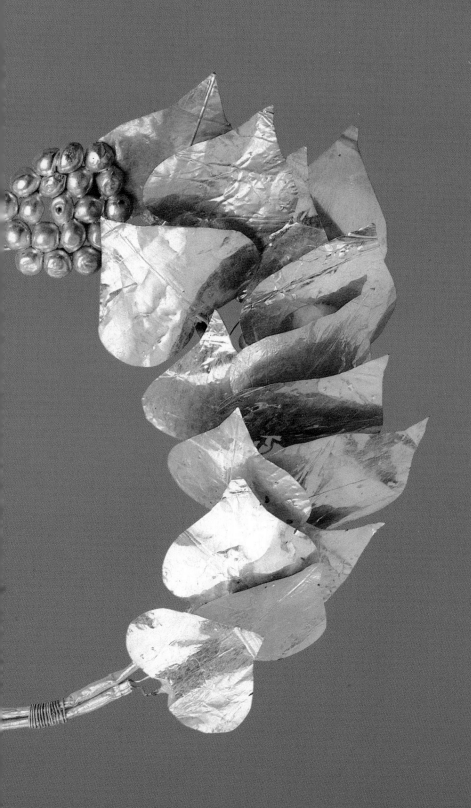

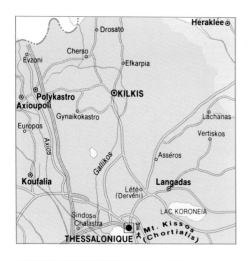

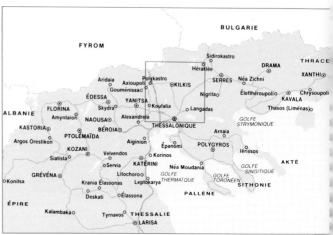

KILKIS
et sa région

347

APERCU HISTORIQUE

Avec des villes et des bourgades telles qu'Idoménai (Marvinci), Europos, Gortynia, Allantè, Morrylos (Ano Apostoli), Bragylos (Métallikon) Klitai etc., la région du nord de la Bottie, traversée par l'Axios (d'où son nom d'Amphaxitide dans l'antiquité), a su exploiter au fil du temps, les richesses de ce fleuve imposant et nous a livré des échantillons intéressants des oeuvres réalisées par ses habitants dans le domaine culturel.

Les habitats préhistoriques de Polykastron, de Limnotopos et d'Axiochori des IIIème et IIème millénaires av. J.-C. et ceux plus récents des débuts de l'âge du fer proposent des solutions architecturales originales aux problèmes d'implantation des populations en majorité agricoles ou pastorales. Celles-ci avaient établi des contacts avec les Mycéniens du Sud, à l'helladique récent, comme en témoignent des tessons de céramique importée. Les habitats comme ceux qui furent fouillés à Tsaousitsa, à Axioupolis et à Gynaikokastro (cimetière) nous ont livré des bijoux en bronze et de la céramique.

A l'aube de l'époque historique, la Crestonie et la Péonie (à l'est et au nord de l'Amphaxitide) étaient encore habitées par des tribus thraces mais, avec la montée de la puissance des Argéades, l'Amphaxitide rentra dans le giron du royaume macédonien; plus tard, l'ingénieux Philippe II devait porter la lance des "Makedniens" jusqu'à la région du lac de Doïran.

Aux vestiges archéologiques, viennent aujourd'hui s'ajouter le kouros d'époque archaïque tardive provenant d'Europos, la tombe "macédonienne" de Toumba en Péonie (IVème siècle av. J.-C.),

347. Vue générale de Kilkis.

des décrets, des bornes, des dédicaces funéraires découvertes à Morrylos, ainsi que des statues cultuelles, qui faisaient partie d'offrandes de marbre, consacrées à Asclépios et à la famille du dieu, dans son sanctuaire, à Morrylos (époque hellénistique); l'époque romaine, quand la région qui correspond *grosso modo* aujourd'hui au dé-

348

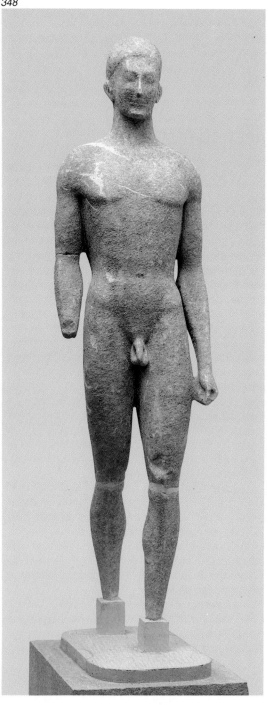

partement de Kilkis, dépendait de la troisième "méride" avant de constituer, dès 146 av. J.-C., une partie de la *Provincia Macedonia* nous a livré entre autres des offrandes funéraires et des statues des premiers temps de la domination romaine (à Pégè), des inscriptions honorifiques dédiées à des empereurs (à Bragylos), un *hérôon* monumental au décor sculpté en ronde bosse etc., datés de 100 ap. J.-C. (à Palatianon).

Sur l'axe routier principal qui va du nord au sud, la région du cours inférieur de l'Axios verra passer, au fil du temps, toutes ces hordes qui, à intervalles réguliers avaient des visées sur le territoire macédonien et convoitaient les richesses de ses villes et de sa terre; de fait, Ostrogoths, Slaves, Bulgares et Serbes tentèrent à tour de rôle, (entre le Vème et le XIVème siècle) d'atteindre les côtes de la mer Egée qu'ils convoitaient depuis longtemps, ainsi que Thessalonique. Un peu avant la conquête turque, la forteresse de Gynaikokastro, fondation d'Andronic III, sera amenée à défendre ce passage d'une importance vitale, qui mène au coeur des Balkans.

Les Juruques, qui occupèrent les terres de la Macédoine centrale peu après la reddition des Grecs aux Ottomans, poussèrent jusqu'aux régions qui bordent Kilkis tandis qu'Avret Hissar, célèbre pour sa foire devenait le fief de Hassan Man(i)asi converti à l'Islam.

Ecrasé sous le joug pesant de l'occupation turque, le *kazas* de Kilkis restera en marge des événements et seules les luttes intestines opposant le pouvoir national aux Albanais rebelles viendront troubler ses eaux stagnantes. Pourtant, cette terre où le proconsul romain Minucius Rufus avait jadis été honoré pour ses victoires remportées en 119 av. J.-C. contre les Skordisques et les Thraces (inscriptions d'Europos), allait être le théâtre des conflits armés les plus importants des Guerres Balkaniques qui conduisirent à la libération de la terre natale des Macédoniens, après quatre cents ans d'esclavage (la bataille de Kilkis: résistance à l'avancée de l'armée bulgare vers Thessalonique, en juin 1913; la bataille de Skra-Ravinais: victoire des troupes grecques contre les Allemands et les Bulgares en mai 1918). Le petit musée qui abrite les souvenirs des luttes meurtrières et la colline à proximité de la ville de Kilkis, avec son monument aux morts, témoignent de ce passé; phares et dépositaires sacrés de l'histoire de la nation, ils perdurent comme une leçon de courage et de ténacité.

348. Le kouros d'Europos. Il est attribué à un atelier local d'influence ionienne et date de la fin du VIème siècle av. J.-C. Kilkis, Musée archéologique.

LE MUSEE ARCHEOLOGIQUE

Au pied de la colline d'Aghios Géorgios, à proximité de la préfecture, le bâtiment du Musée archéologique de Kilkis abrite depuis 1971 dans ses deux salles, des trouvailles tantôt fortuites, tantôt issues de fouilles effectuées dans la région: fragments de sarcophages en marbre d'époque romaine, objets des débuts de l'âge du fer, statuettes et céramique. On remarquera tout particulièrement le célèbre kouros d'époque archaïque tardive, provenant d'Europos, oeuvre d'un atelier local, sous nette influence ionienne, mais également des stèles funéraires, le décret de la ville de Morrylos, la base honorifique de la ville d'Europos et le groupe de quatre statues qui faisaient partie de l'*hérôon* de Palatianon, oeuvre du règne de Trajan.

349-350. Dans la région de Palatianon à Kilkis fut découvert un hérôon que l'on date d'environ 100 ap. J.-C. Quatre statues se dressaient sur un socle élevé et représentaient quatre membres d'une famille. Les inscriptions désignent les statues de la figure comme celles d'Alexandre Patraos et d'Ammia Ménandros. Ces statues de défunts héroïsés furent, selon toute vraisemblance, exécutées dans un atelier local, par un artiste macédonien. Kilkis, Musée archéologique.

349

350

LA CHALCIDIQUE

A l'aube des temps historiques, aux Pélasges et aux Edoniens de la presqu'île de la Chalcidique, vinrent s'adjoindre les Bottiens refoulés par les descendants de Téménos ainsi que des colons de Grèce méridionale (Erétriens, Chalcidiens) venus chercher, aux VIIIème et VIIème siècles av. J.-C., une nouvelle patrie dans ces contrées et y tenter leur chance. Les villes fondées sur les trois étroites péninsules —Pallène (l'actuelle péninsule de Kassandra), Sithonie et Aktè (le Mont Athos)— tant à l'intérieur des terres qu'au bord de mer, dépassèrent rarement la taille de petites agglomérations mais n'en étaient pas moins des cités plaisantes, dont les belles monnaies gravées nous offrent d'admirables représentations. Depuis quelques décennies, les pioches des archéologues tentent, aussi assidûment que le leur permettent les conditions, de faire resurgir le passé de ces villes: Potidée (Cassandreia), Aphytis, Skionè, Mendè, Sanè sur la presqu'île de Pallène; Toronè, Sartè, Sidonie, Parthénopolis, Physkella sur la presqu'île de Sithonie; Dion, Olophyxos, Akrothooi, Charadrous, Thyssos sur la péninsule d'Aktè. Stagire, Acanthos, Sermylia et Olynthe, dans la partie de la Chalcidique située au nord des trois péninsules.

Néanmoins si, dans leur majorité, ces villes ne dépassèrent jamais la taille d'une petite bourgade, elles connurent des heures de grande prospérité et développèrent des échanges commerciaux aussi bien avec l'Est qu'avec le Sud; villes commerçantes du royaume de Macédoine, elles profitèrent des chances que leur offrait leur situation privilégiée mais celle-ci leur valut aussi de devenir la cible de maints complots et de maintes convoitises.

Elles furent dotées de splendides temples comme à Aphytis, des comptoirs y furent fondés, comme à Mékyberna, des forteresses et des ports y furent construits, comme à Toronè. Elles nous ont livré des plans d'urbanisme fort en avance sur leur époque ainsi que de riches habitations privées, comme celles d'Olynthe.

Prises dans le tourbillon que provoqua le conflit entre l'empire maritime d'Athènes et le fougueux roi des Macédoniens, Philippe II, impuissantes face à l'évolution brutale des événements, les villes qui opposèrent la plus violente résistance furent détruites (348 av. J.-C. Olynthe); celles qui négocièrent furent annexées à la nation des Argéades, ne conservant qu'un soupçon d'indépendance. Le pays dut attendre les Epigones pour revivre des moments de prospérité; dans le cadre du plan urbain qu'inaugura Cassandre afin de promouvoir la dynastie, et que poursuivirent Antigone Gonatas, Démétrios Poliorcète et Philippe V, on construisit les villes de Cassandreia (316 av. J.-C.) à l'emplacement de l'ancienne Potidée, d'Ouranoupolis (fondation d'Alexarchos, frère de Cassandre) à l'orée de la péninsule de l'Aktè, d'Antigoneia (fondation d'Antigone Gonatas) près du village d'Aghios Pavlos, et de Stratonikeia (fondation de Démétrios Poliorcète, qui doit son nom à la fille de celui-ci, Stratonikè) dans le golfe Singitique.

Rattachée à la seconde "méride" —ou district— la Chalcidique vécut en retrait des évolutions pendant les années qui suivirent la conquête romaine (168 av. J.-C.). Sur le nombre des cités mentionnées par Thucydide, Hérodote, Xénophon et dans les textes d'historiens plus tardifs, et restées en marge des événements qui marquèrent la présence romaine dans la péninsule de l'Haimos, rares sont celles qui résistèrent au temps. Dans les témoignages archéologiques ou littéraires épars qui font revivre Acanthos, Stratonikeia et Aphytis jusqu'à la fin du Vème siècle ap. J.-C., Cassandreia constitue un cas particulier: dès 43 ou 42 av. J.-C., elle avait été colonisée par des Romains, d'abord par le proconsul Q. Hortensius Hortalus, puis par Auguste (*Colonia Iulia Augusta Cassandrensis*) et si l'on en croit Tite-Live, elle devint, avec Thessalonique, l'une des deux *celeberrimas urbes* (villes les plus célèbres) de la seconde "méride" de Macédoine. Dotée d'un "territoire" qui comprenait l'ancienne Potidée, Sanè, Skionè, Mendè, Aphytis au sud et Olynthe au nord, Cassandreia, après avoir refoulé les Goths en 268 ap. J.-C., fut finalement prise par les Koutrigours en 540 ap. J.-C.; Justinien Ier la reconstruisit et la dota de puissantes murailles.

Rattachée au "diocèse" de Macédoine de la préfecture d'Illyricum au IVème siècle ap. J.-C., puis au "thème" de Thessalonique, aux VIIIème et IXème siècles ap. J.-C., la Chalcidique accueillit une foule de moines et d'anachorètes venus d'Orient. Pour mettre en application la politique impériale, ces nouveaux habitants de la péninsule de l'Athos chassés de leurs foyers devant l'apparition et l'expansion des envahisseurs arabes, s'implantèrent dans les agglomérations abandonnées et dans les bourgs pour y fonder le centre le plus important du monachisme orthodoxe qui, en 885 ap. J.-C., trouva une reconnaissance officielle et un appui grâce au chrysobulle de Basile Ier le Macédonien.

Au XIème siècle ap. J.-C., la Chalcidique fait partie de la circonscription administrative de Thessalonique-Strymon-Voléron; cependant, après le démantèlement de l'Empire byzantin par les Croisés de la quatrième Croisade (1204), elle sera annexée au royaume latin de Thessalonique.

Après 1261 ap. J.-C., pendant les années difficiles qui marquèrent le XIVème siècle, la Chalcidique, rentrée dans le sein de l'Empire byzantin, dut subir la fureur du brigandage des Catalans (1307/8 ap. J.-C.), la cupidité des pirates turcs (1334 ap. J.-C.), les retombées du soulèvement des Zélotes (1342 ap. J.-C.) et de la pénétration des Serbes. Un peu avant le premier siège de Thessalonique (1385/6 ap. J.-C.), la liberté, pour la Chalcidique, appartient déjà au passé. Les Ottomans qui envahirent l'Europe occupèrent la presqu'île et, en dépit des victoires passagères des Byzantins et des Vénitiens, celle-ci devait rester, à compter de 1430 environ, leur possession incontestée.

Isolée du coeur de la Macédoine, la péninsule, région de forêts et de montagnes, devint, dès les premiers moments de la conquête, l'asile des fugitifs, le refuge des persécutés, en même temps qu'un bastion sûr pour sa population, qui, grâce à la configuration du relief, réussit à préserver la pureté et l'intégrité de la race. Avec la paix, la région ne tarda pas à se développer et l'exploitation des richesses forestières et minières permit bientôt à ses habitants de s'enrichir. Dès l'époque de Mohammed II (1451-1481 ap. J.-C.) et, plus tard, de Süleyman le Magnifique (1520-1566 ap. J.-C.) avec la publication de décrets spéciaux relatifs à l'exploitation systématique des mines d'argent de Mantem Lakko et l'installation en Chalcidique au début du XVIème siècle, d'un groupe de juifs réfugiés d'Allemagne, spécialisés dans les nouvelles méthodes d'exploitation et de traitement du minerai, la région connut un essor considérable, comme on peut le constater à travers les descriptions des voyageurs européens de l'époque.

Au XVIIIème et au début du XIXème siècle,

dans les golfes et les ports (Rentina-Orphanos), les navires étaient chargés de bois de construction et de chauffage à destination de Thessalonique, de la Crète et de l'Egypte. Des cargaisons de tapis quittaient le port d'Arnaia (Liaringovi) pour la Turquie occidentale. Depuis Sidérokapsa, la fédération des douze bourgs (Madémochoria) qui exploitait les mines d'argent du mont Cholomon pourvoyait en ce précieux métal la Monnaie impériale et remettait au sultan le plomb extrait du travail local du minerai. La fédération des quinze villages de Chasia (Chasikochoria) dont les domaines s'étendaient du golfe Toronéen au golfe Thermaïque, produisait du blé, du coton, un miel d'excellente qualité, de la cire et de splendides soieries; quant aux douze bourgades de la péninsule de Kassandra, dont la plus importante était Valta, elles se consacraient plutôt aux abondantes ressources offertes par la mer.

La situation qui se mit en place après le début de la guerre russo-turque et les mouvements de libération des Serbes (fin du XVIIIème, début du XIXème siècle ap. J.-C.) ranimèrent chez les Macédoniens de Chalcidique le rêve de briser le joug turc: Stavros, au fond du golfe du Strymon, connaîtra en 1807 les folles chimères de Nikotsaras et de ses fidèles compagnons; Polygyros, Kassandra, Ormylia, Nikiti, Parthénon brandiront le flambeau de la liberté et armeront leur foi de courage sous la conduite inspirée d'Emmanuel Pappas, "le chef et protecteur de la Macédoine", comme il fut proclamé par l'assemblée générale des hégoumènes des monastères du Mont Athos et des marins de Psara.

Néanmoins, en Chalcidique, l'enthousiasme et le dévouement iront de pair, en 1821, avec l'indiscipline; l'absence de munitions et de chefs charismatiques voue à l'échec les actions entreprises et affaiblit les défenses. Face aux corps d'expédition parfaitement armés que dépêchèrent l'administration de Thessalonique et la Sublime Porte, face aux fusils à répétition, les quelques dizaines de jeunes de Sykia (à proximité de Vasilika), les rebelles de Rentina, les femmes et les enfants chétifs de Polygyros et les vaillants gaillards d'Aghios Mamas, n'avaient à offrir que leurs poitrines ensanglantées, leur ténacité au combat, et les ruines encore fumantes de leur maisons. Nombreux furent ceux qui se convertirent; d'autres, les nostalgiques, fidèles à leur patrie asservie, furent emmenés jusqu'à Benghazi, en Libye. La majorité cependant trouvèrent refuge dans les Sporades et poursuivirent leur route vers les Cyclades et le Péloponnèse. Les moines du Mont Athos, terre de refuge de tant d'exilés,

finirent par se soumettre et se virent obligés de verser un lourd tribut au pacha Mehmet Emin qui les sanctionna pour l'attitude bienveillante qu'ils avaient manifestée envers les rebelles. Dès lors, le malheur et la famine s'abattent sur les golfes et les détroits. L'oppression, la piraterie et la misère vont de pair avec le désespoir. La fumée des ruines sera le seul souvenir que Pappas emportera avec lui, lors de son dernier voyage à Hydra.

Cependant, le temps (qui est à la fois oubli et souvenir) panse les blessures et la vie reprend peu à peu son cours. Les habitants reviennent pour cultiver leurs champs et enfouissent au coeur de la terre, les germes de leurs illusions. La nomination d'un consul de Grèce à Thessalonique, après la normalisation des relations entre l'Empire ottoman et le royaume de Grèce nouvellement établi, rend la Grèce un peu plus proche. Elle donne chair aux espoirs. Si, pour les réfugiés rassemblés de l'autre côté de la frontière, le rôle de Tsamis Karatasos, originaire de Naousa, fut important et la contribution de Makriyannis émouvante, les temps n'étaient pas encore favorables, les voix qui s'élevèrent furent étouffées et les mouvements réprimés, bien souvent par l'intermédiaire des représentants des Grandes Puissances alliées à la Turquie pendant la guerre de Crimée (1853-1856); le débarquement au Mont Athos (1853) ne rencontra aucun écho et l'échec de l'entreprise de Voulgaris avec le capitaine Géorgakis à Ormylia (1866) ainsi que la pénétration russe dans la communauté monastique du Mont Athos, amenèrent la nation à se tourner vers une quête spirituelle passant par l'apprentissage, la réflexion et l'éveil de la conscience nationale, quête qui devait être couronnée de succès. Après le traité de San-Stefano (1877) et le congrès de Berlin (1878), mais surtout après l'annexion de la Roumélie orientale par les Bulgares (1885), il ne faisait plus aucun doute que la libération de la Macédoine était du ressort de ses habitants et de l'Etat grec indépendant.

351. *Vue intérieure de la grotte de Pétralona où furent découverts le crâne pétrifié de l'"Archanthrope" et des squelettes d'animaux.*

352. *Le crâne de Pétralona est le témoignage le plus ancien de la présence humaine en Grèce à l'époque paléolithique. Selon toute vraisemblance, il appartient à une femme qui aurait vécu il y a quelque 750.000 ans.*

LA GROTTE DE PETRALONA

A 1km à l'est de la commune de Pétralona en Chalcidique, au pied du mont Katsika, à une altitude de 300-350m, un heureux hasard a permis de découvrir, grâce à un berger, la grotte de Pétralona qui, depuis 1959, a été étudiée périodiquement. Longue de 1500m, elle est célèbre dans la bibliographie internationale pour le crâne de l'*Archanthrope* qu'elle renfermait (environ 750.000 ans av. J.-C.) ainsi que pour les vestiges qui attestent une activité humaine à cette époque (outils en os et en pierre). Des feuilles fossilisées de chêne nain et des glands, des ossements de rhinocéros, d'éléphants, de cervidés, de lions et d'équidés nous éclairent sur la faune et la flore de cette région, à l'aube de la présence humaine sur une terre encore inhospitalière. On peut aujourd'hui visiter la grotte qui a été aménagée en musée. Quant au crâne, il est conservé à l'Université de Thessalonique.

352

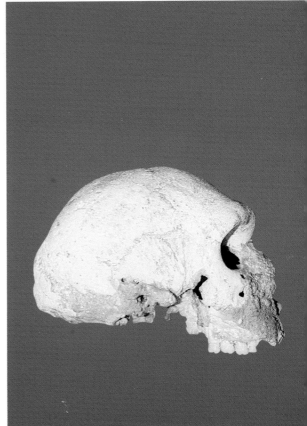

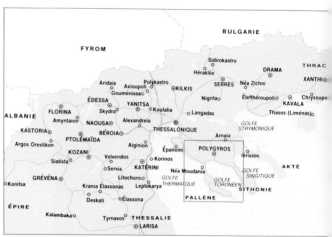

OLYNTHE
et sa région

353

APERCU HISTORIQUE

Regroupant les populations de nombreuses villes du littoral, Olynthe fut construite peu avant le début de la guerre du Péloponnèse, sur un plan "hippodaméen", à proximité d'un torrent, le Sandanos, dans un site qui conserve des vestiges du néolithique récent (3000-2500 av. J.-C.). Capitale de la Ligue de Chalcidique, célèbre par les discours enflammés de Démosthène (les *Philippiques*), cette ville constitue pour les chercheurs un des meilleurs exemples de plan urbain et d'architecture domestique de l'antiquité classique. Les fouilles systématiques qu'y a menées le professeur américain D. Robinson pendant la période de l'entre-deux-guerres, ont considérablement enrichi nos connaissances sur la vie quotidienne des Grecs de l'époque classique tardive.

A soixante stades de Potidée et à vingt de son port, Mékyberna, situé au fond du golfe de Toronè, cette ville dont le nom préhellénique signifie "figue sauvage", dut sa fondation, du moins selon la thèse la plus accréditée, à Olynthos, fils du dieu fluvial Strymon. Hérodote rapporte cependant que les "héros bâtisseurs" d'Olynthe étaient des Bottiens de l'Axios qui, après avoir été chassés par les Macédoniens au milieu du VIIème siècle av. J.-C., émigrèrent en Chalcidique. Ce premier habitat fut détruit en 479 av. J.-C. par les Perses, sur la route du retour d'Asie après la défaite de Platées; ils livrèrent la ville et tout son territoire aux habitants de Chalcis, leurs alliés soumis.

Membre de la première Ligue Athénienne,

353. Les ruines de l'ancienne Olynthe.

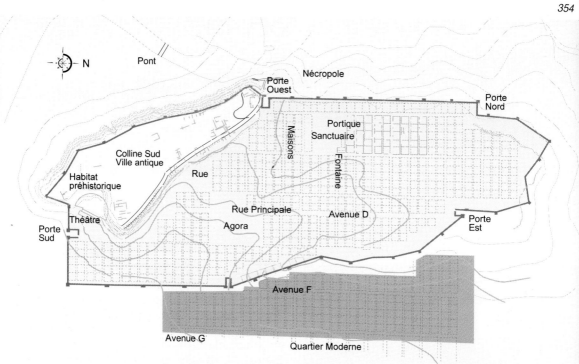

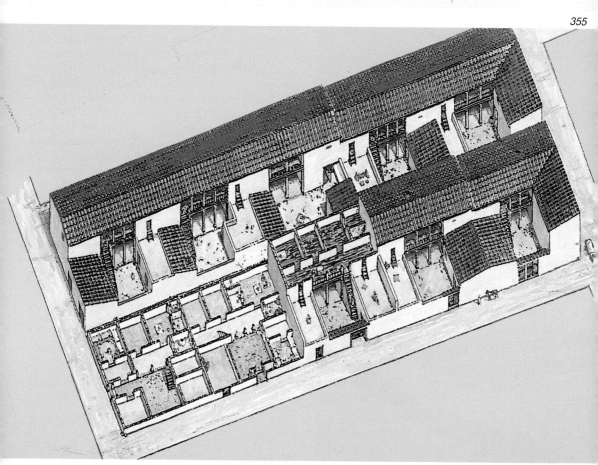

l'Olynthe de l'époque classique abandonna, en 440 av. J.-C., ses protecteurs despotiques et devint, en l'espace de quelques années, la ville la plus peuplée et la plus riche de la région, dès lors qu'elle accueillit des populations venues par vagues, de Potidée (429 av. J.-C.), Mendè (423 av. J.-C.), et Singos (peu avant 422 av. J.-C.), après avoir été brutalement chassées de leurs foyers, dans le tourbillon de la guerre du Péloponnèse.

Sa puissance la mit en conflit avec Amyntas III de Macédoine (393-370 av. J.-C.), dont elle occupa la capitale, Pella, pour quelque temps. Elle s'opposa aussi aux Spartiates (382-379 av. J.-C.) qui l'assiégèrent et l'obligèrent à se rendre. Ressuscitée à l'époque de l'hégémonie de Thèbes, la ville entra en conflit avec Athènes (368-358 av. J.-C.) sur la question d'Amphipolis, ce dont Philippe ne manqua pas de tirer profit; en 356 av. J.-C., il offrit à Olynthe, en récompense de sa bienveillance, Potidée et la région d'Anthémonte. Cependant, l'étau se resserre dangereusement autour d'Olynthe et, alors que l'institution de la cité-Etat commence à décliner, le puissant royaume de Macédoine qui nourrit d'autres ambitions, rase, en 348 av. J.-C., le bastion de résistance de la Ligue de la Chalcidique et vend ses habitants comme esclaves.

LA VILLE

Olynthe qui totalisait 6000 habitants quelques années après son peuplement (432 av. J.-C.) —elle en comptera 10.000 au milieu du IVème siècle— s'étendait sur deux hauteurs: celle du sud fut la première à être habitée, et les constructions s'adaptèrent aux accidents du terrain (construction libre). La ville archaïque fut incendiée par les Perses et abandonnée dans sa quasi-totalité pour faire place à la ville classique, bâtie sur une hauteur voisine, au nord; celle-ci s'étendait sur une superficie de 600 x 300m et était divisée en soixante-quatre carrés d'habitation (*insulae*) d'environ 87 x 36m, séparés entre eux par des rues perpendiculaires, dont certaines (celles de direction nord-sud, d'une largeur de 7m environ) furent qualifiées à juste titre d'"avenues" par les fouilleurs. Chaque groupe de construction comprend dix terrains carrés, soit cinq habitations sur chaque long côté. Le type de maison d'Olynthe présente un étage supérieur sur le côté au nord et une cour dallée ou *pastas*, au sud.

Réchauffés par le soleil pendant les journées d'hiver et rafraîchis par l'ombre pendant les étés brûlants, les habitants des maisons d'Olynthe savamment orientées, savouraient, dans l'*andron* du rez-de-chaussée, les festins qu'ils offraient à leurs invités, allongés sur des lits à dossier, tout en admirant les mosaïques de galets de rivières qui déployaient à leurs pieds leurs motifs végé-

356

354. Plan d'Olynthe. On distingue les deux terrasses sur lesquelles était construite la ville, les insulae séparées par des rues qui coupaient à angle droit les grandes avenues et le mur d'enceinte. La terrasse sud (en haut à gauche de la planche) fut la première à être habitée, dès l'époque archaïque.

355. Reconstitution d'un îlot d'habitation qui comportait dix maisons à deux étages (les figures 354 et 355 sont empruntées au livre "Haus und Stadt im Klassischen Griechenland" de W. Hoepfner et L. Schwander, qui nous ont aimablement cédé le droit de les reproduire).

356. Tétradrachme en argent du "Koinon des Chalcidiens": au droit, une tête d'Apollon et au revers, lyre du dieu. Première moitié du IVème siècle av. J.-C. Athènes, Musée numismatique.

taux ou leurs compositions aux multiples personnages: Néréides, hippocampes, Bellérophon assassinant la Chimère, des griffons déchiquetant des cerfs, postes et méandres doubles. Ils passaient leur journée dans le *diaitétérion*, se retrouvaient dans l'*oikos*, préparaient leurs repas dans l'*optanion* (cuisine), faisaient leurs ablutions au *balaneion* (bain) dans des baignoires en terre cuite. A l'étage, où l'on accédait par un escalier extérieur en bois depuis la cour, se trouvaient le *thalamos* où les couples s'adonnaient à la passion et le gynécée où les femmes se retrouvaient entre elles.

Parmi les lieux publics de la ville, il nous faut mentionner l'agora située au sud de l'espace réservé aux habitations: elle occupait une surface rectangulaire dont la largeur équivalait à quatre maison et la longueur à six. La fontaine publique et vraisemblablement le *téménos* public (ou enclos sacré) se trouvent à l'ouest. Enfin, le théâtre doit être localisé dans une cuvette du versant sud de la colline méridionale.

Bien qu'on n'ait identifié aucun vestige de fortifications de la ville archaïque et que les rares tronçons de remparts localisés sur la hauteur nord ne soient guère révélateurs, les chercheurs pensent que la ville classique était protégée par une muraille de briques crues qui encerclait les deux hauteurs. Cette muraille fut détruite en 348 av. J.-C. par Philippe II, quand il dévasta la capitale du "Koinon des Chalcidiens", son ennemi juré.

Bien entendu, les premières touchées par les combats entre Macédoniens et Olynthiens furent les riches habitations de la banlieue aristocratique *extra muros*, à l'est de la colline nord, construite elle aussi sur le plan "hippodaméen", après

357. Pointe de javelot en bronze découverte à Olynthe. Sur le cylindrique, on peut lire l'inscription ΦΙΛΙΠΠΟ. Polygyros, Musée archéologique.

358. Mosaïque de sol d'une luxueuse demeure particulière d'Olynthe, siège du "Koinon des Chalcidiens". La mosaïque, qui représente Bellérophon chevauchant Pégase et s'apprêtant à tuer la Chimère, est l'une des plus anciennes de l'époque historique qui aient été trouvées dans le monde grec. Première moitié du IVème siècle av.J.-C.

379 av. J.-C., à une époque où la région était en pleine expansion. C'est à cet endroit que furent fouillées certaines des plus riches habitations antiques, les fameuses villas, baptisées par convention "villa de la Bonne Fortune", "du Comédien" et "des Amours Jumeaux".

A l'est de la commune du même nom, à 80km de Thessalonique et à 25km de Polygyros, Olynthe, les yeux encore pleins de désastres et de fumées, les oreilles bourdonnant des gémissements des blessés et des soupirs des prisonniers, contemple les siècles qui calquèrent son plan urbain sur les villes hellénistiques des *Epigones,* en Orient. Terre en friche et déserte, avec ses mosaïques qui ont été recouvertes de terre pour les protéger après les fouilles, elle admire à distance les magnifiques trouvailles provenant de ses nécropoles et de ses maisons, aujourd'hui exposées dans les musées de Thessalonique et de Polygyros (villes situées repectivement à 80 et à 28km). Face à l'histoire —et elle-même page de cette histoire— elle vit de souvenirs, comme du reste les visiteurs qu'elle attire.

359. Heurtoir en bronze
en forme de mufle de
lion en relief, provenant
du vantail d'une porte
de maison d'Olynthe.
Polygyros, Musée
archéologique.

360. Plaque en bronze
martelé, provenant
d'Olynthe. Elle porte un
décor en relief: à
gauche, un jeune Grec
nu et, à droite, un
prince barbare,
brandissant un sceptre
et coiffé du couvre-chef
phrygien caractéristique.
Première moitié du
IVème siècle av. J.-C.
Thessalonique, Musée
archéologique.

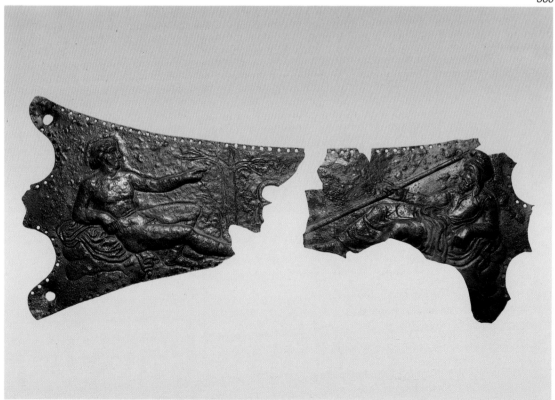

361

362

361. Buste de femme
en terre cuite provenant
de la "villa du Comédien"
à Olynthe,
Vème siècle av. J.-C.
Polygyros
Musée archéologique.

362. Vase plastique en
terre cuite en forme de
tête de Dionysos,
provenant d'une
maison d'Olynthe.
Vers 400 av. J.-C.,
Polygyros,
Musée archéologique.

363-364. Moule de buste en terre cuite de Cybèle, déesse phrygienne de la fécondité et de la vegétation et moulage moderne en plâtre. Découvert dans le secteur commercial d'Olynthe. Début du IVème siècle av. J.-C. Polygyros, Musée archéologique.

365. Hydrie attique à figures rouges représentant une scène d'amazonomachie, provenant de la nécro pole occidentale d'Olynthe. Environ 370 av. J.-C. Polygyros, Musée archéologique.

365

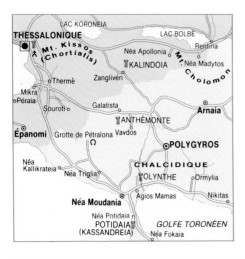

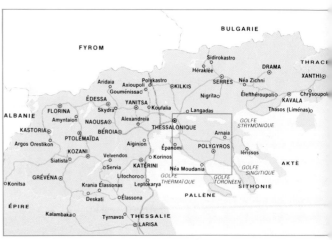

POLYGYROS
et sa région

366

APERCU HISTORIQUE

Au sud du mont Cholomon, siège d'un *agha,* le bourg de Polygyros comptait au début du XIXème siècle 600 familles. C'était la capitale des Chasikochoria (villages de Chasia) où se rassemblaient les représentants des communautés pour répartir les impôts ou régler d'autres affaires d'intérêt commun.

La prospérité de l'endroit transparaît dans les descriptions que nous en a laissées le voyageur anglais, Urquhart, qui évoque dans les termes les plus élogieux les magnifiques toilettes en soie que portaient les femmes.

Dès les premiers temps de la révolution de la Grèce méridionale (1821), les familles Papayannakis et Kotsaras, initiées à Philikè Hétairia, exhortèrent les jeunes gens tourmentés de Polygyros à se rebeller. Mais, en dépit de quelques victoires passagères, ces soulèvements conduisirent au massacre des notables et à l'anéantissement de l' habitat. La ville de Polygyros, (la "Naousa" de Chalcidique), livrée à l'inexpérience de ses habitants et aux troupes de l'armée turque mieux entraînée et numériquement supérieure, devra attendre plus d'un demi-siècle pour retrouver les couleurs bleue et blanche de la liberté.

366. Vue générale de Polygyros.

LE MUSEE ARCHEOLOGIQUE

Le Musée archéologique de Polygyros, composé de deux salles, offre au visiteur des panneaux explicatifs, des cartes, des photos de fouilles et de nombreuses informations concernant les trouvailles antiques provenant de différents sites de la Chalcidique: des trouvailles préhistoriques (vases, outils, pesons) d'Olynthe, d'Aghios Mamas et de Molyvopyrgos ainsi que de riches offrandes funéraires provenant de la nécropole archaïque et classique d'Iérissos (l'antique Acanthos), comme figurines, bustes féminins en terre cuite, vases en terre cuite et en verre de type phénicien, masques de comédiens en terre cuite, monnaies en bronze ainsi qu'un sarcophage en terre cuite du type de Clazomènes à riche décor peint, de la fin du VIème siècle av. J.-C.; des couronnes de myrte, de lierre et de chêne d'une beauté exceptionnelle, en plomb, avec des feuilles et rameaux en bronze doré, et des fruits et fleurs en terre cuite recouverte d'or, de la fin du IVème et du début du IIIème siècle av. J.-C.; des objets destinés à la vie quotidienne et au culte, du IVème siècle av. J.-C., provenant d'Olynthe (bustes féminins en terre cuite, figurines, kernos et encensoir, moule de cheval en terre cuite, plaquettes en terre cuite représentant des dieux, sphinx en terre cuite, petites coupes et figurines d'animaux découverts dans des sépultures d'enfants, réchaud en bronze, pointes de lance en bronze frappées de l'inscription ΦΙΛΙΠΠΟ, et bouclier); une tête en marbre de Dionysos provenant du sanctuaire de Dionysos à Aphytis, comme le nomme Xénophon dans les Helléniques, et de la céramique livrée par l'autel et le temple de Zeus Ammon érigés dans le sanctuaire respectivement à la fin du Vème siècle av. J.-C. et dans la seconde moitié du IVème siècle av. J.-C.; des offrandes funéraires que contenaient des larnax en pierre, de la fin du VIème siècle av. J.-C. et des sépultures à Kastri (Polygyros) et à Néos Marmaras; des vases des débuts de l'âge du fer et de l'époque proto-géométrique, provenant de la nécropole de Toronè; une amphore funéraire de Mékyberna et un cratère à colonnettes de Vrasta issu de l'atelier de Lydos; de petites statuettes en marbre provenant de Potidée et deux grandes statues (une femme et un homme), du Ier siècle av. J.-C., provenant de Stratoni (l'antique Stratonikeia); des stèles funéraires inscrites, provenant de différents sites de Chalcidique, des têtes de statues viriles en marbre ainsi que des contrats de ventes et d'achats de maisons et de vignobles d'Olynthe et de Vrasta.

367

368

367-368. Figurines de terre cuite découvertes dans des maisons d'Olynthe, en rapport avec le culte domestique, Vème siècle av. J.-C. Polygyros, Musée archéologique.

369. Tête de Dionysos en marbre provenant de l'antique Aphytis, IVème siècle av. J.-C. Polygyros, Musée archéologique.

370

372

370. *Pélikè à figures rouges, représentant la naissance d'Aphrodite. Vers 370 av. J.-C. Polygyros, Musée archéologique.*

371. *Cratère attique à colonnettes, à figures rouges, attribué au peintre dit de Florence. Il représente le départ d'un guerrier. Découvert dans la nécropole du bord du fleuve à Olynthe. Début de l'époque classique. Polygyros, Musée archéologique.*

372. *Skyphos à figures noires, représentant une amazonomachie flanquée de deux sphinx. Il fut découvert à l'intérieur d'un larnax en pierre, dans la région d'Aphytis. Vers 500 av. J.-C. Polygyros, Musée archéologique.*

373. *Cratère à colonnettes à figures noires, oeuvre de l'atelier de Lydos. Provenant de Vrasta en Chalcidique. Troisième quart du VIème siècle av. J.-C. Polygyros, Musée archéologique.*

373

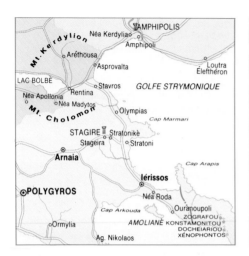

OURANOUPOLIS

374

APERCU HISTORIQUE

Réfugiés venus des terres sacrées d'Asie Mineure l'amertume de la persécution dans leurs bagages, les pères des habitants actuels d'Ouranoupolis saluèrent la tour byzantine qui les attendait au fond du golfe Singitique et construisirent de 1923 à 1927 Prosfori, l'habitat qui se vit attribuer la dénomination savante d'Ouranoupolis. Ces étrangers, cultivateurs, apiculteurs, ouvriers dans les premiers temps de leur installation, devenus des mendiants frivoles tablant sur l'hospitalité de Zeus Xénios après la guerre, le transformèrent en une bourgade dépourvue de style architectural. Aveugles aux messages de l'arche spirituelle de la chrétienté que lançait désespérément le Mont Athos, ils furent victimes de la même cécité face aux beautés de cette nature verdoyante.

374. Vue de la côte et de la tour d'Ouranoupolis.

LE MUSEE CHRETIEN

375

376

Bâtie au XIVème siècle ap. J.-C. pour protéger l'annexe du monastère de Vatopédi, à l'orée de la péninsule du Mont Athos, la tour d'Ouranoupolis (connue dans les sources comme tour de Prosfori) abrite —suite à une heureuse récente transformation de l'intérieur et du *tarsanas* annexe à deux niveaux— une intéressante collection de vestiges chrétiens provenant dans leur quasi-totalité de sites archéologiques et d'églises de Chalcidique: des lampes à huile du Vème siècle ap. J.-C. de Toronè, des fragments architectoniques en marbre d'une basilique paléochrétienne à Nikiti, un "trésor" composé de follis de Léon VI le Sage provenant de Néa Syllata, des offrandes funéraires (bijoux) provenant de Palaiokastron et d'Iérissos (Xème siècle ap. J.-C.), une croix de Sykia (XIème-XIIème siècle ap. J.-C.), des vases et d'autres objets en provenance de Cassandreia (XIIème-XIVème siècle ap. J.-C.), un saint suaire brodé d'or d'Ormylia (XIVème siècle ap. J.-C.), des fresques du XVIIème siècle ap. J.-C. provenant d'Aghia Triada (l'annexe du couvent d'Aghia Athanasia), des icônes post-byzantines (XVIème-XIXème siècle ap. J.-C.) provenant d'ateliers de Galatista, du Mont Athos ainsi que d'Asie Mineure.

377

378

375. La tour, vue du sud-est.

376. Chapiteau à feuilles d'acanthe, provenant d'une basilique paléochrétienne de Sophronios à Nikiti, Vème siècle. Ouranoupolis, Musée chrétien.

377. Lampe décorée d'une croix en relief sur le médaillon, découverte dans une basilique paléochrétienne de Toronè, Vème siècle. Ouranoupolis, Musée chrétien.

378. Pendants d'oreilles en argent, provenant de la nécropole médiévale d'Iérissos. Ouranoupolis, Musée chrétien.

379. "Trésor" de monnaies de Léon le Sage (886-912) provenant de Néa Syllata. Ouranoupolis, Musée chrétien.

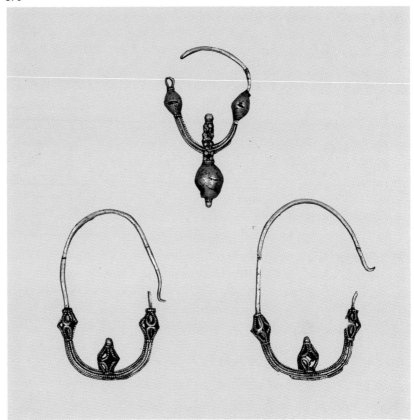

379

LE MONT ATHOS

380

APERCU HISTORIQUE

A la pointe de l'Egée, à la lisière de la Macédoine, se dresse une péninsule rocheuse dépourvue de ports hospitaliers, à la végétation sauvage et touffue, hostile à l'homme, battue de tous côtés par des eaux écumantes et agitées et coupée du reste du continent, retranchée de la quotidienneté périssable et des choses de ce monde.

A la lisière de l'histoire —puisqu'il est à lui seul une histoire—, l'Athos vogue à travers les siècles, telle une Arche et, inaccessible à l'usure du temps, contemple les renaissances étouffées dans l'oeuf, les révolutions figées dans la marche du temps. Jeune et beau et très vieux en même temps. Plein de sagesse et tellement enfantin: seul et unique.

A la lisière de la conscience, se dresse la Montagne Sainte, encore appelée le Jardin, ou le Jardin de la Vierge. Large de cinq à dix kilomètres sur une cinquantaine de kilomètres de longueur, il frôle, à deux mille mètres, l'infini du ciel, au contact direct du divin. Paradis sur terre, consacré à la gloire du Fils de l'Homme, blotti dans les bras de la Mère de Dieu, lieu d'ascèse du corps et de l'esprit, il est comme un petit bout de la Création originelle qui perdure.

Les débuts de la vie monastique sur le Mont Athos plongent leurs racines dans la légende. Bien que certains textes —les textes des Pères de l'Eglise ou les récits de pélerins—, replacent l'événement sous le règne de Constantin le Grand et de sa mère, sainte Hélène, il semble que les premiers ascètes soient arrivés sur l'Athos au

380. Kafsokalyvia, skite du monastère de la Grande Lavra.

VIIème siècle ap. J.-C., après avoir été chassés d'Egypte et d'Orient où s'installent alors les Arabes. Mais il est historiquement prouvé que la péninsule fut consacrée pour la première fois comme terre d'hésychasme par un chrysobulle de Basile Ier, en 885. Toutefois, c'est saint Athanase de Trébizonde qui est considéré comme le fondateur de la vie monastique athonite: avec le concours de son ami, l'empereur Nicéphore Phocas (963-969), il fonda le premier monastère de l'Athos, la Grande Lavra (962/63).

Quelques années plus tard, en 971/72, à l'initiative de l'empereur Jean Tzimiskès (969-976), l'hégoumène du monastère de Stoudiou à Constantinople, Euthymios, rédigera le premier *Typikon* (ou charte régissant l'organisation et l'administration de la cité athonite), plus connu sous le nom de Tragos (car il était écrit sur une peau de bouc, en grec: *tragos*), et conservé au Protaton (dans le *katholikon* de Karyès, capitale de la cité athonite); ce texte sur lequel se fonderont tous

les *typika* postérieurs devait être déterminant pour l'histoire de tous les monastères athonites. On a prétendu que l'intervention de l'Etat dans la création d'une cité monastique avait été essentiellement dictée par la nécessité de mobiliser spirituellement l'Empire dans la région des Balkans, afin de protéger et de consolider l'Orthodoxie, après l'évangélisation des Slaves du Sud et des Bulgares (864/65) mais également pour riposter aux tentatives de pénétration de l'Eglise catholique et du césaropapisme dans des zones d'influence de l'Eglise d'Orient. Les personnalités éminentes du clergé qui prirent alors activement part à l'entreprise, l'intérêt personnel manifesté par des membres de la maison impériale et le fait que, dès le Xème et le début du XIème siècle, affluent sur l'Athos des Ibères (à partir de 965), des Amalfitains (981), des Slaves, des Russes et des Bulgares venus vivre dans de nouveaux monastères, contribuèrent à donner à ce lieu un caractère oecuménique tout en faisant de lui un centre de croisade pour la Juste Foi.

Dans l'intervalle entre le moment où l'on a vu naître une conscience grecque orthodoxe et l'époque de l'asservissement de la nation aux Turcs,

381. La péninsule du Mont Athos.

381

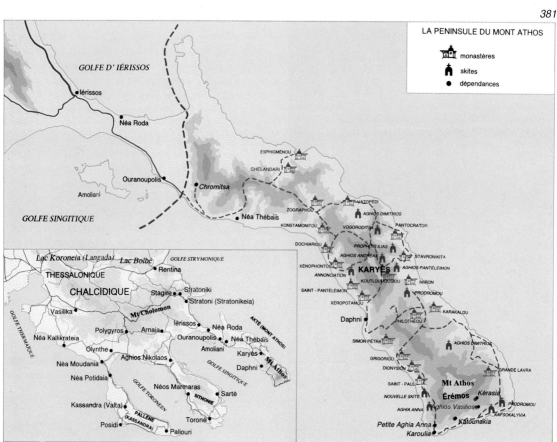

l'Athos connut des heures de gloire et de dépit. C'est à l'époque où fleurit la "Grécité" (*Romiosyni*) que furent fondés les grands monastères (la Grande Lavra, Vatopédi et Iviron) et jetées les bases d'autres plus petits (Dochiariou, Xénophontos, Philothéou). Elle se signale par une grande prodigalité royale et impériale en faveur de la Montagne Sainte qui se glorifie de posséder d'immenses domaines, des monastères aux *katholika* richement décorés, aux dômes dorés et aux cellules bruissantes, aux tours fortifiées à plusieurs étages. Mais les heures de gloire qui voient fleurir le monachisme et se construire de nouveaux monastères avec leurs annexes, un peu partout sur la péninsule (XIème/XIIème et seconde moitié du XIVème siècle), alternent avec les heures difficiles de la désertion et du pillage (XIIIème et début du XIVème siècle) au cours desquelles la Vierge Marie, Mère Immaculée de la Persévérance, ne cessera de veiller avec tendresse sur l'*avaton* de sa Maison.

L'Athos connut les Francs de la quatrième Croisade, l'oppression de Michel VIII Paléologue, chaleureux défenseur de l'Union des Eglises, les raids de pillards Catalans. Mais il mobilisa également l'intérêt des empereurs de Trébizonde et des krals de Serbie.

Placés devant les faits accomplis, les moines composeront avec l'occupant ottoman et, pendant les premières vingtaines d'années qui suivent leur assujettissement au sultan, ils conserveront les privilèges que leur avaient accordés les seigneurs byzantins. Signe de leur prospérité: la fondation, vers le milieu du XVIème siècle, du monastère de Stavronikita (1536) et la décoration de la plupart des *katholika*, des réfectoires et des chapelles par des peintres célèbres de l'époque (Théophane le Crétois, Tzortzis et Frangos Katélanos).

Pourtant, de nouveaux orages menacent l'arche de l'orthodoxie sur la mer houleuse des trois siècles qui précèdent encore la libération: les impôts accablants et les confiscations de terres entraîneront bientôt l'abandon des monastères, la substitution de l'idiorrythmie au cénobitisme jusqu'alors en vigueur; des *skites* seront fondées et des querelles religieuses mineront l'unité de l'esprit. Cet esprit réussira toutefois, même en ces heures difficiles, à réaliser des prodiges et nous offrira une pléiade de lettrés et de sages, de l'envergure d'un Nicomède de Naxos, d'un Eugène Voulgaris, d'un Kosmas l'Etolien, d'un Athanase le Parien, maîtres et disciples de la célèbre "Académie athonite".

Le territoire de la péninsule de l'Athos, aujourd'hui partie intégrante de l'Etat grec, tout en étant auto-administré sur la base d'une charte particulière (Traité de Lausanne, 1923) est réparti en vingt monastères principaux qui, selon les titres impériaux et les privilèges propres à chacun, suivent un ordre traditionnel dans la hiérarchie. Les siècles leur ont légué de rares échantillons de manuscrits enluminés, des fresques superbes, des icônes de saints en argent et des ornements sacerdotaux incrustés de pierres précieuses et la générosité des princes les a dotés d'imposants édifices, de *tarsanadès* (chantiers navals), de *skites,* d'hospices et d'hôpitaux, de *kathismata* (sorte de fondations monastiques) et d'*hésychastiria* (ou ermitages). Phares et bastions, ports sûrs, refuges de l'âme et du corps.

L'Athos fut pour les Grecs le berceau des traditions nationales, le coin de Grèce où ont été conservés, pendant plus d'un millier d'années, les traditions chrétiennes grecques, les textes et

382. *Moine de Simon Pétra, sonnant la cloche sur l'un des derniers balcons du monastère.*

382

384

Axion Esti

M. de Vatopédi

M. de Stavronikita

M. de Stavronikita

M. d' Iviron

Molyvoklissia

M. de Xéropotamou

Daphni

Skite de Saint-Pantéléimon

M. d' Iviron

N

Daphni

M. de Xéropotamou

M. Philothéou-Karakalou

383. Vue générale de Karyès, de haut.

384. Relevé topographique de Karyès.

385. Karyès. Le Protaton avec son clocher, vu de l'est. Au fond, le bâtiment de la Sainte Communauté.

le culte byzantin dans toute sa pureté. Il est le dépositaire sacré qui renferme des sources inconnues, précieuses pour les théologiens, les philosophes, les historiens et les spécialistes de l'art byzantin et post-byzantin et du mysticisme oriental, tout en étant un immense musée qui regorge de trésors inestimables et de joyaux de la tradition orthodoxe.

KARYES

Agencée selon le plan d'une *skite* idiorrythmique, la bourgade de Karyès, située à peu près au centre de la péninsule sacrée, est le siège du *Protos*, autrement dit le chef spirituel élu à vie par le corps des hégoumènes.

Tributaire des aléas de l'autorité qui, suivant les époques, s'assurait la prépondérance sur la cité athonite, et donc tantôt confrontée au pouvoir dont furent investis tour à tour les trois monastères les plus puissants –la Grande Lavra, Vatopédi et Iviron– tantôt renforcée par des chrysobulles et des sigylles patriarcales, cet endroit est riche en monuments d'une importance exceptionnelle au regard de l'art ecclésiastique (église du Protaton, datant de la première moitié du Xème siècle, consacrée à la Dormition de la Vierge et décorée par Manuel Pansélinos, au début du XIVème siècle); il renferme également une foule d'objets de culte portatifs (dont la fameuse icône miraculeuse "Axion Esti").

A côté du *Protos* et de la Sainte Communauté, le gouverneur civil du Mont Athos qui relève du ministère grec des affaires étrangères siège également à Karyès.

386. Saint Théodore Stratilate, fresque du début du
XIVème siècle. Protaton de Karyès. Oeuvre du
célèbre peintre, Manuel Pansélinos, principal
représentant de l'école de Macédoine.

LES MONASTERES

MONASTERE DE LA GRANDE LAVRA

Premier dans la hiérarchie, il est consacré à la Dormition de saint Athanase, ce sage moine, ami de l'empereur Nicéphore Phocas qui, en 963, fonda vraisemblablement à l'emplacement de l'antique bourgade d'Akrothooi, la première laure de l'Athos. Grâce aux subsides généreux de Phocas, puis de son successeur Jean Tzimiskès et de Basile II, le monastère, modèle de vie cénobitique et exemple pour tous ceux qui suivront, connaîtra, jusqu'au début du XIVème siècle, des heures de gloire et de grandeur. C'est le patriarche Denys III (1655) qui, en léguant au monastère toute sa fortune, sauvera celui-ci du marasme où l'avaient plongé les raids de pirates (XVème-XVIème siècle). Par la suite, il devra son salut aux tsars russes et aux princes des pays danubiens. En 1535, le grand peintre crétois Théophane, ainsi que Frangos Katélanos (1560 ap. J.-C.) ornèrent de fresques les murs de la Grande Lavra.

387. Grande Lavra. Vue partielle de l'intérieur du monastère.

387

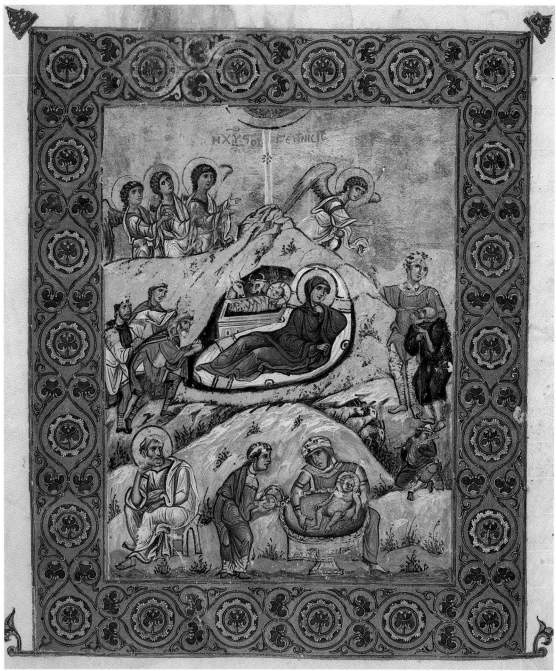

388. Grande Lavra. La phialè (bénitier).

389. Grande Lavra. Le katholikon vu de l'est.

390. Evangéliaire: le fameux "Evangile de Nicéphore Phocas" représentant la Nativité, dans la sacristie du monastère de la Grande Lavra, XIème siècle.

391. "Louez le Seigneur", fresque dans la chapelle de la Koukouzélissa. Monastère de la Grande Lavra, XVIIIème siècle.　　　　　→

MONASTERE DE VATOPEDI

Il fut fondé par trois moines d'Andrinople: Athanase, Nicolas et Antoine, un peu après 972, vraisemblablement à l'emplacement de la bourgade antique de Dion. Le monastère doit son nom à la végétation qui l'environne, de massifs de framboisiers (*vatos*, en grec). Dédié à l'Annonciation, il occupe le second rang dans la hiérarchie de la cité athonique. C'est là que s'installa, en 1743, à proximité du monastère, l'Académie athonite où enseignèrent d'illustres maîtres grecs. La renaissance spirituelle et artistique des Paléologues, telle qu'elle s'est illustrée à Constantinople, se traduit dans les mosaïques murales du *katholikon* du monastère (Annonciation, saint Nicolas) tandis que l'ornementation picturale de l'*exonarthex*, toujours intacte, reflète l'école de Pansélinos de Thessalonique.

MONASTERE D'IVIRON

Consacré à la Dormition de la Vierge, le monastère d'Iviron, troisième dans la hiérarchie, fut fondé par Jean Tornikios et les Ibères (les actuels Géorgiens), Georges et Euthymios, dans le second quart du Xème siècle. Les Paléologues, les princes d'Ibérie et le kral serbe Stéphane Douchan dotèrent le monastère de nouveaux bâtiments. De nombreux patriarches, lui apportèrent leur soutien, notamment du temps de la domination ottomane.

392. Vue du grand monastère de Vatopédi, depuis la mer.

393. Vue générale du monastère d'Iviron, depuis la mer.

394. La Vierge Vréphokratousa entre les archanges Michel et Gabriel, monastère de Vatopédi (codex 762, f. 17a).

395. L'icône miraculeuse de la Vierge Portaïtissa, monastère d'Iviron.

MONASTERE DE CHELANDARI

Consacré à la Présentation de la Vierge, quatrième dans la hiérarchie, le monastère fut fondé par un chrysobulle d'Alexis III Comnène (1198) sur les ruines d'un monastère plus ancien du même nom qui s'y dressait depuis 1015.

Son fondateur était saint Savas (Rastko pour le monde), secondé par son père, le kral de Serbie, Stéphane Némanja, devenu moine sous le nom de Syméon. Au XIVème siècle, le monastère reçut d'abord des princes serbes puis, sous la domination ottomane, des tsars de Russie et des *voïvodes* ou souverains des pays danubiens d'immenses richesses et des legs considérables. Le monastère contribua tout particulièrement au progrès spirituel du peuple serbe. Par leur grande qualité, les fresques du *katholikon* du monastère se rattachent à la production artistique de la Thessalonique des premières décennies du XIVème siècle et peut-être au travail du peintre anonyme qui décora l'église de Saint-Nicolas l'Orphelin, à Thessalonique.

MONASTERE DE DIONYSIOU

Cinquième dans la hiérarchie, ce monastère est consacré à la Nativité de saint Ioannis Prodromos (saint Jean-Baptiste) et fut fondé par saint Denys, originaire de Korisos à Kastoria entre 1370 et 1374. Alexis III Comnène, empereur de Trébizonde, fournit d'importants subsides pour financer les travaux de construction. Le monastère fut agrandi grâce aux dons des Paléologues puis, après la prise de Constantinople, de divers princes des pays danubiens.

396. *Vue de l'intérieur du monastère de Chélandari: le katholikon et la phialè.*

397. *Le monastère de Dionysiou vu du sud-ouest.*

398. *Christ Pantocrator. Icône du XIIIème siècle, de la sacristie du monastère de Chélandari.*

399. *Chrysobulle de l'empereur Alexis III Comnène, monastère de Dionysiou.*

400. Intérieur du monastère de Koutloumousiou avec la phialè, une partie du katholikon et du réfectoire.

401. Vue septentrionale du monastère du Pantocrator, depuis la mer.

402. Icône portative du XVIème siècle avec une représentation de la Transfiguration du Sauveur, provenant du monastère du Pantocrator.

MONASTERE DE KOUTLOUMOUSIOU

Consacré à la Transfiguration du Sauveur, le monastère qui occupe le sixième rang de la hiérarchie, fut vraisemblablement édifié, si l'on en croit un écrit de 1169, dans la première moitié du XIIème siècle. Son fondateur serait un moine originaire d'Afrique (*koutloumous*: saint venu d'Ethiopie). Très endommagé par les attaques des Catalans, le monastère trouvera un soutien chaleureux et un généreux bienfaiteur en la personne de Jean Vladislav, prince de Grande Valachie (seconde moitié du XIVème siècle). Sa transformation en monastère patriarcal (1393), et l'annexion du monastère d'Alypiou (1428) ainsi que les dons de nombreux empereurs contribuèrent à lui conférer un ascendant important.

Déjà victime de l'incendie dévastateur de 1497, il en connaîtra deux autres, en 1767 puis en 1870. Des laïcs et des clercs orthodoxes lui prêtèrent assistance dans les épreuves grâce à leurs généreuses donations.

MONASTERE DU PANTOCRATOR

Septième dans la hiérarchie, consacré à la Transfiguration du Sauveur, le monastère fut fondé par les frères Jean et Alexis Stratigopoulos. Alexis, qui était le "grand stratopédarque" de Michel VIII Paléologue, contribua à la reconquête de Constantinople, en 1261. Parmi les bienfaiteurs du monastère, figurent Jean V Paléologue, Catherine II de Russie et des princes danubiens. Il fut ravagé par les incendies de 1773 et 1948.

MONASTERE DE XEROPOTAMOU

Consacré aux Quarante Martyrs, huitième dans la hiérarchie athonite, le monastère fut fondé, si l'on en croit la tradition, par l'impératrice Pulchérie (450-457). En réalité, son fondateur fut très vraisemblablement Paul Xéropotaminos, adversaire de saint Athanase, peu après l'installation de moines à la Grande Lavra. Les Paléologues et les krals serbes puis, pendant la domination ottomane, le sultan Sélim Ier se montrèrent très généreux pour le monastère. Celui-ci fut très éprouvé par les incursions et les incendies qui le ravagèrent aux XVIème et XVIIème siècles. Il devait également connaître bien des vicissitudes à l'époque moderne.

MONASTERE DE ZOGRAPHOU

Selon la tradition, les fondateurs du monastère consacré à saint Georges et occupant le neuvième rang de la hiérarchie, seraient les frères Jean, Moïse et Aaron originaires d'Ohrid (du temps de Léon le Sage, 880-912). L'existence du monastère est en tout cas attestée dès le Xème siècle par le premier *Typikon*. Les empereurs Paléologues (Michel VIII, Andronic II et Jean V) ainsi que de nombreux princes de Hongro-Valachie contribuèrent à sa prospérité.

406

403. Vue générale du sud-ouest du monastère de Xéropotamou.

404. Vue extérieure du monastère de Zographou.

405. L'une des nombreuses mitres épiscopales conservées dans les sacristies (skévophylakia) des monastères du Mont Athos.

406. Crosse épiscopale en électrum, un des joyaux du monastère de Xéropotamou.

409

MONASTERE DE DOCHIARIOU

La tradition veut que ce monastère, initialement consacré à saint Nicolas puis aux archanges Michel et Gabriel, dixième dans la hiérarchie, ait été fondé dans la seconde moitié du Xème siècle par saint Euthymios, disciple et compagnon d'ascèse de saint Athanase. Aux heures difficiles, le monastère reçut l'appui de Jean V Paléologue et du kral de Serbie, Stéphane IV. Plus tard, les princes de Moldovalachie lui prodiguèrent des subsides. En 1821, le monastère fut déserté et perdit quasiment tous ses biens.

MONASTERE DE KARAKALOU

Un petit monastère, fondé par un moine du nom de Karakalas, au début du XIème siècle, était censé constituer la base d'un complexe architectural plus vaste prévu au même emplacement. Consacré à la mémoire des apôtres Pierre et Paul, le monastère occupe le onzième rang dans la hiérarchie. Comme la plupart des monastères athonites, il traversa des heures difficiles (incursions de pirates, pillages des soldats latins, confiscation de terres par les Turcs) mais n'en connut pas moins des périodes de prospérité (grâce aux subsides accordés par les empereurs et les patriarches, les princes de Valachie et les rois d'Ibérie). Il fut l'un des premiers à entrer dans la lutte nationale pour l'Indépendance et prêta assistance au chef des partisans, Tsamis Karatasos (1854).

410

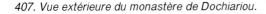

407. *Vue extérieure du monastère de Dochiariou.*

408. *Vue extérieure du monastère de Karakalou.*

409. *La célèbre "lavra" de saint Savas en Palestine. Enluminure de la lettre initiale K. Manuscrit (proskynétarion) provenant des Lieux Saints. Bibliothèque du monastère de Dochiariou, XVIIème siècle.*

410. *L'évangéliste Marc (Codex 272, f. 206b), XVIIIème siècle. Monastère de Karakalou.*

413

MONASTERE DE PHILOTHEOU

Douzième dans la hiérarchie, consacré à l'Annonciation de la Vierge, fondé selon la tradition à l'emplacement d'un ancien sanctuaire d'Asclépios, le monastère est mentionné pour la première fois dans un document de l'an 1015. Il semblerait pourtant qu'il ait été érigé par un certain saint Philothéos (fin du Xème siècle), contemporain de saint Athanase. Le monastère reçut l'appui de l'empereur Nicéphore Botaneiatès (1078-1081), des empereurs Paléologues, Andronic II et III et du kral Stéphane Douchan, puis, sous la domination ottomane, du tsar de Russie Michel (1641) et des princes valaques. Ainsi, en 1734, Grégoire Gikas lui accorda des subsides. Le grand incendie de 1871 fait partie des calamités qui s'abattirent sur le monastère. En revanche, le séjour qu'y fit Kosmas l'Etolien est l'un des grands moments de l'histoire du monachisme.

MONASTERE DE SAINT-PAUL

Consacré aujourd'hui à la Présentation de Jésus au Temple, le monastère, quatorzième dans la hiérarchie athonite, était jadis consacré au Sauveur, puis à la Vierge et à saint Georges. La tradition fait remonter sa fondation au VIIIème/IXème siècle. Il aurait, en fait, été fondé par Paul Xéropotaminos, dans la seconde moitié du Xème siècle. Mais le monastère de Saint-Paul ne prend définitivement sa place parmi les autres monastères athonites qu'en 1370, grâce aux moines serbes, Gérasimos Radonias et Antoine Pigasis. Au début du XIVème siècle, les empereurs Paléologues et les krals serbes pourvoiront aux travaux d'agrandissement; après la prise de Constantinople, la chrétienne Mara, femme du sultan Murat II, et par la suite, des princes grecs et roumains des pays danubiens lui offrirent d'importants subsides pour mener à bien des travaux de réfection et d'agrandissement. Déserté pendant les années de la Révolution, il put reprendre un nouveau départ, grâce aux dons des tsars de Russie.

414

411. Le katholikon du monastère de Philothéou avec la phialè.

412. Vue générale du monastère de Saint-Paul, au pied de l'Athos.

413. Croix en bois ornée de miniatures, monastère de Saint-Paul, XIIIème siècle.

414. Christ en majesté entouré de la Vierge Marie et de saint Jean l'Evangéliste. Vitrail peint, monastère de Saint-Paul, XIIIème-XIVème siècle.

MONASTERE DE SIMON PETRA

La fondation du monastère, consacré à la Nativité du Christ est due à Simon, un ascète qui vécut sur l'Athos, vers le milieu du XIVème siècle. Le monastère doit son nom à son fondateur et à la roche sur laquelle il dresse ses sept étages. Grâce à l'aide du kral serbe Jean Unglès (1364) principalement mais également de toute la cité des monastères, les moines réussirent à sauver le monastère après une série de vicissitudes (incendies de 1580, 1626 et 1891). Le monastère occupe le treizième rang dans la hiérarchie athonite.

MONASTERE DE STAVRONIKITA

Construit vraisemblablement au Xème siècle, ce monastère aurait été fondé dans les premières années de vie monastique organisée sur l'Athos. Selon certains historiens, il devrait son nom à la combinaison des prénoms, Stavros et Nikitas, déjà moines dans la région depuis un certain temps. Au gré des avatars que l'histoire réserve à la Sainte Montagne, le monastère sera très éprouvé pendant la domination franque, au point d'être totalement abandonné; il sera détruit par une série d'incendies meurtriers (1607, 1741, 1864, 1874, 1879), mais il bénéficiera des généreux subsides des patriarches, des *démogérontes* et des princes de Valachie. Grégoire Giromériatis, l'hégoumène du monastère (première moitié du XVIème siècle), contribua pour une large part à la rénovation générale du monastère.

Il occupe la quinzième place dans la hiérarchie. Le peintre Théophane le Crétois y exécuta des peintures murales (1546).

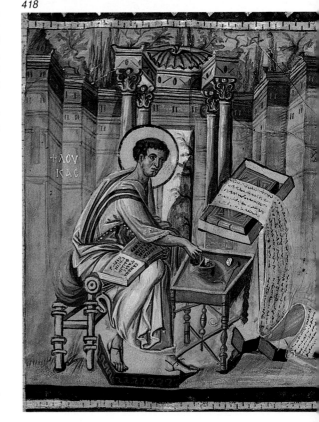
418

415. *Le monastère de Simon Pétra vu de l'ouest. Au fond, on distingue la ligne de crête de l'Athos.*

416. *Le monastère de Stavronikita, vu de l'est.*

417. *La Vierge Marie et Emmanuel Endormi {Anapésôn} (codex 45, f. 12a), provenant du monastère de Stavronikita, XIVème siècle.*

418. *L'évangéliste Luc (codex 43, f. 12b), provenant du monastère de Stavronikita, Xème siècle.*

421

MONASTERE DE XENOPHONTOS

Seizième dans la hiérarchie, le monastère aurait été fondé, selon une tradition, au Xème siècle, par saint Xénophon. Il est déjà mentionné dans un document de l'an 1083. Son histoire ressemble à celle des autres monastères athonites: les dommages causés par les pillages, les raids de pirates, les incendies, les déprédations dues aux Francs, aux Catalans et aux Turcs seront compensés par des travaux de rénovation et de réparation, financés par les empereurs byzantins puis les princes des pays danubiens, et enfin par des archimandrites, des métropolites et des hégoumènes énergiques. Le monastère est dédié à saint Georges.

MONASTERE DE GRIGORIOU

Consacré à la mémoire de saint Nicolas, le monastère fut fondé vers le XIVème siècle (sous Jean Paléologue, 1341-1391) par saint Grégoire le Jeune (du Sinaï) ou par son maître, Grégoire le Sinaïte.

Il occupe le dix-septième rang dans la hiérarchie. Aux XVème et XVIème siècles, il est détruit par des invasions, et deux siècles plus tard (en 1761) par un incendie. Parmi les mécènes qui lui prodiguèrent leurs dons, citons les princes de Moldavie, de nombreux Phanariotes, des métropolites de Hongrie, de Moldovalachie et même des sultans.

422

419. *Le monastère de Xénophontos vu de la mer.*

420. *Le monastère de Grigoriou vu du sud-ouest.*

421. *Petite icône en stéatite représentant la Transfiguration du Christ. Monastère de Xénophontos, XIIème siècle.*

422. *L'évangéliste Matthieu (Codex 2m, f. 8b), XIIIème siècle. Monastère de Grigoriou.*

MONASTERE D'ESPHIGMENOU

Dix-huitième dans la hiérarchie, le monastère est consacré à l'Ascension du Seigneur. Le monastère est officiellement attesté pour la première fois dans un document de 1016 mais la tradition attribue sa fondation à Pulchérie, la soeur de l'empereur Théodose II. Il tirerait son nom soit d'un moine fondateur "à la tunique serrée par une corde" (*esphigménos*: serré, étranglé) soit du nom du lieu où il est bâti ("enserré par trois petites montagnes au bord de la mer"). Jean V Paléologue, le kral de Serbie, Stéphane IV puis, après la prise de Constantinople, le tsar de Russie Alexis, les métropolites de Mélénik et de Thessalonique ainsi que les princes de Moldovalachie contribuèrent à son rayonnement.

MONASTERE DE SAINT-PANTELEIMON

Dix-neuvième dans la hiérarchie, il honore le nom de saint Pantéléimon de Thessalonique. Le monastère actuel date de 1765 et aurait été édifié grâce à l'aide du prince moldave, Skarlatos Kallimachis. Auparavant, il se trouvait au lieu-dit Paliomonastiro –l'ancien monastère– et avait été érigé au XIème siècle par des moines venus de Russie.

MONASTERE DE KONSTAMONITOU OU KASTAMONITOU

La tradition situe la fondation de ce monastère au IVème siècle et l'attribue à Constantin le Grand auquel il devrait son nom. Selon une autre version, son fondateur serait un ascète originaire de Kastamoni (en Asie Mineure). Le monastère est attesté pour la première fois dans un document du XIème siècle. Parmi ses bienfaiteurs, citons le prince serbe Georges Brancovic et la princesse serbe, Anne la Philanthrope. Se portant au secours du monastère, dans les épreuves imposées par la servitude, Vasiliki, la femme d'Ali Pacha, fournit elle aussi des subsides conséquents au monastère. Il occupe le vingtième rang dans la hiérarchie athonite.

423. Vue générale du monastère d'Esphigménou, depuis l'ouest.

424. L'extérieur du monastère de Saint-Pantéléimon avec ses bâtiments à plusieurs étages près de la mer.

425. Vue extérieure partielle du monastère de Konstamonitou.

425

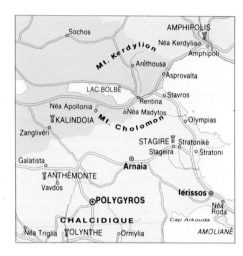

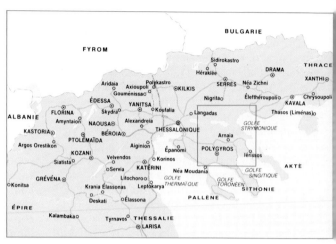

RENTINA
et sa région

426

APERCU HISTORIQUE
ET SITE ARCHEOLOGIQUE

C'est à une faible distance du lieu où les archéologues localisèrent l'antique Aréthousa, ville de Mygdonie où le roi Archélaos offrit l'hospitalité à Euripide, dans un site privilégié pour surveiller la Via Egnatia (avant qu'elle ne se perde dans les chemins escarpés qui unissent Bolbè au golfe du Strymon), que l'Ecole Polytechnique de l'Université de Thessalonique, en la personne de l'infatigable professeur N. Moutsopoulos, a mis au jour, depuis des années déjà, sur le site de Rentina, les vestiges d'une imposante forteresse et de l'habitat environnant. Comportant des traces de l'âge de la pierre, ce lieu (appelé fort à propos les "Tempè macédoniens") fait son apparition dans l'histoire à l'époque de Justinien Ier, mais il a derrière lui les souvenirs d'un passé thrace et nous livre des tessons de vases grecs d'époque classique, hellénistique ou romaine. Les blondes princesses des contes, qui tantôt se donnaient la mort en se jetant d'une tour d'angle, pour ne pas tomber entre les mains d'un souverain infidèle, tantôt échappaient au déshonneur en empruntant un passage secret souterrain, appartiennent elles aussi à son passé, de même qu'un

426. *Le fort médiéval de Rentina.*

427. *Paysage à Rentina.*

temple dédié à Artémis (Artémision), et une fortification vraisemblablement d'époque romaine tardive.

Aux confins du fleuve Réchios qui coule à la lisière de la colline, de la Via Egnatia, ainsi que de l'ancienne route toute proche qui permettait le passage des amis comme des ennemis, la forteresse (Pyrgoudia, selon la désignation populaire), dut compter, à son heure de gloire, plus de quatre cents maisons, dont certaines à deux étages, trois temples et un imposant péribole —murailles flanquées de tours—, des citernes souterraines et des bains.

Dès le début du Xème siècle, quand le siège de l'archevêché de Létè y fut transféré et rebaptisé "archevêché de Létè et de Rentina", la *mutatio Peripidis* (centre de relais —de chevaux— d'Euripide?) de la *Tabula Peutingeriana* (carte de Peutinger, voyageur du XIIIème siècle) fut, semble-t-il, une "plaque tournante" importante, une petite ville sûre, et une halte sur la route de Thessalonique à Constantinople et au Mont Athos. En témoignent les riches offrandes funéraires, les bâtiments ecclésiastiques et populaires, les fortifications consolidées et les documents des archives des monastères (du milieu de l'époque byzantine jusqu'à l'époque des Paléologues).

Lors des invasions, les Turcs ne semblent pas avoir occupé la forteresse, puisque celle-ci ne porte la trace d'aucun dommage. Cet endroit oublié par le temps et peu à peu abandonné par ses habitants se couvrit de chênes verts et devint une forêt mythique. Pour les voyageurs, il entra dans la légende, jusqu'au jour où la pioche des archéologues fit resurgir son histoire, depuis ses origines.

MACEDOINE ORIENTALE

Riche de vestiges d'habitats du néolithique moyen (Dikili Tash, Sitagroi, région de Serrès), de l'âge du bronze (Pentapolis à Serrès, habitat de Skala Sotiros à Thasos, embouchure du Strymon, Potami et Exochi de Drama, Kastri à Thasos) ainsi que de nécropoles et d'habitats de l'âge du fer (zone industrielle de Drama, Amphipolis, station d'Angista, Toumba de Nikisiani), la Macédoine orientale, située entre le sud du Strymon et le Nestos, apparaît à l'époque historique comme une terre promise pour les Grecs du Sud. A l'époque des grandes migrations et de la colonisation (VIIIème siècle av. J.-C.), les hauteurs aurifères du mont Pangée, les riches plaines du Strymon, les rivages charmants du Nord de l'Egée accueilleront (pas toujours de façon hospitalière, il est vrai), les vaisseaux des habitants d'Andros et de Paros, puis à l'époque classique, des Athéniens et se peupleront de marchés bruyants et de colonies florissantes: Thasos, Argilos, Eïon, Oisymè, Krénidès, Néapolis, Galepsos, Amphipolis, autant de bastions de l'hellénisme à la lisière du monde thrace et de cités bientôt célèbres comme centres culturels, ce qui ne les empêche pas de développer parallèlement une intense activité dans le domaine de la production et du commerce.

Après la période troublée de la guerre du Péloponnèse, qui opposa Athéniens et Spartiates jusqu'aux portes d'Amphipolis (422 av. J.-C.) et à l'issue d'une longue période d'incertitude, la région passa aux mains de l'ingénieux roi des Macédoniens, Philippe II (357 av. J.-C.); elle fut intégrée au royaume des Téménides et associée au glorieux destin de celui-ci. Le développement d'Amphipolis, qui devait devenir l'un des ports clés de la région pendant toute l'époque hellénistique, l'implantation de colons venus consolider Krénidès, dont le nom fut changé en Philippes, et plus généralement les relations étroites et permanentes entre la dynastie royale (Téménides et Antigonides) et ce territoire contribuèrent au développement de la Macédoine orientale (Amphipolis, Nikisiani, Philippes, Drama, Angista); du reste, la richesse des trouvailles provenant des habitats, des nécropoles organisées et des monuments funéraires isolés rivalise avec celle de la Macédoine inférieure. Si l'élément local, (Bisaltes,

Sintes, Odomantes et Edoniens) opposa d'abord une forte résistance aux Macédoniens, il fut, au fil du temps, complètement assimilé et hellénisé. En 168-167 av. J.-C., après la prédominance des armes romaines, cette partie de la Macédoine devint la principale des quatre "mérides", correspondant au nouveau découpage administratif et géographique du pays.

La République devra attendre l'empire d'Auguste pour voir enfin s'installer la *pax romana* tant désirée, dont l'avaient privée les raids des tribus barbares venues du Nord (Skordisques, Besses, en 110 av. J.-C.). Malgré ce nouvel ordre de choses, l'invasion des troupes de Mithridate VI, roi du Pont (93-87 ap. J.-C.), mais surtout le conflit opposant Brutus et les duumvirs Octave et Antoine (bataille de Philippes, 42 av. J.-C.), la situation reste *grosso modo* la même. Cependant, la construction de la Via Egnatia, l'installation de colons romains (à Philippes) mais également de commerçants italiens (à Amphipolis) eurent un fort impact sur l'évolution de cette région, à la fois sur le plan économique, démographique et culturel. Nombre des anciennes cités avaient conservé une très forte tradition hellénistique dans leurs institutions ainsi que dans les patronymes, Serrès/Sirrha, Skotousa (Sidirokastro?), Gazoros, Paroikopolis (Sandanski), Héraclée Sintique (Néo Pétritsi?), Bergè; d'autres cités, attestées par les textes ou découvertes par la suite, conserveront, même pendant la domination romaine, la langue grecque et leur identité ethnique pour devenir les dépositaires de l'esprit grec dans une région dominée par les Thraces. Ayant assimilé et fortement hellénisé les éléments hétéroclites de tous les courants culturels ainsi que les dogmes de religions étrangères (substrat de croyances thraces, us et coutumes romains, théosophies du christianisme et du judaïsme, mysticisme égyptien), les villes de la Macédoine orientale, vivent les premières années du christianisme, après les réformes administratives de Dioclétien et de Constantin le Grand, dans la crainte des incursions des Goths (473-483 ap. J.-C.) et dans l'angoisse de voir revenir les bandes pillardes de Huns (540 ap. J.-C.). C'est alors que Philippes –premier foyer du christianisme en Europe– fut menacée; puis, c'est au tour de Paroikopolis d'être attaquée. C'est dans ces temps troublés (VIème-VIIème siècles ap. J.-C.) que les Rynchines s'installent dans la région située entre le lac de Bolbè et le golfe du Strymon et les Strymoniens près du Strymon pour s'adonner à la piraterie.

Cependant, l'intervention byzantine fut décisive et efficace; pendant tout le VIIème siècle ap. J.-C., les opérations militaires se limitent à la région du Strymon et visent à garantir la sécurité de l'axe routier Constantinople-Thessalonique. Mais elle le sera plus encore quand les Bulgares, au moment de la création d'un Etat indépendant (680-681 ap. J.-C.) entrent en scène et adoptent une attitude particulièrement hostile à l'Empire. Les événements qui se précipitent alors (789 ap. J.-C.: meurtre du général de Thrace; 809 ap. J.-C.: attaque d'un convoi de fonds dans la région du Strymon), malgré une trêve de courte durée, conduiront à une rupture définitive entre le tsar Samuel et Basile II, qui fera couler beaucoup de sang dans les deux royaumes (989-1014 ap. J.-C.). Pourtant, la région comprise entre le Strymon et le Nestos ne jouira pas longtemps de la paix que lui promettaient les succès militaires des Byzantins: les révoltes de militaires haut gradés (G. Maniakis 1042 ap. J.-C.), les invasions de troupes occidentales (Normands: 1185 ap. J.-C.), les mobilisations et les incursions bulgares (1195 ap. J.-C.) menacent la région d'Amphipolis, dévastent Serrès et mettent le mont Pangée à feu et à sang.

La quatrième Croisade qui transforma radicalement les Balkans (1204 ap. J.-C.), fit rentrer la Macédoine orientale dans le giron du royaume de Thessalonique pour la transformer, peu après l'occupation, en champ de bataille entre les Francs, les Bulgares et les Byzantins, à l'instar de la Thrace. Prise dans le tourbillon des événements, Serrès passe en quelques années des mains des Latins à l'autorité du tsar bulgare Ioannitzès (1205 ap. J.-C.); puis, elle est libérée par Théodore Comnène Doucas (1221 ap. J.-C.) pour être ensuite occupée par Jean Asen II (1230 ap. J.-C.). Enfin, en 1246 ap. J.-C., elle est rattachée à l'Empire de Nicée de Jean III Vatatzès.

Les Turcs qui descendront jusqu'aux côtes européennes (1355 ap. J.-C.) n'auront aucune peine à marcher vers l'Occident et à concrétiser leurs plans ambitieux. Affaibli par la guerre entre Andronic II et Andronic III, l'incursion des Serbes et le conflit dynastique entre Jean Cantacuzène et Jean V Paléologue, le pays sera une proie facile pour l'envahisseur belliqueux. Après 1389, une foule de Juruques, paysans ou pasteurs pour la plupart, colonisèrent la riche région de Serrès qui était sous l'autorité du croissant depuis à peine six ans. En 1391, Christoupolis (Cavala) tombe presque aussitôt et doit bientôt payer le lourd tribut du *paidomazoma* –le recrutement obligatoire des garçons pour le corps de Janissaires– alors que Thasos, possession des Génois Gattilusi est cédée comme fief, par le sultan Mohammed II au beau-père de l'ancien despote du Péloponnèse, Démétrios Paléologue (1460). Angiottelo qui, prisonnier, parcourut le pays en 1470 et décrivit avec un enthousiasme naïf les antiquités de Philippes (témoins obsédants du passé), pleura sur la ville de Christoupolis en ruines, naguère parée de magnifiques vergers regorgeant d'agrumes et devenue désormais un repaire de redoutables brigands et de corsaires.

Cependant, après la tourmente de la conquête, la situation s'améliora, les années pansèrent les blessures et la vie reprit tant bien que mal. Au milieu du XVIème siècle ap. J.-C., Serrès est une ville florissante, comptant une importante communauté de commerçants juifs qu'y a installée Süleyman le Magnifique (1520-1566 ap. J.-C.), après l'avoir transplantée de Buda et de Pest. Cavala, en 1527 ou 1528, se peuple aussi de Grecs hardis qui quittent les montagnes inhospitalières (refuge pendant les premières années de servitude) et se transforme rapidement en un port important. On voit alors se fonder Nigrita et Syrpa. Des bateaux en provenance de Raguse, de Chios, de Venise et d'Egypte remontent le Strymon, proposent leurs marchandises aux indigènes et repartent avec leurs cales pleines de blé, de cuir et de laine. Des moissonneurs et des maçons bulgares pourvoient aux besoins grandissants de la production agricole et du bâtiment dans les campagnes environnantes de Cavala et à Thasos. Dans les villes, les *khan* (auberges) et les entrepôts de marchandises, les mosquées aux toits de plomb, les hospices pour indigents, les *medrese* (écoles religieuses) et les aqueducs monumentaux, les châteaux et les demeures patriciennes témoignent de la prospérité économique qui caractérisa la deuxième moitié du XVIème siècle, une prospérité que contrôlaient d'un oeil sévère les Janissaires et qu'exploitait l'autorité centrale en prélevant un lourd impôt.

Les ruines de Philippes (la Filipcik des Ottomans) hantées par le mythe d'Alexandre, le nom de Cavala (qu'une étymologie populaire abusive rattache à Bucéphale), les ruines des forteresses et des églises font resurgir quotidiennement un passé dont le souvenir est douloureux et rendent la servitude intolérable. Une servitude que des

Grecs aisés, comme le "richissime" Patroulas de Serrès (1598 ap. J.-C.), mais aussi des laïcs et des clercs –nouveaux martyrs de la Nation– sont appelés à payer de leur fortune ou de leur vie et que les donations et les subsides des expatriés à Vienne, Brasov, Buda et Pest tentent d'adoucir en finançant la construction d'écoles, en fondant des bibliothèques, en aidant les communes, en réconfortant les opprimés.

Alors que s'achève le XVIème siècle (avec son cortège de tourments et d'incursions de pirates jusqu'à l'intérieur de Cavala) et que commence le siècle suivant (marqué par des dévastations mais aussi par des tentatives de restructuration), Drama, grâce à sa plaine fertile se transforme en un centre actif de production de coton, de fabrication de tissus en lin et d'exportation de riz. Avec son château byzantin, ses belles auberges, son *bedesten,* ses hospices pour vieillards et ses riches jardins, Serrès devint peu à peu le fournisseur exclusif de l'Arabie et de la Perse en mouchoirs et en peignoirs de bain confectionnés par des chrétiennes. A Orphani, une nouvelle bourgade qui s'est implantée à l'emplacement de Chrysoupolis, à proximité du Strymon, des navires marchands transportent le fruit du dur labeur des habitants de la région (essentiellement du blé). Les consuls et vice-consuls des grandes puissances qui s'installent à Cavala ou qui, tout en ayant leur siège à Thessalonique parcourent la Macédoine orientale du XVIIIème et du XIXème siècle ap. J.-C., décriront le bazar de Nigrita, avec ses teintureries, ses ateliers d'orfèvres et ses ateliers de cuivre, ils évoqueront le coton d'excellente qualité de Zichna qui, une fois filé, était exporté en Hongrie et en Pologne et ils ne tariront pas d'éloges sur Cavala, où des entreprises commerciales organisent l'exportation du tabac et de l'huile, où les fonctionnaires de l'Etat surveillent le chargement d'obus en fer fabriqués à Pravista; enfin, ils vanteront Mélénik et ses trente tanneries, son imprimerie d'ouvrages en langue grecque et sa bibliothèque de très grande valeur. A la fin du XVIIIème siècle, l'île de Thasos disposait d'immenses oliveraies, elle produisait un excellent miel, ses forêts touffues étaient réputées pour leur bois de construction navale et ses marbres voyageaient vers des côtes lointaines pour faire resplendir les maisons de maîtres (notables nouvellement enrichis).

La rébellion des Serbes, au début du XIXème siècle galvanise les Macédoniens et leur rêve de liberté. Même si, par peur d'un soulèvement, les Grecs de Serrès furent désarmés, Nikotsaras, *armatole* fougueux et idéologue téméraire, transporta le flambeau de la renaissance à Achinos et à Zichna (1807) et les Turcs furent violemment repoussés à Potos sur l'île de Thasos (1821). Si les brigands albanais dévastent la région de Serrès, tirant profit de l'effervescence révolutionnaire et saccagent les *cazas* de Pétrich et de Sidirokastro (1829), la fondation de l'Etat néohellénique indépendant (1830), la nomination d'un consul de Grèce à Thessalonique (1835) et d'agents consulaires à Cavala et à Thasos renforcent les espoirs de la population asservie et ravivent chez les exilés et les fugitifs le désir du retour. Mais ce désir restera insatisfait pendant au moins un demi-siècle, car le romantisme démesuré de la politique d'Athènes de 1840 à 1850 (qui ne manquera pas d'avoir des conséquences désastreuses sur les affaires grecques), les positions slavophiles des Russes au lendemain de la guerre de Crimée, l'émergence du nationalisme bulgare et enfin les tentatives d'intrusion et d'installation d'éléments slaves dans des régions hellénophones (Mélénik, Névrokopi, Stromnitsa) empêchent toute tentative d'intervention de la part de la Grèce libre: ils étouffent dans l'oeuf les élans révolutionnaires et désarment le courage. Opprimés par les Turcs, les Macédoniens sans défense devant l'expansionnisme bulgare et les tergiversations serbes, mobilisent alors, avec l'aide du gouvernement grec, le vieil allié de l'hellénisme, à savoir l'instruction, et érigent dans les villes et les villages des monuments témoins d'une civilisation immortelle, des écoles, des pensionnats de jeunes filles, des centres d'apprentissage. Pour les Macédoniens, les *kryfa scholia* (écoles secrètes), outre le savoir qu'elles dispensent, sont d'abord des écoles de courage et de persévérance. Après les premières tentatives avortées (1897), les Macédoniens passeront d'une position d'attente à la première ligne des combats, main dans la main avec les Crétois et les habitants du Péloponnèse. Les troupes grecques qui marchèrent triomphalement jusqu'à Drama, Serrès et Cavala, écrasant l'armée turque et les bataillons bulgares supérieurs en force et en armement, redonnèrent à la Macédoine orientale sa place au sein de l'hellénisme, à la fin des Guerres Balkaniques (1912-13). Elles décernèrent aux habitants martyrisés le prix du "combat macédonien". C'est avec le traité de Bucarest (1913) que, dans l'histoire de la Macédoine, se clôt le chapitre entamé au XIVème siècle ap. J.-C., avec l'invasion de la région par la Turquie, et que cette contrée s'achemine vers de nouveaux triomphes.

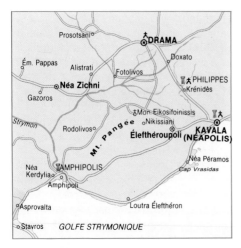

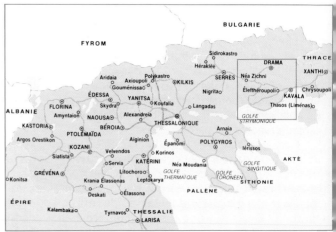

AMPHIPOLIS
et sa région

428

APERCU HISTORIQUE

Fondée en 437 av. J.-C. par les Athéniens sous la houlette d'Hagnon, fils de Nicias, Amphipolis devait bientôt compter parmi les cités les plus importantes de la Macédoine du Nord. Construite à l'emplacement de la bourgade thrace Ennéa Hodoi et dotée d'un passé préhistorique, elle ne tarde pas à devenir le centre le plus peuplé de la région, de par sa situation au carrefour de voies terrestres cruciales et grâce au contrôle qu'elle exerce sur le Strymon, alors navigable, et les versants riches en mines d'or du mont Pangée, dont elle exploite également le bois pour la construction navale.

Ville à la population hétéroclite, puisqu'aux colons athéniens s'ajoutèrent bientôt des Ioniens venus des régions voisines, des Thraces et des étrangers, riche cité, construite dans un site stratégique, elle jouera un rôle capital dans la sévère confrontation entre sa mère patrie et Sparte (422 av. J.-C.). En 357 av. J.-C., elle passe aux mains de Philippe II et devient bientôt l'un des centres les plus puissants et les plus cruciaux de tout le royaume; de nombreux Macédoniens viennent du reste s'y installer. C'est d'Amphipolis que part Alexandre le Grand, lorsqu'il entreprend sa glorieuse campagne d'Asie; sa femme, Roxane, et son fils Alexandre IV y seront exilés. C'est encore dans cette ville que mourra Philippe V.

C'est à Amphipolis que Paul-Emile, devait proclamer, après la bataille de Pydna (168 av. J.-C.), le nouveau statut de la Macédoine, conformément auquel la ville devenait la capitale de la pre-

428. Les bâtiments du gymnase vus de l'est.

mière des quatre circonscriptions (ou "mérides") correspondant au nouveau découpage administratif et économique de l'ancien royaume. *Civitas libera* –cité libre– au lendemain de la victoire du triumvirat à Philippes (42 av. J.-C.), elle tire parti de tous les privilèges –autonomie etc.– que lui accorde la domination romaine, frappant même une monnaie pour célébrer l'événement. Un demi-siècle auparavant (87/86 av. J.-C.), la cité avait été occupée par le général de Mithridate VI, Taxillès, lorsque le roi du Pont avait voulu déborder les forces de Sylla. Pompée s'y était réfugié, après avoir été défait à Pharsale (48 av. J.-C.), dans une tentative désespérée pour reconstituer ses forces et poursuivre la lutte contre Jules César. Quelques années plus tard, en 31 av. J.-C., avant la bataille navale d'Actium, Marc-Antoine choisira Amphipolis comme base pour sa flotte, en vue de l'imminent affrontement avec Octave.

Entre le début et la moitié environ du Ier siècle av. J.-C., la ville fut, semble-t-il, détruite par des tribus thraces révoltées, mais pas entièrement cependant puisque, en 50 ap. J.-C., elle accueille l'apôtre Paul. Avec l'avènement d'Auguste sur le trône impérial, Amphipolis connaît un nouveau rayonnement, qui durera pendant les trois pre-

miers siècles de notre ère: il se traduit aussi bien dans les nombreuses émissions de l'atelier monétaire de la ville que dans les témoignages épigraphiques et les constructions.

LE SITE ARCHEOLOGIQUE

LES REMPARTS

Deux enceintes fortifiées, l'enceinte extérieure –les fameux "longs murs"– de 7500m de long et l'enceinte intérieure de 2200m entouraient depuis l'époque classique, la première la totalité de la ville et la seconde, le centre urbain proprement dit. Les tours carrées et rondes, les portes, les bastions, construits en bel appareil de blocs de pôros de la région ainsi que le système d'évacuation des eaux de pluie, d'une conception très sophistiquée, confèrent à cette oeuvre de poliorcétique, dont certains tronçons sont conservés sur une hauteur de 7 à 8m, un caractère monumental. Les pieux de bois, substructure du pont sur le Strymon, déjà connue du temps de Thucydide, constituent une trouvaille absolument unique.

LA VILLE

Notre connaissance de l'organisation de la cité reste imparfaite puisque les vestiges qui ont été fouillés ne nous en offrent qu'une image très fragmentaire; mais ce tableau est néanmoins enrichi par les observations que nous pouvons faire sur le réseau routier (voies dallées), l'ornementation des monuments (fresques, pavements de mosaïques) ainsi que par l'étude des plans des maisons qui répondent à la disposition classique, à savoir des pièces distribuées autour d'une cour carrée à ciel ouvert, présentant un puits et un système d'adduction d'eau (maison du IVème siècle av. J.-C. à l'angle ouest de l'acropole, maison du IIème siècle av. J.-C., au sud de la ville).

429

*429. Les deux faces d'un tétradrachme d'Amphipolis.
A l'avers, Apollon, au revers, une torche.
Vers 390-357 av. J.-C. Berlin, Münzkabinett.*

430. Partie des fortifications de la ville.

431. Plan des bâtiments du gymnase d'Amphipolis.

431

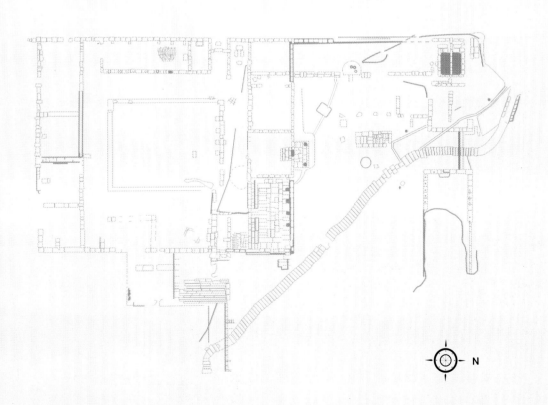

LES SANCTUAIRES

En divers endroits de l'immense étendue qu'occupait Amphipolis, on a identifié plusieurs petits sanctuaires sans rapport apparent entre eux: le premier, dédié à la muse Clio (première moitié du IVème siècle av. J.-C.) et d'autres consacrés au culte des divinités orientales et égyptiennes, Cybèle et Attis. L'abondance des inscriptions ainsi que certains textes littéraires attestent également l'existence de sanctuaires dédiés à Asclépios, Athéna, aux Dioscures et à Héraclès. Parmi les dieux honorés à Amphipolis, une place privilégiée était accordée à Artémis Tauropolos et au fleuve Strymon, dont des représentations apparaissent jusque sur des monnaies de la cité, dès l'époque hellénistique. A l'extérieur du tronçon nord du rempart, une construction rectangulaire présentant un puits, de nombreux vases (hydries, kernoi) ainsi que des figurines en terre cuite, notamment de femmes, serait vraisemblablement un Thesmophorion; il pourrait aussi s'agir d'un Nymphaion.

LE GYMNASE

Au sud-est de la colline de l'acropole et dans l'enceinte du rempart, les fouilles de ces dernières années ont mis au jour le gymnase de la cité, construit en blocs de pôros, tantôt en bel appareil isodome, tantôt pseudo-isodome, probablement contemporain du rempart oriental. L'édifice, un parallélogramme de 46,80 x 36,10m, fut détruit, semble-t-il, par un incendie au début du Ier siècle av. J.-C., manifestement victime de la période de bouleversements que connut alors la Macédoine (raids de tribus thraces, attaque des armées de Mithridate VI).

Il fut réparé aux premiers temps de l'Empire ou un peu plus tôt, et l'on y enseigna de nouveau aux jeunes d'Amphipolis l'art de devenir un honnête homme *(καλός κἀγαθός);* toutefois, il ne dut guère fonctionner au-delà du milieu du Ier siècle ap. J.-C.

432. Le gymnase vu du nord.

433. La grande salle destinée aux bains, au nord-est de la palestre.

434. La cour intérieure de la palestre, vue du propylée nord d'époque romaine.

434

Dans les ruines qui ont été mises au jour, on a découvert des témoignages épigraphiques très précieux, dont la fameuse "Loi éphébique" d'une importance égale à celle de la "Loi gymnasiarque" de Béroia.

Construit sur le plan de la maison classique/hellénistique, le gymnase d'Amphipolis est agencé autour d'une cour centrale à péristyle (20,60 x 15,40m) qui comporte sur ses quatre côtés des portiques et des salles hypostyles couvertes, destinées aux besoins des jeunes athlètes (palestre).

On ne sait toujours pas exactement à quels usages étaient destinées l'aile orientale du gymnase, où sous des ajouts plus tardifs, on a identifié une entrée de 3m de large, pas plus que l'aile occidentale, diamétralement opposée, avec son sol de tuileaux semi-circulaires: la thèse selon laquelle il s'agirait d'un Ephébeion n'est cependant pas à rejeter.

Les ailes nord et sud présentent un plan général identique (à une simple différence près dans l'agencement des espaces): quatre pièces, celle du nord-est étant la mieux conservée, sont dotées d'un système d'adduction et d'évacuation des eaux; la plus grande des quatre, dans les deux ailes, était destinée aux bains.

435. Décor pariétal d'une maison hellénistique d'Amphipolis, une remarquable imitation d'appareil pseudo-isodome.

436. Sur une base reconstruite par convention sur le modèle antique, exactement à l'endroit où l'on découvrit les fragments épars du monument (rive occidentale du Strymon), se dresse le célèbre "lion d'Amphipolis" en pierre. Selon certains archéologues, ce monument funéraire, l'un des plus imposants du dernier quart du IVème siècle av. J.-C., aurait été élevé en l'honneur d'un personnage de premier plan. D'autres y voient plutôt un "séma" (monument honorifique) de vertu guerrière en l'honneur d'un illustre enfant d'Amphipolis: les noms de Néarque, amiral d'Alexandre le Grand, d'Androsthénès ou encore de Laomédon ont été avancés.

LA NECROPOLE

Dans la nécropole, la plupart des quatre cents tombes qui ont été fouillées —tombes à fosse, à chambre et tombes à toit de tuiles— ont doté le Musée de Cavala d'oeuvres remarquables, témoignages de la céramique, des arts mineurs et de l'orfèvrerie et ont enrichi l'histoire de l'art funéraire de superbes stèles souvent décorées de bas-reliefs.

LE MUSEE ARCHEOLOGIQUE

Le musée local a été construit à l'entrée de la commune actuelle d'Amphipolis qui correspond du reste à l'entrée de la ville antique. Il abrite un choix intéressant de trouvailles d'époque antique, paléochrétienne et byzantine, provenant des fouilles d'Amphipolis. Dans l'optique qui prévaut au sein de l'Ephorie des antiquités préhistoriques et classiques de Cavala, la collection présentée vise davantage à brosser un portrait de l'identité culturelle d'Amphipolis et de sa région au fil du temps, qu'à juxtaposer simplement des objets d'art et des oeuvres réalisées par ses habitants au cours des siècles.

La salle du rez-de-chaussée présente à travers un choix de trouvailles (céramique, armes et bijoux) la période préhistorique de la ville; viennent ensuite les trouvailles de l'époque historique. Sculptures, figurines, céramique, monnaies, outils, armes, bijoux, documents épigraphiques —mis au jour lors des fouilles archéologiques effectuées dans les édifices publics et privés de la ville et dans ses nécropoles— offrent un tableau de la vie publique et privée dans la cité et, accompagnés de cartes, de photos et de reconstitutions des monuments, viennent compléter l'information du visiteur et l'aider à appréhender le vif intérêt offert par cette région.

A l'entresol surélevé, sont présentées des expositions temporaires, de caractère plus spécialisé, qui ont trait à des unités thématiques de l'histoire culturelle de l'Amphipolis antique, paléochrétienne et byzantine.

437. Simulacre en terre cuite de masque tragique de femme, provenant d'une tombe d'Amphipolis. Deuxième moitié du IVème siècle av. J.-C. Amphipolis, Musée archéologique.

438. Buste de femme en terre cuite, manifestement une divinité. Découvert dans une tombe d'Amphipolis. Milieu du IVème siècle av. J.-C. Amphipolis, Musée archéologique.

437

438

439. Coffret en argent destiné à recevoir les os et couronne en or découverte à son intérieur, IVème siècle av. J.-C. Amphipolis, Musée archéologique.

441

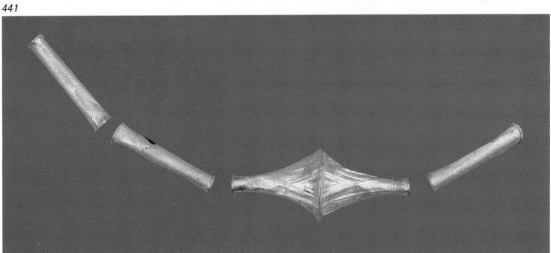

440. Couronne de feuilles d'olivier en or, provenant
d'Amphipolis, IVème-IIIème siècle av. J.-C.
Amphipolis, Musée archéologique.

441. Quatre perles en or de collier. Début du Vème
siècle av. J.-C. Trouvaille fortuite provenant d'Ennéa
Hodoi. Amphipolis, Musée archéologique.

442. Vase plastique en terre cuite: sur un socle rond, un petit Eros dort, appuyé sur une amphore et brandit dans la main droite une torche. Nécropole d'Amphipolis, IIème-Ier siècle av. J.-C. Amphipolis, Musée archéologique.

443. Figurines en terre cuite d'acteurs jouant les esclaves, découvertes dans des tombes d'Amphipolis. Deuxième moitié du IVème et deuxième moitié du IIème siècle av. J.-C. Amphipolis, Musée archéologique.

443

348

SERRES
et sa région

444

APERCU HISTORIQUE
ET SITE ARCHEOLOGIQUE

Connue dans les sources littéraires depuis le IVème siècle av. J.-C. (témoignage de Théopompe dans le vingtième livre de ses *Philippiques*), et à travers des textes épigraphiques depuis le IIIème siècle av. J.-C., Sirrha ou Sirai (l'actuelle ville de Serrès) est l'un des rares cas de ville macédonienne dont l'activité se prolongea sans interruption de l'antiquité jusqu'à nos jours.

Membre du "Koinon des Macédoniens" dotée d'une *boulè* et d' *agoranomes,* elle occupait, semble-t-il, à l'époque de Septime Sévère (192-211 ap. J.-C.) une position hégémonique au sein de la confédération des cinq villes de l'Odomantique (Bergè, Gazoros, Adrianoupolis, Skimbertioi et Sirrha). Située sur l'axe routier menant d'Héraclée Sintique à Amphipolis, cette cité exportait les produits de ses plaines fertiles à partir d'Eïon, le port du plus grand centre habité de la région, dans le Nord de l'Egée. Autonome durant les derniers siècles de l'antiquité, elle est attestée comme siège d'un évêque (Vème siècle ap. J.-C.).

"Ville fortifiée", "cité majestueuse et merveilleuse", "grande et riche", tête de pont de l'Empire byzantin contre les incursions slaves, conso-

444. Serrès de l'acropole.

446

445. Petite inscription sur le côté ouest de la Tour d'Oreste.

446. Grande inscription sur le côté ouest de la Tour d'Oreste.

447. Le côté sud de l'ancienne Métropole de Serrès.

lidée par Nicéphore Phocas, Serrès sera la pomme de discorde entre les Francs de la quatrième Croisade, les Bulgares, les Serbes et les Turcs. Ville "magnifique", elle repoussera ses assiégeants (976 ap. J.-C.), accueillera ses libérateurs par de brillantes cérémonies (990, 1014, Basile II Bulgaroctone), sera détruite de fond en comble (en 1206, par le tsar bulgare Ioannitzès) et finira par passer sous la juridiction de son ennemi juré (1230-1245, le tsar bulgare Ivan II Asen). Avant que ne sonne l'heure de la domination ottomane (1383), devenue une bourgade sans importance au sortir de tant de revers et d'épreuves, elle aura à pâtir du conflit des Paléologues et sera occupée par le roi serbe Stéphane Douchan (1345-1371) à qui elle dut cependant la "Tour d'Oreste" sur l'acropole, célèbre par l'inscription qui s'y réfère.

Evliya Celebi, qui passe par la ville au XVIIème siècle, après que les troubles suscités par l'installation des Ottomans se furent apaisés, parle des murailles de Serrès (détruites à son époque) et de la population qui résidait à l'intérieur et à l'extérieur de la forteresse. C'est à lui et à Cousinery que nous devons les premières mentions de l'église de Saint-Nicolas *intra muros,* oeuvre de la première moitié du XIVème siècle, élégamment restaurée par des particuliers en 1937, mais

selon un plan qui ne correspond pas à celui qui avait été initialement prévu.

A l'époque de la toute-puissance d'Ismaël bey (XVIIème-XVIIIème siècle), Serrès n'avait rien perdu de son importance: avec une population de 30.000 personnes environ, pour moitié turque, elle se trouvait au carrefour d'artères commerciales qui la reliaient à Thessalonique, Cavala, Mélénik, Stromnitsa et Ano Névrokopi. Administrativement, elle dépendait alors de Monastir. La ville était divisée en deux: d'un côté, la vieille ville où habitaient les Chrétiens et quelques Juifs, et de l'autre, la ville nouvelle. Le blé, le coton et le tabac apportèrent à Serrès la prospérité et l'aisance économique.

La majorité des trente-et-une églises qui ornaient la ville, furent détruites par les incendies de 1849 (qui ravagèrent les trois-quarts de l'ancien espace habité et le marché central) et de 1913, ou réduites à l'état de ruines. Aujourd'hui, grâce aux soins du Service archéologique, la splendide Métropole, datée de la fin du XIème et du début du XIIème siècle, a retrouvé sa grandeur perdue.

Parmi les monuments consacrés au culte d'Allah, il convient de citer le tombeau d'Ahmet Pacha (1492), la mosquée de Kodja Moustapha Pacha (1519) et celle de Tjintjirli.

LA COLLECTION ARCHEOLOGIQUE

Dans le *bedesten* de la ville −vaste bâtiment sur un seul niveau du XVème siècle ap.J.-C.−, le Service archéologique abrite les antiquités qui s'échelonnent de l'époque hellénistique à l'époque byzantine et proviennent de tous les sites de la région de Serrès: sculptures et inscriptions, statues et reliefs funéraires d'Aïdonochori (ancienne Tragilos), de Daphnoudi, de Sidirokastro, de Métalla, de Toumba, reliefs votifs provenant de Serrès, un lit en marbre et une porte à double battant en marbre, découverts dans une tombe "macédonienne" de Kerdylia; des vases, figurines, lampes à huile et strigiles d'Argilos, Tragilos et Bergè, une représentation en mosaïque de l'apôtre André (XIIème siècle) et une icône en marbre figurant le Christ Bienfaiteur (XIIème-XIIIème siècle) provenant de l'ancienne Métropole de Serrès.

448. Statuette en terre cuite de Léda, provenant de l'antique Tragilos (Aïdonochori, près de Serrès). Fin du IVème-début du IIIème siècle av. J.-C. Serrès, Musée archéologique.

449. Le bedesten de Serrès qui abrite le Musée archéologique.

448

449

450

450. *Stèle votive consacrée à Artémis Bendis, provenant de Serrès, IIème siècle ap. J.-C. Serrès, Musée archéologique.*

451. *Stèle honorifique inscrite: la ville de Siris (?) en hommage à Tibérius Claudius Flavius, agonothète des fêtes célébrées en l'honneur de l'empereur romain, IIème siècle ap. J.-C. Serrès, Musée archéologique.*

452. *Bas-relief funéraire inscrit, représentant, sur la partie supérieure, un buste d'homme et de femme et un cavalier thrace et sur la partie inférieure, deux bustes d'hommes et un buste de femme. Découvert à Serrès, IIème siècle ap. J.-C. Serrès, Musée archéologique.*

451

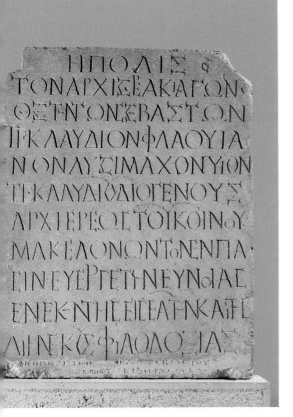

452

454. Fragment d'une mosaïque représentant l'apôtre André, provenant de l'ancienne Métropole de Serrès, XIIème siècle. Serrès, Musée archéologique.

453. Icône en relief du Christ Bienfaiteur, provenant de l'ancienne Métropole de Serrès, XIIème-XIIIème siècles. Serrès, Musée archéologique.

453

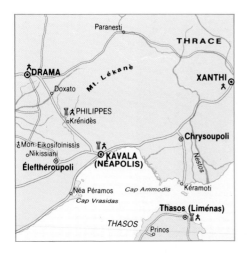

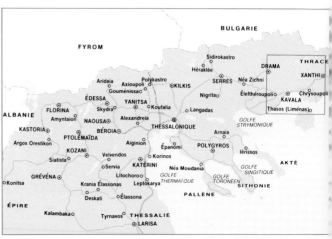

CAVALA (NEAPOLIS)
et sa région

455

APERCU HISTORIQUE
ET SITE ARCHEOLOGIQUE

Les textes ne nous renseignent ni sur le nom de la métropole qui colonisa la ville de Néapolis ni sur la date de sa fondation. Cependant, les recherches les plus récentes accréditent la thèse selon laquelle, au milieu du VIIème siècle av. J.-C. environ, des habitants de Thasos et des émigrés venus de Paros fondèrent Néapolis (l'actuelle Cavala), quand ils atteignirent la côte d'en face pour endiguer les incursions thraces. Se détachant du Symbolon, chaîne de montagnes peu élevées au pied du mont Pangée, la longue et étroite péninsule où se dresse aujourd'hui le quartier de Panaghia, allait devenir un site fortifié d'où les habitants nouvellement installés pouvaient apercevoir leur île, tout en gardant les yeux fixés sur l'intérieur des terres, en territoire ennemi.

La ville fut rapidement dotée de murailles et acquit de l'importance en raison de sa situation privilégiée, au croisement de la route de l'Orient et de celle de l'hinterland aurifère. Les nombreuses offrandes venues de tous les coins du monde égéen, les riches émissions monétaires de Néapolis (statères en argent et leurs subdivisions) mais surtout le superbe temple de marbre consacré à la Parthénos (forme hellénisée de la Bendis thrace) témoignent de la prospérité de la cité vers 500 av. J.-C. Se dressant au milieu d'un sanc-

455. Vue de Cavala.

457

456. Statère d'argent de Néapolis, portant une tête de Gorgone au droit. Provenant de Pontolivado, près de Cavala, 520-500 av. J.-C. Cavala, Musée archéologique.

456

458

460

457. Détail d'une figurine de korè en terre cuite provenant du sanctuaire de la déesse Parthénos à Néapolis (l'actuelle Cavala). Troisième quart du VIème siècle av. J.-C. Cavala, Musée archéologique.

458. Chapiteau ionique provenant du temple de la déesse Parthénos à Néapolis (l'actuelle Cavala). Fin de l'époque archaïque. Cavala, Musée archéologique.

459. Couvercle d'une lékanis en terre cuite, à figures noires. Provenant du sanctuaire de la déesse Parthénos à Néapolis (l'actuelle Cavala). Fin du VIème siècle av. J.-C. Cavala, Musée archéologique.

460. Décret des Athéniens aux habitants de Néapolis, 356/5 av. J.-C. Représentation d'Athéna et de la déesse Parthénos, protectrice de Néapolis. Cavala, Musée archéologique.

tuaire entouré d'un mur de péribole en gros blocs de calcaire, ce temple d'époque archaïque tardive se signale par une sensibilité ionique et un remarquable décor sculpté.

Après la bataille de Platées et le départ des Perses, la ville, membre de la première "Ligue athénienne", apporta une contribution annuelle de 1000 drachmes à la caisse commune, à partir de 454-53 av. J.-C. Sur les listes s'y référant, elle est mentionnée comme "Néapolis en Thrace". Fidèle à la cité de Pallas, elle s'opposera aux visées expansionnistes des Thasiens qui voulurent occuper la traversée thrace et elle endurera stoïquement le siège des Spartiates en 411-410 av. J.-C. Egalement membre de la seconde "Ligue athénienne", elle aura recours à la protection d'Athènes devant le nouveau péril qui la guettait, après la prise d'Amphipolis par Philippe II de Macédoine. Cependant, l'aide fournie ne sera pas efficace et Néapolis ne tardera pas à connaître la fin de son autonomie.

Vers 340 av. J.-C., la cité devint le port de Philippes et subit le destin du royaume macédonien. Pendant les siècles qui suivirent, son nom ne fut mentionné qu'occasionnellement: les légions romaines y passèrent (189 av. J.-C.), envoyées en Asie pour affronter Antiochos III. Brutus et Cassius utilisèrent le port de Néapolis comme base pour leur flotte, avant la bataille de Philippes (42 av. J.-C.); c'est là aussi que débarqua l'Apôtre des Nations, Paul (49/50 ap. J.-C.), quand il entama son périple européen pour prêcher le Nouveau Testament.

Son nouveau nom, Christoupolis, apparaît pour la première fois au début du IXème siècle ap. J.-C. Après le découpage en "thèmes", la ville fut rattachée au "thème" du Strymon et resta le dernier bastion de résistance aux incursions slaves. Au XIIème siècle ap. J.-C., elle suscita l'admiration du géographe arabe Idrisi grâce à son site bien fortifié et à son port marchand; cependant, sa prospérité fut de courte durée puisqu'en 1185, les Normands, après avoir occupé Thessalonique, l'incendièrent et la détruisirent de fond en comble. Après 1204, Jean III Vatatzès reconquit les terres de la Macédoine orientale à la suite des luttes intestines qui déchiraient les Francs. Aux vaines tentatives des Catalans au début du XIVème siècle ap. J.-C. pour forcer "la grande muraille" élevée par Andronic II Paléologue pour protéger la ville, succédèrent les bouleversements dus à la lutte entre Andronic II et III. Pendant les années qui précédèrent l'occupation turque, Christoupolis fut menacée par le roi serbe Douchan et la région pillée par des hordes otto-

manes. En 1391, elle fut mise à sac par l'occupant infidèle et ses habitants ne trouvèrent leur salut que dans la fuite. Transformée en caserne, la ville voit ses fortifications consolidées (1425). La brève occupation des puissances vénitiennes ne modifia pas le cours de son histoire. Elle poursuivit son destin pendant les siècles de servitude, sous son nouveau nom, Cavala, attesté pour la première fois sur un document de la seconde moitié du XVème siècle ap. J.-C. Elle n'était alors qu'un centre de relais de chevaux et, en réalité, une ville morte, mais jouissait d'une importance stratégique considérable.

Il semble que la situation ait changé après 1526, lorsque les Turcs installèrent dans la région une communauté juive transférée des villes de Hongrie. Ce noyau de population fut encadré de Grecs et d'Ottomans.

En l'espace de quelques décennies, la nouvelle ville bouillonna à nouveau de vie. La forteresse qui se dressait à l'extrémité de la péninsule

461. L'aqueduc de Cavala, construit sous le règne du sultan Süleyman le Magnifique (1520-1566), en remplacement d'une oeuvre byzantine antérieure.

(l'actuel quartier de Panaghia) s'avéra trop étroite pour contenir des habitants aussi nombreux et peu à peu, ceux-ci occupèrent l'espace environnant. La réalisation de grands travaux destinés à pourvoir aux besoins de la ville grandissante transforma le paysage; à l'époque de Süleyman le Magnifique (1520-1566) on construisit le nouveau mur de fortification qui entoure aussi le port, on éleva l'imposant aqueduc (les célèbres Arcades) et on posa les fondements de la mosquée Ibrahim Pacha Djamisi.

Vers 1550, la ville disposait d'une grande auberge, de nombreuses citernes et, entourée de tous côtés par la mer, elle ressemblait à une île. Pendant la deuxième moitié du siècle, son port fut utilisé pour l'exportation des céréales mais aussi pour le mouillage de vaisseaux pirates (pas toujours bienvenus) chargés de prisonniers destinés à être vendus sur les marchés d'esclaves. Quand, en 1667, le chroniqueur turc Evliya Celebi visita Cavala, la ville comptait 500 habitations

en pierre à deux étages, regroupées dans cinq quartiers et à l'extérieur de la porte du port, deux auberges (khan) et de nombreux entrepôts. Le commandant du fort logeait dans la forteresse qui abritait aussi la poudrière. Dans le quartier sis sous la forteresse cinq mosquées du sultan aux toits de plomb proclamaient la parole d'Allah.

Au fil du temps, la ville située sur le passage entre l'Orient et l'Occident devint une étape pour des voyageurs de plus en plus nombreux: membres du clergé, consuls des grandes puissances de l'époque, archéologues amateurs et passionnés d'histoire. On y entreposait des marchandises venues de Smyrne et d'Egypte ainsi que la production thasienne et on y chargeait les boulets de canon fabriqués dans la célèbre ville de

Pravi (auj. Elefthéroupolis), à destination de l'arsenal de Constantinople.

A partir du milieu du XVIIIème siècle, grâce à l'installation d'un comptoir français et à la nomination d'un consul, Cavala instaura des relations commerciales étroites avec Marseille, vers laquelle elle acheminait le coton d'Orphanio, le riz de Drama, l'huile de Thasos et le tabac des régions environnantes. Pendant la guerre russo-turque (1768-1774), des divisions de la marine du tsar pillèrent, semble-t-il, les entrepôts de céréales, avant de se diriger vers l'Eubée. De plus, elles coupèrent 17.000 arbres à Thasos, l'île voisine, afin d'utiliser le bois pour réparer leurs navires ou en construire de nouveaux. Un peu avant la Révolution de 1821, la ville comptait environ 3000 habitants, le nombre d'habitations avait pratiquement doublé et l'activité qui régnait sur le port était celle d'un centre de transit international.

La libération du Sud de la Grèce du joug turc et la création d'un Etat indépendant (1832) firent renaître l'espoir chez les Macédoniens asservis et guidèrent leurs pas. Après 1850, la population de Cavala fit preuve d'une énergie et d'un dynamisme étonnants, comme en témoignent aujourd'hui encore les nouvelles églises (Aghios Prodromos), les imposants entrepôts de tabac, les écoles, les hôpitaux, les salles de gymnastique publiques et enfin les belles maisons de maîtres, tant celles qui appartiennent à la commune (le Grand club, l'Ecole des filles) que celles des particuliers, exemples intéressants de diverses influences architecturales. Déjà, quelques années auparavant (1817), la famille de Mehmet Ali avait édifié dans la forteresse, à l'emplacement du sanctuaire de Parthénos, au-dessus des murailles du côté occidental, l'imposant Imaret, un complexe abritant le *medrese* (école religieuse) et l'hospice réservé aux Ottomans indigents.

Dans les dernières années du XIXème siècle, on dénombrait 10.000 Grecs qui détenaient tout le commerce, et comptaient dans leurs rangs d'éminents savants et des scientifiques émérites. A l'aube du XXème siècle, la ville est prête à affronter son destin qui la ramènera finalement dans le giron de la Grèce, au sortir de tant d'années de servitude (27 juin 1913). Avant d'être libérée, il lui faudra pourtant subir encore la violence, l'oppression et la cruauté de l'armée bulgare qui l'occupera en octobre 1912, lors d'un épisode de la guerre balkano-turque.

462

463

462. La maison natale de Mehmet Ali, à Cavala.

463. Vieille maison dans le quartier Panaghia à Cavala.

464. Maison de maître (archontiko) à Cavala.

464

LE MUSEE ARCHEOLOGIQUE

465

Le Musée de Cavala qui ouvrit ses portes à la fin de 1964, abrite des antiquités provenant de fouilles entreprises par le Service archéologique notamment à Amphipolis, Oisymè, Néapolis (Cavala), Strymè et Dikili Tash. Il renferme des reliefs et des stèles funéraires de Gazoros, de Paradisos sur le Nestos (Topeiros?), de Drama, d'Aïdonochori et de Néa Kerdylia. Dans des salles particulières, sont exposées des trouvailles provenant de fouilles de la ville et du cimetière d'Amphipolis (offrandes funéraires découvertes dans des tombes "macédoniennes", bijoux, figurines, vases, stèles funéraires) ainsi que du sanctuaire de Parthénos à Cavala même (décrets gravés sur pierre, vases des VIIème et VIème siècles av. J.-C., pieds de tables, figurines et membres architectoniques du temple ionique de Parthénos du début du Vème siècle av. J.-C.). Des vases préhistoriques provenant des habitats de Lafrouda, d'Amphipolis, de Dimitra, de Galepsos, de Photolivos ainsi que des reliefs architecturaux, des statues et des mosaïques classiques ou romaines provenant d'Aïdonochori (l'ancienne Tragilos) et d'Amphipolis complètent l'exposition au rez-de-chaussée.

466

Le premier étage du musée est consacré aux colonies que les Grecs du Sud avaient implantées aux époques archaïque et classique sur les côtes du Nord de l'Egée et dans des sites plus à l'intérieur des terres; il abrite des offrandes funéraires découvertes dans des tombes d'Oisymè, de Galepsos, de Dikaia et d'Abdère. On peut ajouter à cette liste des vases en argent ou en bronze, des statuettes, des monnaies provenant des tombes du tumulus de Nikisiani (fin du IVème siècle av. J.-C.) et des trouvailles fortuites provenant de différents sites des départements de Cavala, de Serrès et de Drama (vases, statuettes, *larnax*). Merveilleux témoignage de la peinture, la composition qui décore l'intérieur du sarcophage en pôros provenant d'Aïdonochori (300 av. J.-C. environ) témoigne des réalisations accomplies en Basse Macédoine.

465. Vase en terre cuite fait à la main, en forme de canthare à décor incisé et pointillé, provenant de l'habitat préhistorique de Stathmos Angistas, près de Serrès. Fin de l'âge du bronze. Cavala, Musée archéologique.

466. Amphore cycladique en terre cuite, provenant de l'antique Oisymè, 630-620 av. J.-C. Cavala, Musée archéologique.

467

468

467. Détail d'une représentation de troupe dionysiaque sur un cratère à figures rouges. Fin du Vème siècle av. J.-C. Cavala, Musée archéologique.

468. Deux figurines en terre cuite de femmes debout, provenant d'une tombe d'Amphipolis. Deuxième moitié du IVème siècle av. J.-C. Cavala, Musée archéologique.

469. Seau de bronze provenant de la tombe C du tumulus de Nikisiani, près de Cavala. Fin du IVème siècle av. J.-C. Cavala, Musée archéologique.

470. Bol en calice en argent avec médaillon en relief au fond du vase, provenant de la tombe A de Nikisiani, près de Cavala. Fin du IVème siècle av. J.-C. Cavala, Musée archéologique.

470

471

471. *Pendants d'oreilles en or de style ionique, prove-nant d'une tombe d'Amphipolis. Deuxième moitié du IVème siècle av. J.-C. Cavala, Musée archéologique.*

472. *Bague en or dont le chaton est une pierre semi-précieuse, provenant d'une tombe d'Amphipolis, IIème siècle av. J.-C. Cavala, Musée archéologique.*

473. *Pendants d'oreilles en or, provenant d'une tombe d'Amphipolis. Fin du IVème-début du IIIème siècle av. J.-C. Cavala, Musée archéologique.*

472

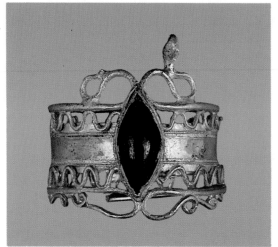

473

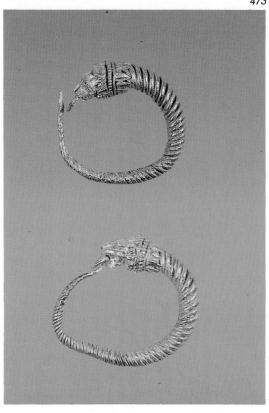

474

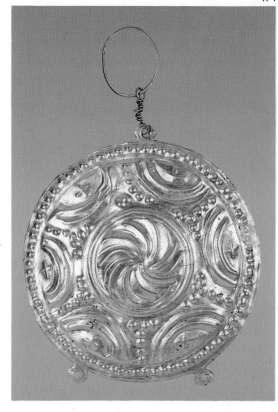

474. Accessoire en or de collier fait d'une fine lame décorée d'un bouclier macédonien, provenant de la tombe "macédonienne" de Philippes, IIème siècle av. J.-C. Cavala, Musée archéologique.

475. Couronne de feuilles de chêne en or, provenant de la tombe "macédonienne" de Philippes, IIème siècle av. J.-C. Cavala, Musée archéologique.

475

477

476. *Stèle funéraire d'éphèbe provenant d'Amphipolis. Fin du Vème siècle av. J.-C. Cavala, Musée archéologique.*

477. *Stèle funéraire peinte provenant d'Amphipolis. Après le milieu du IIIème siècle av. J.-C. Cavala, Musée archéologique.*

476

478. Tablette en terre cuite décorée de masques comiques, provenant d'Amphipolis. Début du IIIème siècle av. J.-C. Cavala, Musée archéologique.

478

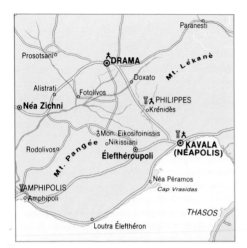

PHILIPPES
et sa région

479

APERCU HISTORIQUE

Appien évoquait Philippes comme "la porte entre l'Europe et l'Asie". Les Thasiens, conduits par Kallistratos, chef politique banni d'Athènes, fondèrent dans la plaine fertile de Datos, la colonie de Krénidès, rebaptisée Philippes en 356 av. J.-C., en l'honneur du roi de Macédoine, Philippe II, qui y établit des colons macédoniens. Elle ne tardera pas à devenir un centre d'exploitation des riches mines d'or du Pangée. Parallèlement, les grands travaux d'assèchement entrepris dans la plaine bornée par trois chaînes de montagnes, l'Orbélos, le Symbolon et le Pangée, améliorent considérablement les conditions climatiques et permettent une exploitation beaucoup plus efficace du sol. La prospérité de la région se reflète, du reste, dans l'imposant atelier de monnaies de la cité qui frappe des statères d'argent et des monnaies de bronze. A l'époque hellénistique, la cité est autonome. Ensuite, faute de sources historiques et de données archéologiques, nous perdons sa trace. Perchée sur un roc escarpé, les regards tournés vers son passé, au fil du temps, elle perd, semble-t-il, une grande partie de sa population et n'est bientôt plus qu'une petite bourgade insignifiante. Strabon parlera d'elle comme d'une "petite colonie". Pourtant, l'histoire se souviendra de Philippes et lui fera même une place privilégiée puisque l'issue de l'affrontement meurtrier qui, au mois d'octobre de l'an 42 av. J.-C., oppose, à l'ouest de la ville, Brutus et Cassius d'un côté et Antoine et Octavien, de l'autre, devait

479. *Vue générale de l'antique cité de Philippes et de la plaine.*

480. Plan du site de Philippes.

naïfs reliefs rupestres gravés sur les flancs de l'acropole, la nouvelle religion chrétienne dont Paul, l'apôtre des Nations, jette les premiers jalons en 49/50 ap. J.-C., trouve bientôt sa place dans la cité et s'y exprime dans d'imposantes basiliques et des baptistères.

La langue latine est progressivement éliminée et, à compter du IIIème siècle ap. J.-C., c'est le grec qui domine comme jadis. Siège du métropolite, dont relèvent 5 ou 7 évêchés, Philippes voit, dès le milieu du Vème siècle, les hordes barbares menacer ses remparts et incendier ses faubourgs. Il lui faut subir les incursions des Goths, suivis au VIIème et VIIIème siècles par les Slaves et plus tard, au IXème siècle, les raids plus destructeurs encore des Bulgares. Pour essayer de consolider les défenses de la ville, les Byzantins restaurent les remparts entre 963 et 969 et construisent des tours sur l'acropole. Le géographe arabe Idrisi qui visite la ville, au XIIème siècle, en décrit la riche activité commerçante et fait allusion à la culture de la vigne qui y est alors pratiquée. Le principal axe routier, la Via Egnatia, qui relie Dyrrachion à Constantinople et traverse la ville en son milieu, amènera dans la cité le chef franc de la capitale byzantine occupée par les Latins, Beaudouin de Flandre, l'empereur de Nicée, Jean III Vatatzès et, au XIVème siècle, Andronic II Paléologue et Jean Cantacuzène.

Enfin arrivent les Turcs, après 1387. Au fil du temps, la ville est désertée. Les marais inondent la plaine, les habitants désertent la ville et seul le nom de Philippes continue à hanter la région. C'est la pioche des archéologues qui devait ensuite arracher le lieu à l'oubli et lui rendre la dimension culturelle que vingt siècles d'histoire avaient patiemment accumulée.

LA VILLE ET SES MONUMENTS

L'antiquité

Au pied du mont Orbélos, la colline conique où se dresse l'acropole de Philippes contemple, juste en face, de l'autre côté de la plaine, le mont Pangée "aux mottes d'or". Au pied de l'acropole, la ville, jadis bruissante d'activités, était ceinte, sur une longueur de 3500m environ, d'un rempart dont subsistent aujourd'hui, les quelques tronçons —antiques et byzantins— que les outrages du temps nous ont conservés à l'état de désolantes ruines.

Cet ensemble fortifié, de plan quasi-parallélépipédique, orienté nord-sud et percé de plusieurs portes —trois au moins sont attestées avec certi-

avoir des incidences historiques considérables pour l'ensemble du monde antique et marquer la fin de la république, à Rome. Quelques années plus tard, Octavien, le futur Auguste, allait tourner une nouvelle page: celle de l'Empire.

Avec cette nouvelle ère qui commence, le visage de la ville se modifie. Aussitôt après la bataille, Marc-Antoine installe comme premiers colons à Philippes les vétérans des légions romaines et, en 30 av. J.-C., Octavien y envoie des Italiens auxquels il cède des terres à exploiter. Dès 27 av. J.-C., la ville prend le nom de *colonia Augusta Iulia Philippensis*. Les constructions très onéreuses, l'imposant forum avec ses deux temples, les thermes, le grand aqueduc, les statues et les monuments honorifiques qui ornent Philippes, notamment après la seconde moitié du IIème siècle ap. J.-C., confèrent à la cité un caractère cosmopolite que vient encore renforcer le passage de la Via Egnatia.

Auprès des croyances thraces et de la religion de la Grèce antique qui s'expriment dans de

481

481. L'agora (forum) de Philippes.

tude par les fouilles et connues sous les noms de porte de Néapolis (Cavala), porte de Krénidès et porte des Marais–, remonte vraisemblablement au règne du fondateur de la cité, Philippe II. La Via Egnatia, qui traverse la cité en diagonale, la distribue en deux quartiers inégaux: le quartier nord, en pente, aux habitations éparses, semble-t-il, dans l'antiquité, et le quartier sud qui concentre tous les édifices publics de la colonie. Le forum de Philippes, dont la partie nord était parallèle à la grande artère unissant Dyrrachion à Byzance, consiste en une vaste place rectangulaire de 100 x 50m, entièrement dallée, bornée aux extrémités par des portiques et des édifices, le tout formant un ensemble monumental qui atteint 148m de long pour une largeur de 70m.

Au milieu de la partie nord, a été conservée la tribune, flanquée de part et d'autre d'un petit édifice –aujourd'hui détruit–, et d'une fontaine, tous deux érigés aux frais de l'*agoranome* (inspecteur des marchés), Lucius Decimius Bassus. L'angle nord-est du forum est occupé par un temple consacré à l'empereur Antonin le Pieux, comportant une *cella* précédée d'un *pronaos* (23,12 x 13,03m): les fragments architectoniques et les trouvailles archéologiques invitent à conclure à l'existence de deux colonnes corinthiennes *in antis* en façade, d'un sol dallé de plaques de marbre, de murs recouverts de stuc et, sur le fronton, d'*acrotères* figurant des Victoires, aux angles, et Athéna, au centre.

Une série de salles au sud du temple, qui forment le côté ouest de l'agora, étaient, semble-t-il, destinées aux autorités administratives de la colonie. C'est du moins ce que suggèrent la construction absidiale, sise à peu près au centre de l'édifice, et que l'on a identifiée avec la Curia, une statue de l'Abondance et une table de marbre comportant cinq cupules semi-cylindriques, de différentes tailles, destinée à définir officiellement les poids et mesures des liquides (*sékomata*).

C'est vraisemblablement dans le portique de 100m de long, situé sur le côté sud du forum et comportant au fond deux grands espaces eux-mêmes divisés en pièces plus petites, que se trouvait le secteur commercial et artisanal de la ville. En revanche, l'aile est était réservée à Hermès Logios, protecteur de l'éloquence: c'est là en effet que se dressait la bibliothèque publique. Dans l'angle nord-est, face au temple d'Antonin le Pieux, une construction de style corinthien, dont l'intérieur est dallé de marbres polychromes, comportait une *cella* précédée d'un *pronaos* et était décorée d'*acrotères* représentant des Nikès en ronde-bosse. Il était consacré à l'impératrice Faustine et au Génius (bon génie) de la colonie.

Au sud-est du forum et faisant pendant à celui-ci, s'étendait le marché romain, presque entièrement détruit par les Byzantins qui édifièrent à cet emplacement une basilique. Comme la palestre, elle aussi détruite à l'époque chrétienne, le marché donnait sur une monumentale voie dallée, de 9m de large. Si l'on n'entend plus aujourd'hui le boniment des petits commerçants, vantant leur marchandise, et si les roues des chars ne laissent plus leur empreinte sur les voies dallées qui l'entouraient d'est en ouest, les jeux des oisifs, gravés dans les dalles du portique hexastyle qui s'élevait sur la façade de cet ensemble monumentale, sont demeurés comme autant de témoignages du destin humain et comme un insolent défi au redoutable ouvrage destructeur du temps.

Il est malaisé aujourd'hui de repérer le plan exact de la palestre, saccagée par les Byzantins qui y ont puisé des remplois afin d'édifier la basilique adjacente. On reconnaît toutefois un quadrilatère de 78 x 58m, comportant une cour centrale qui communiquait, par trois entrées, avec la rue qui passait le long de sa partie nord et, par deux autres (respectivement au sud-ouest et au sud-est), avec la partie de la ville qui s'ouvrait au sud. Le petit amphithéâtre, comportant initialement sept *cunei* (travées), qui s'élevait au centre de l'aile orientale, n'a pratiquement laissé aucun vestige, pas plus que les appartements qui le flanquent. En revanche, la partie sud-est est mieux conservée du fait de la déclivité du terrain: les latrines (14 x 5,50m) dont les murs sont conservés sur une hauteur de 3m en constituent la partie la plus imposante dans sa conception. Parmi les salles de l'aile occidentale, la vaste salle du milieu, dallée, présentant une entrée monumentale sur la cour, est la plus remarquable.

A 150m environ au sud-ouest de la palestre, se dressent les ruines des thermes romains, édifiés dans la seconde moitié du IIème siècle ap. J.-C.: il s'agit d'une construction de 55 x 42m, comportant une cour intérieure, au centre de laquelle on peut voir un bassin rond, auquel on accède par un escalier. Construits vers 250 ap. J.-C., à l'emplacement d'un temple plus ancien dédié au culte d'Hercule, de Liber (Dionysos) et de sa parèdre Libera, les bains publics (*balaneia*) disposaient de salles de repos et de délassement aux sols pavés de mosaïques (aile orientale), de *tepidarium* et *frigidarium* (salles de bains chauds et froids), de vestiaires et d'installations d'*hypocaustes* (aile occidentale). Détruits lors d'un incendie —vraisemblablement à la fin du IIIème siècle—, ils furent reconstruits au milieu du IVème siècle pour être ensuite désertés et livrés à l'abandon.

Sur les pentes douces de la colline de l'acropole, au nord de la Via Egnatia et du forum, sur une terrasse oblongue de 40m de long sur 11m de large, orientée nord-ouest/sud-est, se dressait jadis dans un site dominant la plaine, le sanctuaire des divinités égyptiennes. Cinq *cellae* en enfilade s'appuyant sur un même mur arrière, étaient destinées, comme en témoignent les inscriptions, au culte d'Isis, Sérapis, Horus, Harpocrate et, selon toute vraisemblance, de Zeus Télesphore.

Sur les mêmes versants, à l'emplacement des anciennes carrières, furent érigés, aux IIème-IIIème siècles quantité de petits sanctuaires dédiés à Silvain, Hermès, Bacchus, Héraclès et à la déesse thrace Bendis, identifiée à Artémis. On doit à la piété du haut-dignitaire, Publius Hostilius Philadelphe, d'avoir fourni d'importants subsides qui contribuèrent à la construction et à l'ornementation du temple consacré à Silvain (couverture en tuiles, dallage de marbre, escalier taillé dans la pierre et donnant accès au temple).

Le théâtre de Philippes, l'un des plus grands du monde antique, remonte vraisemblablement à l'époque de Philippe II, le fondateur de la cité: c'est ce que suggère l'étude des tronçons des murs de soutènement (*analemmata*), de la *cavea* et des *parodoi*.

Dans sa forme actuelle, le monument porte surtout la marque des remaniements effectués dans la deuxième moitié du IIème siècle ap. J.-C., à l'époque où les représentations théâtrales firent place aux *venationes* et aux sanglants combats de gladiateurs: sacrifiées à ce type de spectacle facile, les premières rangées de gradins furent ôtées; on agrandit le diamètre de l'orchestra de 21,60 à 24,80m, on ajouta des parapets de protection, on construisit de nouvelles travées par-dessus le *diazoma* (promenoir) reposant sur des supports semi-cylindriques, on recouvrit les *parodoi* de voûtes et on édifia une construction scénique présentant une colonnade d'ordres superposés et des niches pour exposer les statues. Plus tard, on aménagea également des couloirs souterrains sous l'*orchestra* afin de garantir un accès parfaitement sûr pour les fauves.

482

Dans cette phase, l'ornementation se limitait à trois bas-reliefs grossiers figurant Nikè, Némésis et Arès, sur les pilastres de l'entrée dans l'*orchestra* par la *parodos* occidentale. Nous sommes déjà à la moitié du IIIème siècle ap. J.-C. et l'antiquité païenne, lasse d'être mise en cause, ne va pas tarder à passer le flambeau à l'ère de l'élévation de l'âme et du combat spirituel: dès le début du VIème siècle, la gloire du Fils de l'Homme trouvera à Philippes une demeure splendide dans de belles basiliques de marbre et la parole de l'apôtre Paul, victorieuse, retentira sous les coupoles peintes des églises.

L'époque chrétienne

Les voyageurs de jadis mais également les spécialistes qui se sont penchés sur le monument

482. Chapiteau artistiquement décoré de la basilique B de Philippes.

483. L'Octogone de Philippes.

483

ont conservé dans leurs écrits consacrés à l'imposante basilique qui se dresse près du forum —connue sous le nom de basilique B— l'appellation de Direkler (du turc, colonnes) que les occupants ottomans, s'inclinant devant la majesté du monument, avaient donnée à quatre puissants piliers (seule partie visible du monument avant le début de la fouille).

Dépourvue d'*atrium* —bien qu'un espace ait été initialement prévu à cet effet dans le plan— l'église (62 x 47m) appartient au type de basilique à coupole. Reposant jadis sur quatre piliers dont la masse imposante se détache encore aujourd'hui sur l'horizon, ce dôme couvrait le choeur à l'est. Deux colonnades parallèles, de six colonnes chacune, séparaient le vaste sanctuaire de 31m de large en trois nefs qui communiquaient avec le *narthex* par trois entrées voûtées (une par nef). La nef centrale était couverte d'une voûte. De part et d'autre de l'abside qui disposait à l'intérieur d'un *synthronon* (ou banc des prêtres), on avait ajouté pour les besoins des fidèles et du clergé, au nord-est la *phialè* —salle rectangulaire, de 6,90 x 5,60m— et au sud-est, le *diakonikon*. Ces deux salles qui se terminaient, à l'est, par une abside, communiquaient avec le *naos* proprement dit et, à en juger par ce qui reste de leur ornementation, leurs murs étaient recouverts d'un placage de marbre et leurs sols dallés de marbre. L'étude des vestiges archéologiques invite à conclure que cet édifice grandiose, du milieu du VIème siècle environ, disposait au-dessus des nefs latérales et du *narthex* d'une tribune réservée aux femmes (*gynaikonitis*).

Construit sur un édifice antérieur, à deux salles, de plan oblong (25,30 x 9,90m à l'intérieur), qui fut identifié à une église consacrée à l'apôtre Paul par l'évêque Porphyrios (milieu du IVème siècle), l'Octogone de Philippes, situé dans la première *insula* à l'est de l'agora, est en fait la cathédrale de la ville. Construit au début du Vème siècle, il fut conservé jusque vers le début du VIIème, entouré de ses annexes indispensables à l'époque paléochrétienne: le *baptistère* à trois compartiments, la *phialè*, la *prothésis* et le *diakonikon*. Cubique à l'extérieur, l'édifice se présente, à l'intérieur, comme un *péristôon* octogonal, coiffé d'une coupole et terminé, à l'est, par l'abside du choeur.

A l'intérieur de l'Octogone, on a également mis au jour un *hérôon* funéraire d'époque hellénistique (IIème siècle av. J.-C.) dont ne sont conservées aujourd'hui que la chambre funéraire à coupole et une partie de la *krépis* à trois degrés sur laquelle reposait un petit édifice cultuel en forme de temple. Le défunt, Euéphénès Exékestou (inscription gravée sur le fronton de la tombe non profanée) qui a été identifié avec un homonyme célèbre, initié aux mystères cabiriens de Samothrace, occupait vraisemblablement une place importante dans la société de Philippes pour avoir été ainsi inhumé en plein coeur de la ville.

A l'emplacement d'une construction romaine plus ancienne, occupant l'*insula* située à l'est de l'Octogone, le palais épiscopal, un vaste édifice orthogonal présentant quatre ailes d'appartements agencés autour d'une cour centrale, disposait sur deux de ses côtés (au sud et à l'ouest) d'un étage supérieur. Les communs, les cuisines ainsi que les caves et les celliers ont été localisés à l'entresol, les espaces d'habitation et de réception, ornés de fresques et de sculptures, se trouvant à l'étage.

Sur la terrasse qui s'élève au nord du forum, et au-delà de l'actuelle route nationale, un escalier monumental conduit à une cour à péristyle et de là à l'*atrium* en forme de quadrilatère d'une basilique à trois nefs (basilique A), présentant, sur le côté ouest, une *phialè* incorporée au monument. L'église, de type hellénistique, jadis coiffée d'un toit de bois et datée de la fin du Vème siècle, présentait un *narthex* qui communiquait avec la galerie à l'étage par un escalier à son extrémité nord, un sol dallé, un *ambon*, un reliquaire et un *synthronon* en maçonnerie. La chapelle, construite à une date postérieure dans l'angle sud-ouest de l'*atrium*, fut érigée après la destruction de l'église sur une citerne romaine qui aurait été, si l'on en croit la tradition, la prison de l'apôtre Paul.

Edifice du VIème siècle, la basilique C, qui se dresse dans la cour du Musée archéologique de Philippes, a été mise au jour pendant les travaux de construction du musée. Basilique à trois nefs, avec *narthex* et nef transversale, elle présente une riche ornementation sculptée, des chapelles et d'autres espaces auxiliaires; une fois détruite par un tremblement de terre au début du VIIème siècle ap. J.-C., elle fit partiellement office de cimetière.

Au centre du cimetière chrétien oriental de Philippes —par opposition au cimetière occidental, situé dans la région de Lydia, et qui devait remonter au temps du paganisme—, les archéologues ont mis au jour une monumentale basilique (*extra muros*) à trois nefs, datée de la seconde moitié du IVème siècle et qui a fait l'objet de remaniements importants au VIème siècle.

484. La basilique B (sur le forum) de Philippes.

LE MUSEE ARCHEOLOGIQUE

485

Le Musée de Philippes, construit au début des années 60 sur le site du même nom, abrite essentiellement des découvertes provenant de la colonie elle-même mais également de divers sites de la région (vases préhistoriques du village néolithique de Dikili Tash et de Sitagroi); des inscriptions d'époque classique tardive (au nombre desquelles la réponse d'Alexandre III aux ambassadeurs de Philippes), mais aussi d'époque romaine et proto-byzantine. Des fragments de sculptures d'époque romaine: essentiellement des portraits d'empereurs, de membres de la famille impériale, et de particuliers, datés entre le Ier et le début du IIIème siècle ap. J.-C.; enfin, des fragments architectoniques provenant d'édifices publics et de basiliques.

485. Vase en terre cuite fait à la main provenant de l'habitat préhistorique de Dikili Tash. Milieu de l'époque néolithique. Philippes, Musée archéologique.

486. Phialè en terre cuite provenant de l'habitat préhistorique de Dikili Tash. Fin de l'époque néolithique. Philippes, Musée archéologique.

487. Portrait de Lucius Gaïus César. Philippes, Musée archéologique.

486

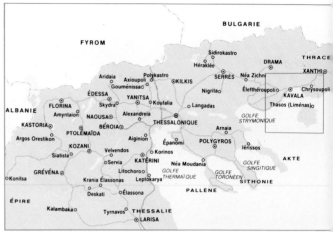

THASOS

APERCU HISTORIQUE

A huit kilomètres à peine du continent, à la pointe de l'Egée, surgit Thasos, tel un galet écumant, avec sa parure verdoyante de pins et son marbre éclatant de blancheur. Si une occupation humaine y est attestée dès l'époque néolithique, ce n'est qu'au début du VIIème siècle av. J.-C. que l'île fait son entrée sur la scène de l'histoire, lorsque des colons venus de Paros sous la conduite de Télésiklès, père du poète Archiloque, et obéissant à l'oracle de la Pythie, occupèrent la partie nord d'Aéria –la Venteuse– comme on appelait alors parfois Thasos. A l'époque classique, les mines d'or que recèle l'île furent pour les Thasiens une inépuisable source de richesse à laquelle s'ajoutait un vin délicieux, et les Phéniciens, ces commerçants avisés de la Méditerranée ne pouvaient y rester indifférents. Hérodote nous apprend que, bien avant l'installation des Pariens, les ingénieux Sémites avaient découvert et exploité sur le versant oriental du mont Phanos (Koinyra) les précieux gisements, et donnèrent du reste à l'île son nom actuel.

Aux premiers temps difficiles qu'avaient connus les colons sur la rive thrace inhospitalière, qui avait coûté tant de vies et de sacrifices jusqu'à ce que leurs conquêtes soient consolidées dans

488. Le port de Thasos, vu de la forteresse. Au centre, on distingue les ruines de la ville antique.

les passages de l'intérieur et leurs "comptoirs" stabilisés dans les golfes (Galepsos, Oisymè, Néapolis), succédèrent des périodes prospères et créatives. Occupant un site privilégié, à la lisière d'une plaine fertile, sous le mont Prophitis Ilias (1108m) et devant un port abrité des vents, la nouvelle cité ne tarde pas à se développer: elle entretient des relations avec le reste du monde helladique et produit des oeuvres d'une exceptionnelle qualité artistique. A la fin de l'époque archaïque, elle est déjà ceinte d'un rempart long de 4000m, en marbre et en gneiss, dont les portes sont ornées de splendides bas-reliefs.

Les heures difficiles que connaît Thasos à partir de 491 av. J.-C., en tant que sujet des Perses, seront bientôt reléguées dans le passé, après les glorieuses victoires remportés par les Grecs à Salamine (480 av. J.-C.) et à Sestos (478 av. J.-C.). Pourtant, la nouvelle donne qui s'impose alors dans le monde grec quand Athènes, cherchant à servir des intérêts personnels sans véritable succès du reste, impose sa prépondérance sous l'égide de la Ligue de Délos, n'est guère propice à Thasos qui se retrouve dépossédée de ses précieuses ressources en or de la région du Pangée (Ennéa Hodoi) et de ses places stratégiques (fondation d'Amphipolis). On lui impose en outre des conditions draconiennes pour son retrait de la Ligue (465 av. J.-C.), conditions qui feront d'elle une cité de seconde zone, sous la dépendance totale d'Athènes, privée de minerais, de centres commerciaux et de remparts.

La révolte des Quatre Cents, en 411 av. J.-C., délivre Thasos de l'étau athénien mais plonge l'île dans une confrontation sans merci entre les oligarques (pro-spartiates) et les démocrates (pro-athéniens); la petite société thasienne ne retrouvera son calme qu'au début du IVème siècle av. J.-C. La réconciliation dotera la cité d'un nouveau cadre administratif plus souple, ainsi que d'un nouveau plan urbain, au sein duquel l'agora et tous les édifices publics trouveront leur place. En 360 av. J.-C. Krénidès est fondée pour mieux exploiter le Pangée et les Maronites sont écartés de Strymè.

La lance macédonienne laissera à Thasos une indépendance théorique (356 av. J.-C.) mais la privera des sources lucratives du rivage thrace où la ville de Philippes, nouvellement fondée, allait jouer désormais le premier rôle dans les émissions de monnaie du royaume.

Après l'époque de la république romaine, qui lui est particulièrement favorable et l'Empire, qui lui prodigue honneurs et privilèges, Thasos s'achemine vers les sombres années de l'antiquité tardive, confrontée aux incursions des Vandales (467/68 ap. J.-C.) et aux pénétrations successives des Slaves (VIIème-IXème ap. J.-C.). En 829, elle voit les Arabes anéantir, dans ses eaux, la flotte byzantine. En 904, Léon de Tripolis prépare à Thasos ses machines de siège grâce auxquelles il va bientôt prendre Thessalonique. Soumise tour à tour aux Francs de Boniface (1204), à Michel VIII Paléologue (1259-1282), au Génois Tedisio Zaccaria (1307), au pirate turc Alexis de Bélékomé puis aux frères Jean et Alexis, (1357) l'île est offerte en 1414 par Manuel II Paléologue au Génois Jacopo Gattilusi, déjà maître de Lesbos. Jusqu'en 1449 ap. J.-C., elle connaîtra trente années de prospérité et une véritable renaissance spirituelle: ce seront les dernières puisqu'à cette date, elle sera livrée à la domination turque. Mais ses tribulations ne sont pas finies. Elle sera occupée par les Vénitiens (1457), reconquise par les Turcs (1459) avant d'être totalement désertée, puisque la majorité de ses habitants seront déportés à Constantinople sur un décret du sultan Mehmet II; elle retombera une nouvelle fois aux mains des Vénitiens et, en 1479, sera définitivement rattachée à l'Empire ottoman.

Fief particulier (*timar*) du Kaputan pacha, elle est administrativement rattachée au bey de Cavala. La richesse naturelle de l'île explique la colonisation rapide de Théologos et Mégalo Kazaviti. En 1707, les sept à huit mille habitants rapportent à leur *éfendi* environ 30.000 lires grâce à l'exploitation du bois, de la cire et de l'huile. Mais les voyageurs ne sont pas les seuls à être éblouis par les richesses de l'île.

Les pirates qui, au début du XVIIIème siècle, pillent les côtes de l'Egée, sont attirés par les récits qui circulent sur l'île et tentent raids-surprise, contraignant la population à quitter —comme ailleurs— le littoral pour l'arrière-pays et des régions difficiles d'accès. Lors de la guerre russoturque livrée dans les années 1770 et qui ranima les espoirs des Thasiens, l'île approvisionna la flotte chrétienne en bois. Mais l'oppression, la piraterie, la servitude imposée par les *kotzabasidès* (seigneurs indigènes) et la saignée opérée sur les revenus lorsque l'île retombe sous le régime de l'Empire ottoman ne tardent pas à plonger ses habitants dans la misère. Lorsque le consul français Cousinery y aborde, à la fin du XVIIIème siècle, il n'y rencontre que 2500 âmes.

De 1813 à 1902, l'île constitue, suite à un firman du sultan, une propriété de Mehmet Ali, vice-roi (*vizir*) d'Egypte: originaire de Cavala, et ayant passé son enfance dans l'île, ce prince est particulièrement bien disposé à l'égard des Thasiens. Le XIXème siècle particulièrement houleux, dominé dans sa troisième décennie par la Révolution de 1821, déchiré ensuite par la guerre de Crimée et qui se clôt sur les événements intervenant en Europe centrale (unifications des Etats), aboutira pour Thasos à une période de déclin économique et d'agitation sociale qui entraîneront l'intervention de la Sublime Porte et le retour de l'île dans le sein de l'Empire ottoman. Toutefois, la situation qui prévaut désormais dans la péninsule de l'Haimos où le royaume grec vainqueur étend ses frontières vers le nord, conduit l'amiral Pavlos Kountouriotis à libérer Thasos le 17 juillet 1912, la rendant à sa terre mère.

LA VILLE ET SES MONUMENTS

Eventail ouvert sur la côte thrace, la ville de Thasos mêle, les ruines des édifices privés et publics de l'antique cité aux habitations de la bourgade moderne de Liménas. Entre le cap Pachy à l'ouest et les rochers d'Evraiokastro à l'est, au bout d'une plaine verdoyante, délimitée et défendue au sud par deux acropoles fortifiées. Verte, agréable, humide et battue par les vents, la ville de Télésiklès accueille le voyageur dans une odeur de pins et d'air marin.

L'agora

Au coeur de la ville, et non loin du port fermé, avec lequel elle communiquait par une large voie, l'ensemble architectural de l'agora forme un vaste quadrilatère, entouré sur trois côtés

489. Relevé topographique de Thasos.

489

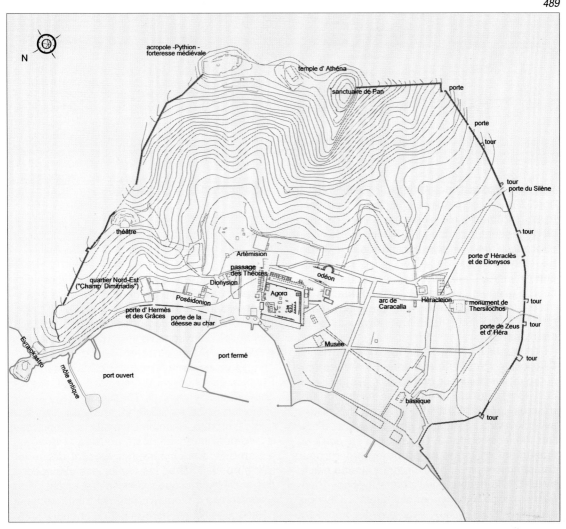

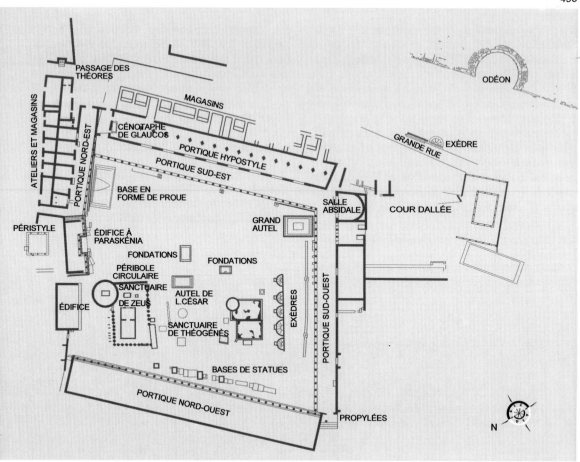

490. *Plan de l'agora de Thasos.*

491. *Vue de l'agora.*

(est, sud et ouest) de portiques réguliers et, au nord, d'une série d'édifices religieux et administratifs (IVème-IIIème siècle av. J.-C.). Chaque siècle laissant son empreinte, ce coeur de la vie publique, administrative et religieuse se vit doter, entre le IVème siècle av. J.-C. et la domination romaine, d'édifices élégants, d'une vaste cour, d'exèdres, de temples, de sanctuaires, de bases votives, de statues, de monuments funéraires en l'honneur de défunts divinisés et de sanctuaires.

C'est sur l'agora de la ville, que les riches Thasiens érigèrent un monument funéraire (cénotaphe) en l'honneur de Glaukos, fils de Leptinès, fondateur de la cité avec Archiloque et d'autres Pariens. C'est là que le riche Théodektès avait pourvu à l'édification de magasins et d'ateliers (IIème siècle av. J.-C.), qu'avait été édifié un monument en forme de proue de navire pour commémorer une victoire navale (IIème siècle av. J.-C.), là encore que l'athlète thasien, Théogénès, fils de Timoxénos, vainqueur à Olympie ainsi qu'à d'autres jeux, avait reçu les honneurs

d'un sanctuaire (auprès de la base circulaire du sanctuaire dédié à Théogénès, on a également mis au jour un trésor en marbre ou tronc, destiné à recevoir les offrandes des fidèles). Les frères Dionysodoros et Hestiaios, originaires de Thasos et qui entretenaient des relations commerciales avec Samothrace, Lampsaque et Rhodes, et qui eurent un fort ascendant sur les gouverneurs romains de Thessalonique, y furent immortalisés au Ier siècle av. J.-C. par des statues de bronze. Et comme les moeurs importées d'Occident imposaient de nouveaux usages, les statues des empereurs rivalisent dès le Ier siècle ap. J.-C. avec les vaniteuses inscriptions des socles sur lesquels elles se dressaient. Mais l'ordonnance de toute l'agora est tributaire de la présence, à l'angle nord-ouest de la cour, du té-

492. Le cénotaphe de
Glaukos, fondateur de
Thasos.

493. Inscription du
cénotaphe de Glaukos,
ami du poète Archiloque.
Provenant de l'agora
de Thasos.

ménos de Zeus Agoraios avec son petit temple, formé d'une simple *cella* à deux colonnes *in antis* et son autel devant l'entrée (phase initiale, IVème siècle av. J.-C.).

Le passage des Théores, le Dionysion, l'Artémision, le Poséidonion

Au nord-est de l'agora, le passage des Théores, sorte de *propylon,* était délimité par deux murs de marbre parallèles, ornés dans l'antiquité de bas-reliefs de style sévère (fin de l'époque archaïque: 470 av. J.-C.) –aujourd'hui au Musée du Louvre– qui figuraient Apollon, les Nymphes et Hermès. Une voie antique qui se profilait entre ces murs menait au Dionysion, laissant sur la droite un grand puits public (de 5,70 x 1,80m) et plus à l'est, sur une terrasse artificielle, le sanctuaire d'Artémis (les statues votives qui décoraient ce lieu sacré, datant du IIIème au Ier siècles av. J.-C., sont aujourd'hui au Musée de Constantinople). A une centaine de mètres du passage des Théores, le sanctuaire de Dionysos –ou Dionysion, cité par Hippocrate, qui, à la fin du Vème siècle av. J.-C. séjourna dans l'île pendant trois ans–, était de plan triangulaire et présentait deux entrées; il n'a toujours pas été entièrement dégagé. Le bâtiment le mieux conservé est un édifice ouvrant sur un porche en forme de Π. Vraisemblablement monument chorégique, il s'élevait sur un *krépis* couronnant un socle semi-circulaire le long du petit côté intérieur nord où se dressaient (au centre et plus grande que nature) la statue de Dionysos et celles de la Tragédie, de la Comédie, du Dithy-rambe et du Nyktérinos (toutes conservées, ces statues sont aujourd'hui abritées dans le musée de la ville). Du monument chorégique voisin, qui date également du IIIème siècle av. J.-C., seules ont été sauvées une muse acéphale, vêtue d'un *péplos* et une statue du dieu du vin, Dionysos, drapé dans un *himation.* Non loin du Dionysion, Xénophanès, fils de Myllos, consacra, au maître des mers, Poséidon, au IVème siècle av. J.-C., un sanctuaire de plan quadrilatère, doté de pro-pylées, d'un portique et d'*oikoi* au sud, à l'ouest et au nord, et d'autels dans la cour centrale. On y honorait également Aphrodite Pélagia (ou Am-phitrite) et Héra Epiliménia, elles aussi protectrices des commerçants et des marins.

Le quartier nord-est

Dans la zone qui s'étend entre le port fermé et Evraiokastro –une zone qui a conservé les ruines d'environ dix siècles, généralement désignée

494. *Tête de Dionysos. Elle appartenait à la statue du dieu, plus grande que nature, qui se dressait sur un monument chorégique du sanctuaire de Dionysos. Début du IIIème siècle av. J.-C. Thasos, Musée archéologique.*

comme "Champ Dimitriadis"– les archéologues, en dégageant les vestiges successifs, en fouil-lant les couches superposées et les remblais, ont pu reconstituer l'histoire séculaire d'un quartier urbain particulièrement intéressant de l'antique Thasos et reconstituer les étapes de sa cons-truction et ses extensions progressives vers le ri-vage et se pencher sur la vie quotidienne et les activités des habitants, entre le VIIIème siècle av. J.-C. et le Vème siècle ap. J.-C. Confronté au temps qui passe, le visiteur fait silence, prêtant l'oreille au bruit des vagues qui meurent dans le port ouvert et qui, dans des jets d'écume, viennent se briser sur les rochers, sous la chapelle des Saints-Apôtres. Eclatante de blancheur cette cha-pelle se dresse au sommet de la péninsule, entre les vestiges d'une basilique des Vème-VIème siècles ap. J.-C., des tombes paléochrétiennes et d'autres constructions chrétiennes érigées sur un antique sanctuaire consacré à Zeus, à Athé-na, à Artémis, aux Nymphes et à Korè.

Le théâtre

Blotti dans une dépression naturelle et orienté à l'ouest, le théâtre de la ville a adossé sa *cavea* au rempart nord-est. Malgré les transformations que lui imposèrent les Ier et IIème siècles ap. J.-C., lorsque l'édifice fut utilisé pour les *venationes* et les combats de gladiateurs (transformations qui affectèrent notamment l'*orchestra* et la *skénè*), le théâtre conserva en partie le visage qu'il offrait au début du IIIème siècle av. J.-C., lorsque fut édifiée la scène d'ordre dorique (le *proskénion* avait été dédié à Dionysos par Sysistratos, fils de Kodès). Les gradins de la *cavea* datent, quant à eux, de l'époque romaine et sur certains d'entre eux on distingue encore les noms gravés des particuliers et des familles qui avaient leurs sièges réservés.

Selon toute vraisemblance, le théâtre que vit Hippocrate à la fin du Vème siècle av. J.-C., était construit à cet emplacement.

Le quartier sud-ouest

Au sud-ouest de l'agora et sur la grande rue dallée qui constituait l'axe principal de la cité (nord-est sud-ouest), au Ier siècle ap. J.-C., le thasien Tiberius Claudius Cadmus fit ériger par le sculpteur Limendas les statues des membres de sa famille qui se dressent sur une exèdre.

Dans ce quartier de la cité, qui fut par convention baptisé "romain", l'empereur Hadrien qui fit preuve d'une grande bienveillance pour l'hellénisme, fit ériger une belle cour dallée de marbre, entourée d'un péristyle ionique et, plus à l'est, un élégant *odéon* (façade: 52m, diamètre de l'*orchestra*: 12,90m).

Plus au sud, la piété des habitants veilla dès le Vème siècle av. J.-C. à honorer par un sanctuaire le grand dieu et patron de Thasos, Héraclès: des propylées monumentaux conduisaient à l'autel des sacrifices, flanqué d'un petit temple périptère comprenant seulement une *cella* qui abritait une statue cultuelle et des *oikoi* —maisons— réservés aux prêtres ou au logement des fidèles.

Le rempart et les acropoles

En forme de fer à cheval, le rempart, édifié en appareil isodome avec des tours carrées, enfermait dans ses murs, dès le début du Vème siècle av. J.-C., l'espace habité de la ville, construite sur l'étroite bande littorale ainsi que les versants difficiles d'accès et presque deux fois plus vastes mais, semble-t-il, toujours inhabités au pied du mont Prophitis Ilias. Pillé dans ses tronçons occidental et oriental, il offre une particularité très intéressante: la présence, par endroits, de portes décorées de splendides bas-reliefs portant les noms des motifs qui y sont figurés: la porte de la déesse au char (vraisemblablement Hermès conduisant le char d'Artémis), la porte d'Hermès et des Grâces sur le côté nord le long de la mer, la porte du Silène (fin du VIème siècle av. J.-C.), la porte d'Héraclès et de Dionysos (début du Vème siècle av.J.-C.), la porte de Zeus et d'Héra sur le côté sud et sud-ouest.

Au point le plus élevé de son développement, le rempart forme deux acropoles qui entourent deux sanctuaires très anciens: le sanctuaire d'Apollon Pythien et celui d'Athéna, qui furent fortement endommagés par les travaux de fortification entrepris d'abord par les Byzantins, puis par les Gattilusi (XVème siècle).

495. Le théâtre antique.

496. Relief du silène au canthare. Il décorait l'un des montants de la porte du Silène percée dans le rempart. Fin du VIème siècle av. J.-C.

497. Inscription des Gattilusi, XVème siècle ap. J.-C. (Commune de Kastro, Thasos).

496

497

LE MUSEE ARCHEOLOGIQUE

Edifié en 1934, le Musée de Thasos qui attend la construction d'une aile supplémentaire, destinée à abriter les trouvailles venues dans leur majorité de la ville même, n'en constitue pas moins déjà, sous sa forme actuelle, l'un des musées les plus riches de la Grèce du Nord; le bâtiment lui-même offre un intéressant panorama de l'art grec, depuis l'époque du sourire archaïque. Chapiteaux et stèles funéraires où l'ionisme parien se traduit dans les volutes et les palmettes, corniches portant des lotus fleuris et des rinceaux, membres architectoniques à l'austérité dorique, frises des frontons (*simas*) en terre cuite, antéfixes décorées de figures humaines et animales et de chimères. Criophores et korès, silènes, stèles hermaïques et pégases. Sculptures de jeunes gens, de dieux et de héros dans un style qui rappelle l'atelier de Scopas. Statues allégoriques de la Comédie et de la Tragédie, masques de théâtre, muses, divinités marines. Portraits de philosophes et de généraux ou d'empereurs romains. Paons proto-chrétiens. Sans compter les vases, les objets décoratifs en ivoire, les monnaies, les poids, les inscriptions, témoignages du temps de la prospérité de l'île. Depuis l'époque où l'homme s'interrogeait sur son destin jusqu'à celle de la délivrance de l'âme.

498. Amphore en terre cuite faite à la main, provenant de l'habitat préhistorique de Kastri, sur l'île de Thasos. Epoque néolithique. Thasos, Musée archéologique.

499. Tête de lion en ivoire, ornementation d'un meuble, provenant de l'Artémision, VIème siècle av. J.-C. Thasos, Musée archéologique.

500. Assiette en terre cuite provenant du sanctuaire d'Artémis, à Thasos, 660 av. J.-C. Thasos, Musée archéologique.

501. Fragment d'une sima en terre cuite provenant du prytanée de Thasos, 540-525 av. J.-C. Thasos, Musée archéologique.

498

499

500

501

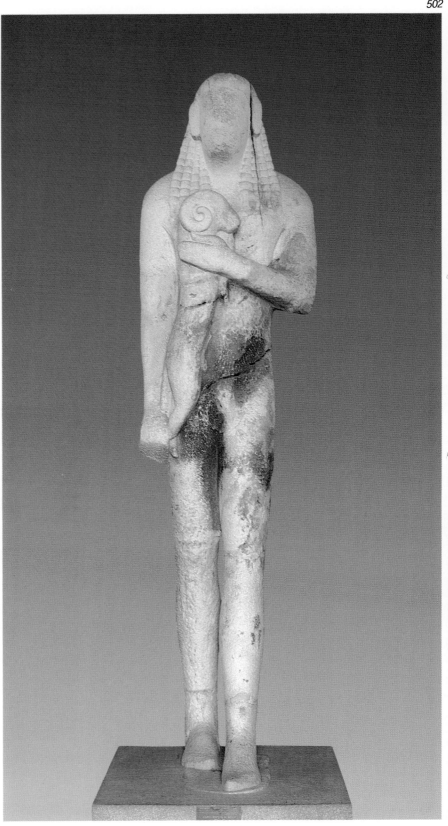

503

504

502. Kouros criophore, provenant de Pythion dans l'île de Thasos. Vers 600 av. J.-C. Thasos, Musée archéologique.

503. Fragment de buste de femme en terre cuite, provenant du sanctuaire d'Artémis. Deuxième moitié du VIème siècle av. J.-C. Thasos, Musée archéologique.

504. Fragment d'antéfixe en terre cuite avec représentation en relief de Bellérophon chevauchant Pégase, provenant vraisemblablement du temple archaïque d'Héracleion à Thasos, 540-500 av. J.-C. Thasos, Musée archéologique.

506

505. *Tête masculine skopadique provenant des propylées de l'agora. Milieu du IVème siècle av. J.-C. Thasos, Musée archéologique.*

506. *Tête archaïsante qui couronnait une stèle hermaïque, provenant de l'agora. Thasos, Musée archéologique.*

507. *Tête et corps d'une statue de l'empereur Hadrien, provenant de l'agora. Vers 130 ap. J.-C. Thasos, Musée archéologique.*

505

507

508. Statuette d'Aphrodite chevauchant un dauphin,
provenant de Thasos, IIIème siècle av. J.-C.
Thasos, Musée archéologique.

509. Tête en marbre d'Alexandre provenant d'un monument de Thasos. Copie romaine d'un original hellénistique. Thasos, Musée archéologique.

MACEDOINE OCCIDENTALE
(HAUTE MACEDOINE)

Berceau de la nation macédonienne –puisque, à en croire certains historiens, c'est de là, très exactement de la région d'Argos Orestikon, que seraient partis les ancêtres des rois de la dynastie des Argéades pour descendre jusque dans les plaines de l'Haliacmon, du Loudias, et de l'Axios inférieur–, la Haute Macédoine est une région totalement coupée du reste du monde. La chaîne du Pinde et du Barnous, à l'ouest, des monts Chasia, Cambouniens et Piériens au sud, le Bermion et le Boras à l'est, et enfin les chaînes de la Dautica, de la Babuna et du Dren, au nord, n'y autorisent en effet que d'étroits passages pour la communication.

Habitée par des tribus macédoniennes apparentées entre elles (les Orestes, les Lyncestes, les Elimiotes, les Tymphéens et les Pélagoniens), morcelée en minuscules royaumes, elle se voit rattacher à l'Etat ethniquement homogène de la Basse Macédoine par Philippe II et suit dès lors les destinées de ce royaume. Après la bataille de Pydna (168 av. J.-C.) et la division de la Macédoine en quatre "mérides", la Haute Macédoine devint la quatrième de ces circonscriptions, exception faite de l'Orestide à laquelle les Romains avaient accordé le privilège de l'autonomie.

La Haute Macédoine nous a livré une foule de témoignages d'époque préhistorique: trouvailles de surface datant du paléolithique (lames attestant la technique du pseudo-levallois dans la région de Siatista-Paliokastro), des établissements néolithiques sur la rive de l'Haliacmon (près de l'ancien pont qui franchissait la route nationale Kozani-Athènes, aujourd'hui au fond du lac artificiel du barrage de Polyphyto) et autour du marais désormais asséché de Sarigjöl (Akrini, Ag. Dimitrios, Koilada, Drépanon, Mavrodendri), de la céramique mycénienne (dans la toumba "Vasilara Rachi" près de Velvendos et à Ano Komi près de Kozani), des vestiges datant du bronze récent (à Rymnion, Aianè, Aghios Pantéléimon, près d'Ostrovo –Patéli– et à Arménochori, près de Florina), des habitations lacustres sur pilotis (à Dispilion près de Kastoria), ainsi que des offrandes funéraires et des objets découverts dans des habitations de la fin de l'âge du fer (à Spilaion, près de Grévéna, Axiochori dans le mont Boïon et à Koilada près de Kozani). A l'époque historique,

la région est pleinement indépendante mais dans un isolement impressionnant.

La céramique importée à figures noires et rouges, mise au jour à Farangi et à Pyrgoi, les statuettes de bronze, les figurines en terre cuite, les bijoux en or, les inscriptions funéraires gravées sur d'augustes monuments, les chaudrons et l'abondant mobilier livré par les nécropoles et les habitats du VIème au IVème siècle av. J.-C. (à Aianè, Ano Komi, Périvoli près de Grévéna), les tombes "macédoniennes" (à Spilia, en Eordée et à Liknadès dans le mont Boïon), les riches demeures d'époque classique tardive et hellénistique (à Pétrès près de Florina), constituent autant de preuves que la Haute Macédoine, grâce à la présence de la route qui précéda la Via Egnatia, reçut les messages artistiques du sud du monde grec qu'elle combina aux préoccupations des artistes locaux et ne manqua pas de participer au formidable retentissement de la campagne d'Alexandre en Orient.

Région de montagnes et d'élevage, dotée de grands lacs –lacs d'Ostrovo, de Chimaditis, de Prespès, de Pétrès– elle ne peut s'enorgueillir de grandes cités (à l'exception d'Héraclée des Lyncestes, l'actuelle Monastir/Bitola) mais seulement d'humbles bourgades et de petits villages d'agriculteurs, qui se maintiendront, pour beaucoup d'entre eux, jusqu'à la fin de la domination romaine – villages aux noms connus ou inconnus, bourgades dont l'emplacement a été reconnu par les fouilles ou qui ne sont toujours pas identifiées: Aianè, Elimeia, Graia, Oblostioi, Beuè, Batynna, Lykè, Argos Orestikon etc. Des documents épigraphiques officiels comme une lettre de Philippe II (Koilada), des statues (Kalamitsion), des stèles sculptées (Sydendron, Skopos), des vestiges architecturaux (Polynéri), des inscriptions votives (Perdikkas, Akrini, Ano Komi, Ptolémaïs, Voskochori), des actes d'affranchissements (Exochi), des autels honorifiques (Kozani, Kastoria, Kaisareia, Velvendos, Aghios Achillios), des monuments funéraires (Ethnikon, Kato Klinès, Nestorion), cherchent encore, dans les plaines, au bord des fleuves ou dans des escarpements, la patrie de leurs propriétaires.

Région opiniâtre et coupée du monde, où la désagrégation des structures tribales a demandé du temps et où la diffusion des institutions urbaines s'est faite tardivement, elle conservera son visage archaïque, pendant plusieurs siècles, sauvant par là même certains des traits premiers de la civilisation macédonienne.

Entité géographique fermée, avec ses royaumes autonomes (jusqu'à l'époque de Philippe II) et ses "Koina" —ou confédérations régionales— de caractère tribal, qui survivent jusqu'à la domination romaine (Koinon des Elimiotes, Koinon des Lyncestes, Koinon des Orestes), la région qui a fourni à l'armée d'Alexandre de brillants stratèges et des combattants aguerris, (Ptolémée, Perdiccas), sera pillée par les Romains lorsqu'en 199 av. J.-C., ceux-ci envahissent la Macédoine de Philippe V. Elle sera le théâtre de certains événements militaires qui préfigurent l'affrontement final de Pharsale en Thessalie (48 av. J.-C.), entre Jules César et Pompée. La transformation de la Macédoine en *provincia inermis* sous le règne d'Auguste, puis le déplacement des frontières de l'Empire au Nord des Balkans, enfonce la région dans le train quotidien: abandonnée dans l'antichambre des évolutions, elle assiste en simple spectatrice au passage des siècles sur son territoire, à travers la Via Egnatia. Elle attend les bouleversements du IIIème siècle ap. J.-C. Avec les réformes de Dioclétien et de Constantin le Grand, Elimée et Orestide sont rattachées à la nouvelle province de Thessalie. Conformément à la *Notitia Dignitatum,* la Haute Macédoine était à la fin du IVème siècle ap. J.-C., partagée en trois "diocèses": la Thessalie, la Macédoine et la Nouvelle Epire; en 527, le *Synekdémos* d'Hiéroklès —qui reprend un traité de géographie plus ancien et reflète l'état de la région en 460— indiquait que la Macédoine occidentale avait été divisée entre les régions administratives suivantes: la Macédoine Première, la Macédoine Seconde et la Thessalie.

A mi-chemin de la route qui va du nord au sud, la Macédoine occidentale n'échappera pas aux raids des Goths, des Ostrogoths et des Slaves. En 479, les premiers occupent et incendient Héraclée des Lyncestes. Les seconds, qui débarquent à leur tour en 482, la mettent à sac. Les Sklavènes, les Bulgares et les Koutrigours sèment la terreur pendant tout le VIème siècle: en route vers la Thessalie, ils saccagent la campagne sur leur passage et brûlent villes et villages. Il faudra attendre l'avènement de Justinien Ier pour que des villes comme Stobi, Bargila, Héraclée retrouvent l'éclat perdu de leurs basiliques et de leurs riches demeures et que les défilés et les positions stratégiques se hérissent

de remparts. S'inscrivant dans un programme de longue haleine, Kélétron, Servia et Kaisareia se préparent pour les siècles à venir qui les livreront aux Barbares et aux ambitieux conquérants venus du Nord: les Bulgares de Samuel, les Normands de Roger et les Francs de la quatrième Croisade.

Avec une petite partie de son territoire sous la domination du fameux "despotat" d'Epire, une autre (la plus grande) sous la férule du royaume latin de Thessalonique, et une troisième aux mains des Bulgares, la Macédoine occidentale, très éprouvée par toutes ces vicissitudes et ces pillages successifs, rentre, après 1261, dans l'obédience de l'Empire byzantin renaissant. Toutefois, les temps n'augurent pas de jours meilleurs, puisque d'un côté, les affrontements armés au sein même de la dynastie impériale (Andronic II et Andronic III Paléologues, Jean V Paléologue, Jean Cantacuzène) et de l'autre, les visées expansionnistes de l'Etat serbe entraînent la région de captivités en "libérations". Ohrid, Kastoria, Prilep, passent d'un camp à l'autre. D'une occupation à une autre. Le XIVème siècle est incapable de voir que déjà s'annonce le commencement de la fin: aveuglé par d'éphémères victoires, et ébloui par le lustre fallacieux de situations sans lendemain, grisé par la recherche de la gloire, il prête le flanc aux Ottomans qui, en 1354, débarquent sur le continent européen. Serbes, Bulgares, Albanais et Byzantins, préparent leurs chaînes: Monastir est prise en 1385, puis c'est le tour de Kastoria, en 1389 et d'Ohrid et de Servia, en 1393. Personne n'était là pour les arrêter.

Les Juruques qui s'installent en 1390 dans la région de Kozani et de Ptolémaïs, apportent aussi avec eux l'islamisation. Dans la tempête de la conquête, les populations des plaines se réfugient dans les montagnes ou dans des régions inaccessibles, la foi chrétienne de leurs pères rivée au coeur. Des villages se vident, et les souvenirs meurent doucement dans les décombres. Si l'on en croit la tradition, c'est en cette époque de déracinement qu'auraient été fondées Klisoura, Vogatsiko et Sélitsa et que se seraient consolidées des bourgades comme Siatista, Kozani, qui du fait de leur position fortifiée ou des possibilités qu'elles offrent d'un nouveau mode de vie, apportent aux habitants persécutés la sécurité tant souhaitée. L'occupation se fait plus dure avec la décadence de l'Empire ottoman, sensible dès la fin du XVIème siècle et le début du XVIIème siècle, puisqu'à l'oppression exercée par les autorités turques viennent s'ajouter les pillages de bandes albanaises, l'arbitraire et les révoltes de divers pachas. Toutefois, ici comme ailleurs, l'intolérable servitude, une fois passé le premier moment de surprise et les réajustements douloureux des premiers temps, engendre bientôt les champions de la liberté et de la foi, elle ranime le démon que la race grecque cache dans les entrailles de son histoire. Sur les corps vénérés des nouveaux martyrs de la nation, saint Nikanor fondera le monastère de Zavorda, saint Denys érigera des églises. S'armant de courage, des maçons inventifs, venus des villages de la région de Kastoria, se répandront, armés de leur truelle et de leur savoir-faire, dans les plaines et les villages pour offrir un toit de bois sculpté aux riches commerçants de Nymphaion, d'Ohrid, de Siatista, de Kozani, et de Kastoria, ces mêmes commerçants qui s'en vont avec leurs caravanes approvisionner les marchés d'Austro-Hongrie et de Constantinople, d'Italie (via Dyrrachion) et de Moldovalachie, en laine, coton, cuirs, tabac, blé, de ceux qui ornent les riches pièces de leurs demeures patriciennes (*archontika*) de fresques polychromes, de rêves et de visions admirables. Célébrant les victimes des atrocités sans nom commises par les bandes de voleurs de grands chemins ou les représentants du pouvoir, et pariant sur les promesses de liberté dont est porteuse la guerre russo-turque de 1768-1774, le vieux Ziakas à Grévéna, mais aussi le célèbre *klephte* D. Totskas, célébré par tant de chansons, et ses enfants ressusciteront les exploits des Thermopyles, tandis que Kosmas l'Etolien, Eugène Voulgaris, le saint moine Amphilochios Paraskévas, feront revivre dans les jeunes coeurs l'enseignement de Platon et d'Aristote. Avec le soutien des Macédoniens installés à l'étranger, dans des pays libres d'Europe, qui de loin prodiguent à leur patrie le fruit de leur labeur, ils instilleront au coeur de ce peuple martyrisé, l'endurance, la ténacité et la foi dans la lutte et la résistance. Clercs et laïques, au siècle des Lumières, se préparent méthodiquement à goûter à ce dont les ont privés, pendant un siècle au moins, la domination brutale d'Ali Pacha, les évolutions politiques internationales et les intérêts des grandes puissances, quand l'Empire ottoman jadis si puissant eut son dernier râle. L'esprit de liberté, qui fera couler tant de sang sur les terres de Macédoine occidentale, nourrira le coeur des troupes grecques, durant les Guerres Balkaniques de 1912-1913. C'est lui déjà qui avait guidé Pavlos Mélas (†1904), injustement privé de la vie dans une embuscade en 1904, Germanos Karavangélis, métropolite de Kastoria, Ath. Broufas, chef des troupes du Boïon (†1896), le capitaine Kotas et une foule d'autres combattants anonymes du Pinde et du Grammos, "libres assiégés" écrasés entre le marteau de l'expansionnisme slave et l'enclume du joug turc.

KOZANI
et sa région

510

APERCU HISTORIQUE

De ce centre commercial et industriel si dynamique aux XVIIIème et XIXème siècles, qui étalait dans les quatre quartiers d'Aghios Athanasios, d'Aghios Dimitrios, des Aghioi Anargyroi et d'Aghios Géorgios, de "majestueuses demeures à deux étages", il ne reste plus aujourd'hui, après l'application des mesures d'urbanisation et la mise en oeuvre du programme de reconstruction d'après-guerre, que de rares constructions pour se dresser fièrement au milieu des immeubles banals et inesthétiques.

Jadis situé aux abords de bois touffus, le petit village, au sud de la vallée des Kaïlaria, un monde clos, vivant en autarcie, dut le jour à l'installation, aux XIVème et XVème siècles, d'émigrés venus d'Epire et de Servia, la ville avoisinante; avec l'arrivée de colons d'Agrafa (1612) et d'autres régions de Thessalie jusqu'au XVIIIème siècle inclus, il se transforma en un important centre commercial et culturel pour toute la région. Une activité étonnante s'y déploya dans les domaines de la tannerie, du tissage, des moulages en cire, du traitement du bronze et de la pelleterie; des échanges fructueux s'établirent avec la Hongrie essentiellement, mais également avec d'autres pays de l'Europe libre, grâce à la protection de la bienveillante mère du sultan.

Commerçants et artisans, émigrés et riches bourgeois dotèrent la ville de Kozani, au XVIIIème siècle, de rues pavées, de fontaines, d'églises,

510. Vue générale de Kozani.

511

de ponts et de maisons de maîtres comme celles de Diafas-Paschalidis, G. Lassanis, Gr.Vourkas (1748), Vourkas-Katsikas et E. Vamvakas. En 1813, ils lui offrirent la clé du "bien vivre", en édifiant, dans l'enceinte d'Aghios Nikolaos, la "Maison du Progrès", bibliothèque célèbre dans toute la Macédoine occidentale, dont le fond consiste en donations, entre autres, de l'archevêque Mélétios (1734-1752), d'Euphronios Popovitch, professeur originaire de Kozani qui enseignait à Vienne et qui demeure aujourd'hui un phare pour les archivistes qui se penchent sur le patrimoine national.

Les précieuses offrandes consacrées à de vénérables lieux de culte (dont les chandeliers d'Aghios Nikolaos datés de 1744, donation de Karakazanis, exilé en Hongrie, les ornements sacerdotaux et les lustres en bronze), les soins apportés à la construction ou à la restauration d'églises et d'édifices publics, témoignent ici, comme bien dans d'autres petites villes de Macédoine, de ce souci toujours présent au coeur des Grecs de la *diaspora* d'embellir leur patrie et d'en servir la gloire; de cette constante sollicitude à l'égard de leur terre natale.

LES MAISONS PATRICIENNES

La maison de Gr. Vourkas

La maison de Gr.Vourkas est l'une des mieux conservées de Kozani: bâtie en 1748, elle ne connut heureusement pas le même sort que sa maison jumelle, à l'ouest de la ville, qui fut détruite en 1971. Rachetée par l'Etat, elle est aujourd'hui le siège des gardiens d'antiquités, responsables des monuments de la région.

Avec ses deux étages et sa cour dallée au nord, l'*archontiko* Vourkas, qui jadis s'élevait au centre d'une grande propriété, constitue un exemple caractéristique des maisons de maîtres de la ville de Kozani du XVIIIème siècle: un escalier en bois, fermant à l'aide d'une trappe (*glavani*), partant d'un grand espace dallé au rez-de-chaussée (*mesia*) –auquel on accédait en traversant l'entrée principale– conduisait à l'étage où étaient distribuées les chambres d'hôtes pour l'été (*mousafir ontas*), équipées de grandes armoires murales encastrées (*mousandrès*), de divans (*minderia*) et de cheminées; on y trouvait aussi une estrade où l'orchestre prenait place (*doxato*), des chambres à coucher, des celliers et des salons (*kali ontadès*). Des oriels

511. Le Musée d'art populaire de Kozani.

512. Armoire encastrée dans le salon (ontas) de l'archontiko Gr. Vourkas, à Kozani.

513. Portes de l'archontiko Gr. Vourkas, à Kozani.

(sachnisia) et de petites fenêtres aux décors stuqués et aux ouvertures masquées par des vitraux colorés, permettaient aux habitants de céder à la rêverie, en laissant leur esprit voguer jusqu'au fleuve Haliacmon, et inondaient d'une chaude lumière les pièces richement peintes de motifs floraux, géométriques ou autres. Pendant les longs mois d'hiver, les activités du propriétaire et de sa famille étaient regroupées au rez-de-chaussée, autour de la pièce chauffée par la cheminée (bouchari), du salon de café (kafé ontas) avec ses braseros (mangalia) et de la remise (magazès). Des tonneaux (vaenia) de vin, des jarres contenant des céréales et des produits liquides, et des récipients contenant la nourriture et les produits de la récolte étaient entreposés dans la cave voûtée. La sécurité de la propriété était assurée par un mur d'enceinte en pierre, couvert d'un toit à double pente, d'une hauteur de 2m et pourvu d'une solide porte d'entrée en bois clouté.

LE MUSEE ARCHEOLOGIQUE

Situé dans une maison néoclassique de la rue Dimokratias, connue sous le nom de "maison de Katsikas" cédée par la famille Panayotidis à la mairie de Kozani, le musée abrite, depuis 1989, la collection archéologique de la région, un ensemble de trouvailles mises au jour essentiellement par des fouilles de sauvegarde dans diverses régions de l'antique Eordée, d'Elimée et de l'Orestide du sud; tantôt, elles furent livrées par des amateurs d'antiquités, tantôt sauvées de la disparition et de l'oubli par des fonctionnaires consciencieux: vases s'échelonnant de la préhistoire à l'époque romaine, armes, bijoux, inscriptions, sculptures, stèles funéraires, figurines en terre cuite et monnaies. Dans les quatre salles de la maison-musée, les objets exposés permettent au visiteur de parcourir l'histoire de la région, de mesurer les prouesses artistiques accomplies et d'apprécier la production des artisans et des artistes de la région. Il pourra suivre l'acheminement de ses biens commerciaux et industriels, et constater le niveau élevé des habitants de la Haute Macédoine, cette région montagneuse de l'ouest de la Grèce du Nord aux vastes plaines, aux riches fleuves et aux rudes collines. Il pourra y admirer: les vases en métal (argent et bronze) d'époque classique provenant de la nécropole de Kozani et des tombes d'Apidée de Boïon, de Mé-

tamorphosis, d'Aghia Paraskévi, d'Anarrachi et d'Aghios Christophoros; les casques et les armes offensives (en bronze et en fer) de Frourion et d'Elati; les bijoux de Tsotyli, d'Axiokastro, de Spilia, d'Ano Komi, de Boufari et d'Apidée, autant de splendides témoignages de l'orfèvrerie antique et de la toreutique (de l'âge du fer à l'époque romaine); la céramique faite au tour que nous ont livrée les habitats préhistoriques entourant le lac Jaune (Sarigjöl), aujourd'hui asséché, les tombes de l'helladique récent à Ano Komi, les tombes mycéniennes de Servia, les habitats proto-géométriques sur les rives de l'Haliacmon ou les tombes à ciste des débuts de l'âge du fer à Koilada; les vases à figures rouges provenant de Métamorphosis et de Farangi, d'Apidée et de la nécropole classique de Kozani sur la rue Philippou, et les vases d'époque hellénistique et romaine découverts à Eratyra, Tsotyli et Platania; des inscriptions, des bas-reliefs et des statues en ronde bosse, provenant de Koilada, Perdicca, Liknadès, Elati, Exochi, qui témoignent de cultes en l'honneur de divinités chthoniennes ou célestes, immortalisent la mémoire des disparus, conservent le souvenir des institutions de la cité et surtout attestent la présence ininterrompue de la langue et de la civilisation grecques dans cette région sensible, aux frontières de l'hellénisme.

514

514. Phialè en argent, gravée d'une inscription. Provenant de la nécropole de la rue Philippou à Kozani. Début du Vème siècle av. J.-C. Kozani, Musée archéologique.

LE MUSEE DES ARTS POPULAIRES

Fondé par l'Association des lettres et des arts du département de Kozani, le Musée historique et des arts populaires et Musée d'histoire naturelle de Kozani situé sur la rue P. Charisis, abrite dans son bâtiment, construit en 1987, dans le style des "maisons patriciennes macédoniennes", des spécimens originaux ou reconstitués de l'écosystème de la région (fossiles, animaux empaillés, oiseaux et insectes), des reconstitutions d'intérieurs de maisons traditionnelles et d'ateliers en plein air ou dans des locaux, ainsi que des objets ou des outils de la vie quotidienne urbaine et rurale, qui remontent à des temps plus humains. Aux étages et au sous-sol, se déploient des scènes aujourd'hui oubliées: reconstitutions d'ateliers d'orfèvres, de laboratoires photographiques ambulants, d'ateliers de céramistes et de sculpteurs sur marbre, échopes de cordonniers et de tailleurs. Exposés avec amour, les costumes bro-

dés d'argent défilent devant nos yeux et les trousseaux précieux —reflet de l'âme et du savoir-faire populaire— dans leurs coffres de bois sculptés témoignent de la sagesse, du mérite et de l'inépuisable ingéniosité des Macédoniens occidentaux, depuis l'occupation ottomane jusqu'aux premières années de l'après-guerre, avant que la notion d'hellénisme ne se perde et que la mémoire ne s'effrite.

A une distance de 30km environ, au sud-ouest de Kozani, près du village de Chromio, on visitera le Musée du combat macédonien, fondé en 1992, par l'Association des lettres et des arts du département de Kozani.

515. Salon de l'archontiko de Géorgios Sakellariou à Kozani. Deuxième moitié du XVIIème siècle. Kozani, Musée des arts populaires.

515

516

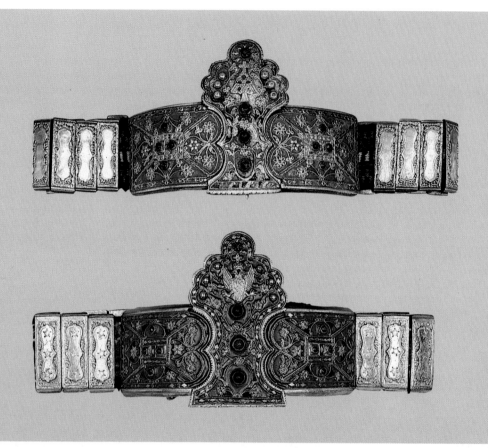

517

516. *"Couronnes" thraces. Kozani, Musée des arts populaires.*

517. *Coffre destiné à contenir la dot, de 1777. Kozani, Musée des arts populaires.*

518. *"Tépélikia" (ornements de la coiffe). Kozani, Musée des arts populaires.*

518

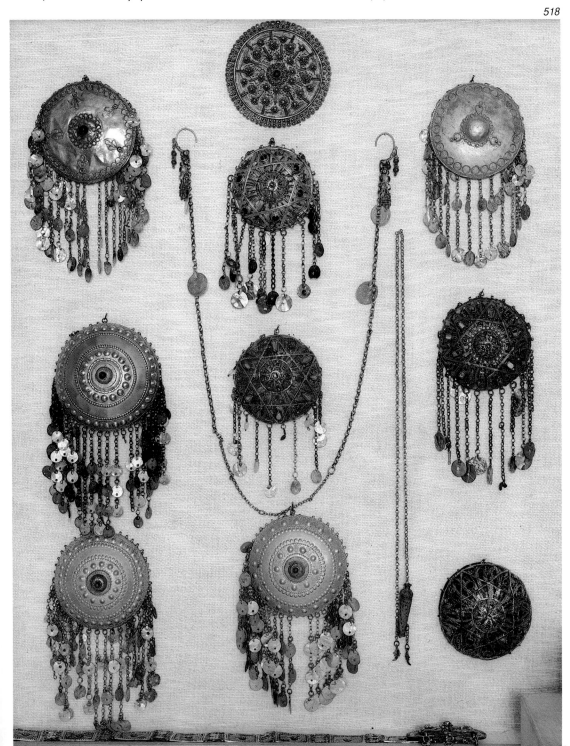

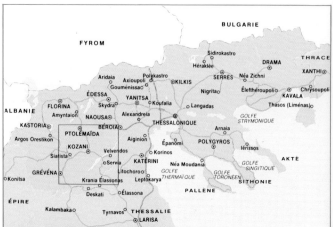

AIANE
et sa région

519

APERCU HISTORIQUE

L'existence de la bourgade d'Aianè en Elimée est attestée à la fois par les textes littéraires (Anthologie Palatine; Etienne de Byzance) et par les inscriptions. La mythologie attribue la fondation d'Aianè à Aianos, fils du tyrrhénien Elymos. La région qui entoure la bourgade d'Aianè, au riche passé préhistorique (époque mycénienne, débuts de l'âge du fer), archaïque et classique, attesté par des monuments et des trouvailles, se développa surtout à l'époque héllenistique et après l'occupation romaine.

Les trouvailles archéologiques de ces dernières années situent l'habitat antique d'Aianè sur la colline de Mégali Rachi, à mi-chemin de la route qui conduit à Kaisareia et des cimetières de Tskaria et de Livadia, qui flanquent la colline à l'est et au nord. Néanmoins, des trouvailles isolées livrées par les sites de Rachi Tséika et Rachi Komméni, l'emplacement du village actuel de Mégali Rachi et ailleurs attestent l'existence, autour d'Aianè, d'agglomérations agricoles et de nécropoles, s'échelonnant des débuts de l'âge du bronze à la fin de l'antiquité. Au stade actuel de la recherche et en l'absence de preuves irréfutables, il serait présomptueux de tirer des conclusions; tout porte cependant à croire que toute vie avait disparu d'Aianè vers le Ier siècle av. J.-C. et que la ville avait été transférée à Paliokastro, la ville voisine de Kaisareia.

Ce nouveau centre administratif de la région, "la ville des Césars", comme elle est désignée sur une inscription paléochrétienne, fut aussi le

519. L'acropole de l'ancienne Aianè.

siège de l'évêque de Kaisareia au début de l'époque byzantine. Protégée par un puissant mur de fortification, cette cité, très vraisemblablement fondée par les empereurs Valentinien et Valens (en 364-367 ap. J.-C.), était appelée à jouer de nouveau, grâce à sa situation privilégiée (sur les rives de l'Haliacmon et en face du passage de Sarantaporos qui menait vers la Thessalie) un rôle majeur sous le règne de Justinien Ier et à redevenir un bastion de défense de l'Empire byzantin contre les hordes barbares venues du Nord.

Cependant, la transformation radicale de la scène politique, avec l'apparition du danger bulgare, déplaça le front de résistance à Servia, la ville avoisinante, dépossédant Kaisareia des honneurs que lui avaient prodigués le passé. Du reste, Basile le Bulgaroctone, craignant la reprise des incursions, ordonna aussi la destruction des forteresses d'Elimée: celles de Servia, de Soskos et bien sûr, de Kaisareia. Avant que la région ne soit, comme toute la Macédoine, submergée par le raz-de-marée ottoman, Aianè-Kaisareia eut à subir, en 1185, le passage des Normands qui s'acheminaient vers la deuxième capitale de l'Empire, connut l'occupation latine, sous la suzeraineté du royaume de Thessalonique, à la frontière du "despotat" d'Epire, fut occupée par les troupes serbes de Stéphane Douchan (1355) et, au début du XVème siècle, finit par sombrer dans l'époque obscure de la domination ottomane.

Peuplée uniquement de Grecs, Kalliani (d'après l'étymologie populaire, "kali Aianè": la belle Aianè) endure la servitude, en puisant sa force dans le christianisme. C'est alors que furent édifiées les églises de l'Archange Michel et de Saint-Nicolas (1548-1552) cependant que la grâce de la Vierge continue d'être honorée dans une église fondée sous les Comnènes au centre de la bourgade comme du reste, la gloire de saint Démétrius (XIème-XIIème siècle ap. J.-C.) dans une église située à 2km, à l'ouest du village.

Dans les années qui précédèrent le soulèvement national (XVIIIème siècle), les riches bourgs des rives septentrionales de l'Haliacmon, pris entre le marteau des *klephtes* et l'enclume des Albanais et des Turcs furent livrés à la terreur et à l'anarchie.

Exsangue, Kalliani consacre toutes les forces qui lui restent à la lutte macédonienne: les clercs et les habitants n'hésitent pas à monter aux premières lignes et, en décembre 1912, la ville accueille les troupes grecques libératrices.

LE SITE ARCHEOLOGIQUE

LA VILLE

Sur la colline de Mégali Rachi, à 1,5km au nord-est de la ville actuelle d'Aianè, sur les terrasses naturelles ménagées dans la roche, face au lit du fleuve Haliacmon, s'étendait près des gorges de Chantakas, l'ancienne cité d'Aianè, vraisemblablement dépourvue de murs d'enceinte. Contrôlant les quatre points cardinaux, et disposant de riches sources d'eau potable, ce bourg présente toutes les caractéristiques d'une forteresse-observatoire, tout en étant un centre de ralliement pour les habitations ou les villas isolées (Rachi Tséika, Kouri, Lakka Papazisi, Ano Komi etc.), dispersées dans la région. Les fouilles ont déjà permis de mettre au jour, en divers points de la colline, les ruines de trois édifices qui semblent avoir eu un caractère public. Les éléments architectoniques qui ont échappé au pillage témoignent, avec d'autres trouvailles, de leur caractère monumental et invitent à dater les phases les plus anciennes de leur construction au début du Vème siècle av. J.-C.

Des deux édifices, qui se trouvent aux plateaux est et comprennent des pièces avec portiques, le premier était vraisemblablement la résidence du chef de la région; le second formait apparemment l'aile cultuelle et peut-être faut-il y localiser le sanctuaire de Thémis. La troisième construction, vaste et de plan presque carré, qui s'élève au sommet de la colline sud, est disposée autour d'une cour au centre de laquelle une grande citerne circulaire recueille les eaux de pluie.

Tout autour de la terrasse la plus élevée, où l'on a localisé le centre administratif, sur des plateaux de niveaux différents, des habitations privées, qui présentent différentes phases de construction, témoignent des nombreuses solutions auxquelles eurent recours les habitants d'Aianè pour domestiquer un relief accidenté; au nord, la maison nommée par convention "maison des pithoi", dont les

520. Statuette en bronze de korè vêtue d'un péplos. Milieu du Vème siècle av. J.-C. Aianè, Collection archéologique.

521. Figurine en terre cuite de Cybèle, découverte dans une maison de l'antique Aianè. Première moitié du IIème siècle av. J.-C. Aianè, Collection archéologique.

522. Vase en bronze provenant du fond de la citerne d'un édifice public sur la colline de l'antique Aianè. IIème siècle av. J.-C. Aianè, Collection archéologique.

523. La stèle d'Aianè appartient à une série de stèles funéraires macédoniennes du IVème siècle av. J.-C., dues à des artistes locaux influencés par des modèles attiques et se caractérisant par une maladresse provinciale qui ne va pas sans fraîcheur. Elle représente une famille macédonienne: le défunt, assis, vêtu d'une chlamyde et coiffé du chapeau macédonien à larges bords, deux femmes avec un enfant devant lui, et un autre homme à l'arrière-plan, IVème siècle av. J.-C. Paris, Musée du Louvre.

murs sont construits en pierres mal équarries dans la partie inférieure et en blocs bien taillés sur la partie supérieure, devait avoir un étage en bois. La "maison aux escaliers", sur la plate-forme sud, au pied du rocher sur lequel elle prend appui, s'articule sur des niveaux communiquant entre eux par des escaliers en pierres. Au rez-de-chaussée, des remises abritaient un foyer et contenaient des pithoi (jarres) mais aussi de la céramique, des ob-

jets d'usage quotidien et des statuettes de la déesse Cybèle. Enfin, la "maison aux pesons", au nord-est renferme, comme son nom l'indique, de nombreux pesons en terre cuite, utilisés pour tendre les fils. Grâce à ses ateliers autonomes de figurines en terre cuite et de métal, Aianè entretint des relations culturelles avec le reste du monde. Néanmoins, pendant toute sa période d'activité, elle fut une bourgade provinciale, à l'intérieur d'un territoire agricole et pastoral. Son organisation était vraisemblablement calquée sur le modèle des villes grecques du Sud (agoranomes etc.). Les vestiges des maisons, des bâtiments publics, des temples d'Héraclès Kynagide, d'Hermès Agoraios, de Zeus Hypsistos ont fourni la matière première pour la construction du bourg voisin, Paliokastro de Kaisareia, où fut transféré le centre administratif, au début des temps impériaux. Deux bases honorifiques, l'une d'Antonin le Pieux

524

525

524. Fines feuilles d'argent plaqué d'or dans la partie supérieure, en forme de feuilles de lierre, provenant de la nécropole nord de l'antique Aianè. Première moitié du IVème siècle av. J.-C. Aianè, Collection archéologique.

525. Fines feuilles d'or en forme de disques avec représentation gravée de l'étoile macédonienne, provenant de la nécropole nord de l'antique Aianè. Première moitié du IVème siècle av. J.-C. Aianè, Collection archéologique.

(138-161 ap. J.-C.), l'autre de Marc-Aurèle (161-180 ap. J.-C.), nous invitent à conclure que c'est sur ce nouveau site que le "Koinon des Elimiotes", centre de l'organisation politique et religieuse des villes et villages d'Elimée, avait son siège.

LES NECROPOLES

Autour de la colline de la ville et dans des sites plus éloignés, on a localisé les nécropoles d'Aianè, sous forme de groupes de tombes ou bien de tombes isolées qui s'échelonnent de l'âge du bronze récent jusqu'à l'époque hellénistique tardive.

Au nord de l'habitat, sur le site de Livadia, douze tombes maçonnées à chambre et d'autres plus petites à ciste ou à fosse, dans certains cas d'ailleurs situées à l'intérieur de l'enclos funéraire, constituent la nécropole de l'époque archaïque et classique. Pillées dans leur majorité déjà depuis l'antiquité, elles ont néanmoins conservé bon nombre de leurs précieuses offrandes funéraires: figurines en terre cuite, vases à figures noires ou rouges, plaquettes en os ajourées, bijoux et *epistomia* funéraires (lames en métal recouvrant la bouche du défunt) en argent ou en or, récipients en métal, vases en verre, pointes de lances, casques, colliers, pendants d'oreilles, etc. L'architecture des

tombes mais aussi le type des offrandes funéraires et les modes d'inhumation invitent à situer l'Aianè archaïque et classique dans la même unité culturelle que les nécropoles de la Macédoine qui lui sont contemporaines.

La nécropole du site de Tskaria, à 1km environ à l'est de la ville antique, illustre la période suivante (IVème-Ier siècle av. J.-C.). Les quatre-vingts tombes à fosse, tantôt pillées, tantôt endommagées par les labourages, étaient de simples fosses creusées dans la pierre calcaire tendre de la région et renfermaient des vases en bronze, en terre cuite d'ateliers locaux, des armes, des fibules en forme d'arcs, des strigiles etc. Elles appartiennent à la "koinè" de l'époque classique tardive et de l'époque hellénistique comme elle a été formée au territoire macédonien. C'est de cette nécropole hellénistique d'Aianè que proviennent vraisemblablement les stèles funéraires, décorées ou non de bas-reliefs et datant des IIème et Ier siècles av. J.-C., qui ornent aujourd'hui le musée de la région. La plupart, découvertes fortuitement bien avant que des fouilles systématiques ne soient engagées, ont été remises aux autorités de la région et témoignent de l'amour des habitants pour leurs antiquités.

LA COLLECTION ARCHEOLOGIQUE

Depuis 1969, la Collection archéologique d'Aianè est réunie au rez-de-chaussée des bureaux de la municipalité qui abrite également des témoignages ethnographiques et des arts populaires liés à une histoire plus récente du pays. Elle doit son existence à l'amour que nourrissent les habitants de cette bourgade pour l'antiquité et au zèle que déploya l'instituteur, figure charismatique, dans les années qui suivirent la guerre civile. La collection comporte une multitude de trouvailles fortuites, dons de certains élèves ou d'habitants ainsi que des offrandes funéraires et des trouvailles provenant de monuments mis au jour par les fouilles récentes: céramique d'époque préhistorique, statues archaïques, stèles funéraires d'époque hellénistique, statuettes, inscriptions romaines, monnaies de toutes les époques, armes, bijoux, vases d'époque classique ou plus récents, provenant d'Aianè, de Rymnion, de Kténi et de Kaisareia. Ce magnifique patrimoine d'une région de la Macédoine du Nord —l'Elimée—

encore inconnue ou mal connue il y a à peine quelques années, trouvera très prochainement la place qui lui revient dans un nouveau bâtiment.

526. Support de vase en terre cuite, XVème-XIVème siècle av. J.-C. Aianè, Collection archéologique.

527. Tête de figurine en terre cuite, provenant d'une tombe d'époque archaïque. Deuxième moitié du VIème siècle av. J.-C. Aianè, Collection archéologique.

526

528. Figurine féminine en terre cuite. Milieu du VIème siècle av. J.-C. Aianè, Collection archéologique.

529. Lécythe à figures rouges, attribué au peintre de Bowdoin (?), 470-460 av. J.-C. Aianè, Collection archéologique.

528

529

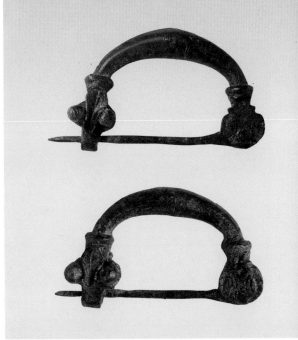

530. Fibules de bronze en forme d'arc, provenant d'une tombe du cimetière oriental. Première moitié du IVème siècle av. J.-C. Aianè, Collection archéologique.

531. Strigile en bronze dont la poignée porte l'empreinte d'un sceau avec le nom du propriétaire ou du fabriquant: ΑΔΑΜΑΣ. Provenant d'une tombe du cimetière oriental, IVème siècle av. J.-C. Aianè, Collection archéologique.

532. Oenochoè de bronze, provenant d'une tombe du cimetière oriental. Deuxième moitié du IVème siècle av. J.-C. Aianè, Collection archéologique.

531

532

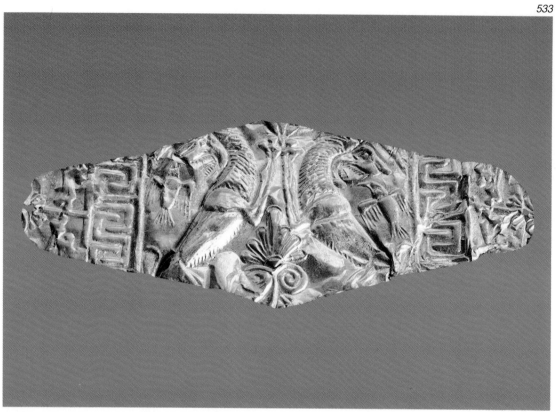

533. "Epistomion" funéraire en or. Deuxième moitié du VIème siècle av. J.-C. Aianè, Collection archéologique.

534. Pendants d'oreilles en or en forme de petites bandelettes. Aianè, Collection archéologique.

535. Perle en or en forme d'amphore. Aianè, Collection archéologique.

536-537. Epingle en or et collier avec des perles d'or en forme d'amphores. Aianè, Collection archéologique.

536

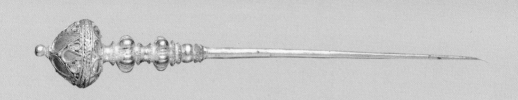

537

SIATISTA
et sa région

538

APERCU HISTORIQUE

C'est au coeur d'un paysage inhospitalier, aux sommets arrondis et grisâtres et aux versants arides, à une altitude de 930m, que des populations chrétiennes, fuyant les plaines, devant l'invasion de la Grèce du Nord par les Ottomans, fondèrent Siatista, vraisemblablement au début du XVème siècle ap. J.-C. Ils apportaient avec eux, en ces temps d'incertitude et d'instabilité, une grande sagesse, le démon de la race, la langue grecque, un esprit indomptable et surtout une admirable énergie.

Dans les deux habitats –Gérania, en bas et Chora, en haut– qui constituèrent la petite bourgade de Siatista, la prospérité assurée par le dynamisme et l'esprit d'entreprise des habitants qui développèrent la pelleterie, le textile et la culture des vignes, et parallèlement instaurèrent des relations commerciales intenses, avec l'Epire d'abord, puis progressivement avec l'Europe Occidentale (Venise, Budapest, Vienne) et la Russie, favorisa l'émergence d'un centre urbain original, dont l'architecture allie les éléments novateurs et la fidélité à la tradition.

Grâce à la contribution financière de riches émigrés, à l'aisance de commerçants prospères et au minutieux travail d'artisans de Konitsa et d'autres villages du Pinde, on pava les rues (*kalderims*), on mit en place des réseaux d'irrigation et un système de recueillement des eaux, on édifia des maisons à étages, couvertes de toits en tuiles (*archontika*) et dotées d'oriels (*sachnisia*), de petites fenêtres aux vitraux colorés, de remises au rez-de-chaussée, de verrières (*liakota*) et de magnifiques

538. Vue de Siatista, avec le mont Askion (Siniatsiko), au fond.

salons (*kali ontadès*), ornés de plafonds colorés, en bois sculpté, et de boiseries peintes (*sanidomata*). Entre 1710 environ et la fin du XVIIIème siècle, le brillant siècle des Lumières en Grèce, Siatista se para d'admirables échantillons d'architecture urbaine, comme les maisons de maîtres de Poulko (1752-59), de Kanatsoulis (1746-57?), de Manousis (1746?), de Nérantzopoulos (1754-55), et bien d'autres encore.

LES MAISONS PATRICIENNES

Ouvertes au public, après avoir été rachetées par l'Etat, les maisons patriciennes de Poulko à Gérania, de Manousis et de Nérantzopoulos à Chora, aujourd'hui restaurées, ainsi que la propriété de la famille Kanatsoulis, constituent les exemples les plus caractéristiques de l'architecture de la région, à l'époque glorieuse de cette bourgade cossue. Abritées derrière de puissants murs de construction soignée et entourées de cours dallées, ces maisons patriciennes aux pans de bois apparent sur les murs extérieurs enduits de crépi, aux fenêtres closes par des barreaux, aux lourdes portes cloutées au rez-de-chaussée et aux oriels que l'on dirait suspendus dans l'air, à l'étage, éclairées par de petites fenêtres multicolores et décorées de peintures d'une exquise sensibilité, dressent, telles des tours imprenables, leurs

539. L'archontiko de Nérantzopoulos dans le quartier de Chora à Siatista.

540. Petite fenêtre à vitrail polychrome provenant de l'archontiko de Nérantzopoulos.

541. Fragment de la fresque du salon d'hiver, dont le motif central représente Aphrodite. Provenant de l'archontiko de Kanatsoulis, dans le quartier de Chora à Siatista.

542. Fragment de fresque provenant de l'archontiko de Kératzis dans le quartier de Chora à Siatista.

hautes statures habillées de pierres.

Outre leurs jardins, leurs fours en plein air, leurs cuisines, leurs étables, leurs poulaillers, leurs puits, leurs kiosques et leurs remises, elles présentent des salles lambrissées de boiseries (*mesiès*), des vérandas lumineuses (*diliaka*), des salons (*ontadès*) aux murs richement peints et aux armoires (*moussandrès*) polychromes, des plafonds à lambris et des cheminées ornées de reliefs stuqués.

Elles sont le témoin d'un monde lointain, déroutant, d'un monde révolu, encore humain, désormais livré à sa sérénité et à ses souvenirs. Un monde nourri par la tradition de l'hellénisme de Byzance en même temps que par l'esprit occidental européen de l'époque. Ce petit monde des Macédoniens, du temps de la domination ottomane qui n'était assurément pas dépourvu de grandeur.

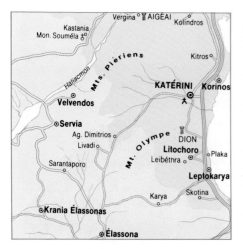

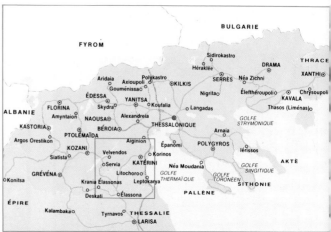

SERVIA
et sa région

543

APERCU HISTORIQUE

Edifiée sur une petite colline conique, hérissée de puissants remparts qui protègent l'étroit passage de Sarantaporos de la plaine de l'Haliacmon qui coule en direction de la Thessalie, la forteresse de Servia, aujourd'hui muette et seule avec ses souvenirs qui hantent les versants escarpés des monts Piériens, contemple, livrée à l'oubli, son glorieux passé. A ses pieds, le bourg du même nom, comportait, du temps d'Evliya Celebi, six quartiers musulmans et huit autres où cohabitaient Grecs et Juifs, aux belles maisons de pierre et aux jardins plantés de mûriers et de vignes. Il comptait douze mosquées, un *teke*, des bains, et des magasins. La sériculture y était très développée et la ville produisait des peignoirs de bains, renommés à travers tout l'Empire ottoman.

La région, déjà attestée aux époques préhistorique (Vasilara, Rachi, Velvendos, Avlès Goulès) et historique —c'est tout près de cette ville que fut localisée la "cité des Oblostes", célèbre par une inscription datée de l'an 200 ap. J.-C.— prend de l'importance surtout avec les Byzantins. C'est là qu'Héraclius (610-641) installe pour la première fois des Serbes, qui donneront leur nom à la ville, selon quelques historiens, que Basile le Bulgaroctone chasse le tsar Samuel (1001 ap. J.-C.) et que plus tard, en 1223, Théodore Doucas d'Epire installera un évêque, soustra-

543. *Vue partielle du fort de Servia avec, au fond, le lac artificiel de Polyphyto.*

yant la cité à l'empire franc de Thessalonique. En 1256, Servia tombe aux mains de Théodore II Laskaris, empereur de Nicée, en 1341, elle passe sous la juridiction de Stéphane Douchan avant de revenir, en 1350, à Jean Cantacuzène.

Ce défilé, à l'importance stratégique considérable depuis l'antiquité, puisqu'il contrôle le passage en Grèce méridionale, retiendra, dès les premiers moments de l'occupation ottomane, l'intérêt des nouveaux maîtres de la situation politique dans la péninsule de l'Haimos. Une première occupation, en 1393, sera suivie, quelques années plus tard, d'une prise définitive qui consolidera la domination ottomane dans la région. Pourtant, le fait que, dans l'enceinte de l'habitat médiéval, on n'ait identifié aucune mosquée et qu'aucune des six églises chrétiennes de la forteresse —Aghios Konstantinos, Zoodochos Pigi, Aghios Nikolaos, Aghia Solomoni, Aghios Ioannis Prodromos (Saint-Jean-Baptiste), et l'église des Catéchumènes— n'ait été transformée en mosquée témoignent d'une coexistence harmonieuse entre les deux communautés.

Mais des temps difficiles se font jour et l'anarchie qu'engendre la guerre turco-vénitienne (1684-99) conduit des bandes organisées de brigands à commettre d'inqualifiables actes de violence à l'encontre des habitants, notamment dans les régions semi-montagneuses comme Servia. Pourtant, en dépit de l'adversité et de la pression exercée par les autorités turques, malgré les tentatives d'islamisation et l'exploitation exercée par les collecteurs d'impôts, jusqu'à la moitié du XVIIIème siècle, les autochtones poursuivent leurs activités et la foire commerciale de Servia acquiert une renommée qui dépasse les étroites limites de la plaine. C'est l'époque où Kosmas l'Etolien instille dans les esprits les germes du savoir et de la conscience grecque, où la classe bourgeoise est en quête de son identité, la chrétienté de sa foi et l'hellénisme de ses racines. L'époque de la terreur d'Ali Pacha, des *armatoles* et de l'insurrection. Le temps de la bravoure et des sacrifices.

LES MONUMENTS

LES REMPARTS

De plan totalement irrégulier, comme le dictait la configuration très particulière du rocher escarpé où elle était perchée, la forteresse de Servia se divise en trois parties de superficie inégale: l'acropole (la partie la plus élevée, à l'extrême pointe du rocher, ultime refuge en cas d'occupation), la ville haute et la ville basse, séparées par un rempart. Malgré les difficultés que pose la datation, faute d'indications suffisantes, les recherches permettent de penser que l'enceinte défensive fut édifiée entre 1216-1257, c'est-à-dire du temps où Servia était occupée par les princes d'Epire et que les restaurations et les ajouts durent être effectués entre 1341 et 1350, sous l'occupation serbe.

LES EGLISES BYZANTINES

Dans l'enceinte de la ville basse sont conservées six églises, dont trois n'offrent plus que d'informes vestiges, seuls témoignages de leur existence.

Avec sa taille imposante, la grande basilique à trois nefs (après 1001), principale église de Servia, était peut-être dédiée à saint Démétrius et son nom actuel (église des Catéchumènes ou Saranta Portès) doit sans nul doute être attribué aux lettrés.

L'église des Saints-Théodores, monastère patriarcal, à nef unique, coiffée d'un toit de bois à double pente, datant de la seconde moitié du XIème siècle, est entourée, sur les quatre côtés, par un espace couvert dans lequel a été creusée une citerne.

Juchée au nord-est de la basilique, sur une terrasse creusée dans le rocher, la petite église à nef unique d'Aghios Ioannis Prodromos (Saint-Jean-Baptiste), édifice du XIVème siècle, a fait l'objet, au cours de son existence, de maintes restaurations et ajouts. Ses fresques très endommagées ont longtemps contemplé le ciel d'Elimée, avant que le Service archéologique ne les protège en construisant un nouveau toit.

544. Vue orientale de l'acropole de Servia.

545. La partie sud-est de la basilique à trois nefs du XIème siècle dans la ville basse de Servia.

544

545

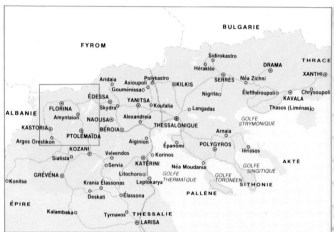

PETRES (KELLE?)
et sa région

546

APERCU HISTORIQUE

L'habitat juché sur la colline (à l'extrémité nord de l'Eordée), à une distance de 1,5km au nord-ouest de la commune de Pétrès,connut une grande prospérité entre la fin du IIIème siècle et le milieu du Ier siècle av. J.-C. et offre l'exemple caractéristique d'une bourgade de la Haute Macédoine à l'économie agricole et pastorale. Si séduisant qu'il soit de l'identifier à la Kellè que mentionnent les voyageurs du moyen âge, la pioche de l'archéologue attend encore une confirmation épigraphique. La situation de cet habitat, à une faible distance de la Via Egnatia, à proximité du lac qui était à l'époque plus grand et au fond de la plaine fertile de l'Amyntaion –le passage le plus aisé vers la Lyncestide– lui assurait une importance dont témoignent objets de fouilles et trouvailles isolées.

Curieusement, pendant une longue période, nul ne songea à fouiller systématiquement la région. Ce n'est qu'en 1982 que le Service archéologique entreprit pour la première fois de donner une dimension historique à toutes les trouvailles isolées mises au jour fortuitement (*ex-voto*, actes d'affranchissement et inscriptions funéraires, statues, millaires et autres objets aujourd'hui exposés au Musée de Florina). Par la suite, les recherches archéologiques seront poursuivies à intervalles réguliers.

L'HABITAT ANTIQUE

Derrière un puissant rempart aux assises en tuf, l'habitat situé sur la colline de Gratista pré-

546. *La colline de Gratista à Pétrès avec des ruines de la cité antique (Kellè?).*

sente un plan urbain libre, qui épouse autant que possible les accidents du terrain. Les habitations, réparties par groupes de trois ou quatre maisons aux murs mitoyens, sont perchées sur les terrasses naturelles qui s'échelonnent sur les versants sud, est et ouest, contrôlant la région environnante. Les maisons de Pétrès, à deux étages, sans cour, dotées de caves pour entreposer les denrées liquides ou solides ou faisant office d'ateliers, nous éclairent sur l'habitat hellénistique, par les variations spécifiques qu'elles apportent au plan général .

Par contraste avec la construction en pierres sèches des murs de soutènement du rez-de-chaussée, les étages étaient édifiés avec des matériaux plus légers (chaînages en bois). Les pièces situées aux étages, destinées à l'habitation, étaient ornées de stucs d'excellente qualité offrant diverses compositions de couleurs. Un réseau de rues rectilignes (parallèles aux accidents du terrain) larges d'environ 2,50m et d'autres plus étroites (1,50m de large) et perpendiculaires aux premières, quadrillait l'habitat. Des conduites d'eau en terre cuite, parallèles à ces rues, aboutissant à des fontaines ou à des puits, assuraient en permanence l'approvisionnement de la cité en eau potable.

De par sa double vocation de centre de production agricole (grâce à sa plaine fertile) et de centre commercial (grâce à la Via Egnatia et à celle qui l'avait précédée), Pétrès en Eordée jouissait d'une prospérité économique et d'un niveau de vie élevé que viennent confirmer les témoignages d'échanges commerciaux et culturels, avec des villes de la Macédoine centrale et orientale, ainsi qu'avec l'Occident. Au milieu des maisons, s'étaient établis des ateliers de céramique, de figurines, de métallurgie et, selon toute vraisemblance, de sculpture. En outre, l'abondance des outils agricoles atteste que les habitants s'adonnaient également à la culture.

Vers le milieu du Ier siècle av. J.-C., la ville hellénistique fut abandonnée et sa population transférée sur le site de l'actuel village de Pétrès, où sont attestées des phases de construction d'époque romaine.

547. Ruines de la cité antique (Kellè?) sur la colline de Gratista à Pétrès. Au fond, la plaine de l'Amyntaion et, à gauche, une partie du lac de Pétrès.

547

LE MUSEE ARCHEOLOGIQUE DE FLORINA

548

Le Musée archéologique de Florina est abrité dans un bâtiment à deux étages, datant de 1965 et situé en face de la gare. Il contient des objets d'usage quotidien et des ustensiles préhistoriques provenant de Servia et d'autres habitats de la Lyncestide (Arménochori), des tuiles inscrites d'époque hellénistique provenant de l'habitat antique de Lykè sur la partie occidentale de la petite île d'Aghios Achillios (Orestide), des vases et d'autres objets de l'habitat antique de Pétrès (Eordée), des vases de la ville hellénistique sur la colline d'Aghios Pantéléimon à Florina, des stèles votives décorées de scènes en relief, des stèles funéraires provenant de Kato Klinès, Ethniko, Beuè, Skopos, Achlada, Pylè, des inscriptions honorifiques en provenance d'Aghios Achillios, des milliaires de la Via Egnatia découvertes à Pétrès et enfin, des statues d'Artémis et de défunts héroïsés, ainsi que des sculptures et des fresques qui ornaient les murs de l'église de Saint-Achillios.

548. Cratère en terre cuite à vernis noir provenant d'un atelier local. Sur la panse du vase, frise décorative en relief avec des scènes de la prise de Troie et les inscriptions ΙΛΙΟΝ, ΝΕΟΠΤΟΛΕΜΟΣ et [ΣΤΡ]ΑΤΙΩΤΑΙ. Deuxième moitié du IIème siècle av. J.-C. Florina, Musée archéologique.

549. Skyphos en terre cuite à vernis noir, provenant d'un atelier local avec décor en relief. Fin du IIème-début du Ier siècle av. J.-C. Florina, Musée archéologique.

549

550

552

553

550. Statue acéphale en marbre d'Artémis, d'époque romaine, provenant de Pétrès. Florina, Musée archéologique.

551. Stèle funéraire inscrite, en marbre, de la famille de Davreias, avec couronnement en palmette, provenant de Pétrès, IIème siècle av. J.-C. Florina, Musée archéologique.

552. Stèle votive en marbre avec procession d'"arrhéphores", IIème siècle ap. J.-C. Florina, Musée archéologique.

553. Chancel en marbre, provenant de Saint-Achillios, XIème siècle. Florina, Musée archéologique.

554. Fresque murale, provenant de Saint-Achillios et figurant l'archange Michel, XIIème siècle. Florina, Musée archéologique.

555. Portillon du templon avec une représentation de l'Annonciation, provenant de l'église de Saint-Athanase à Aghios Germanos (Prespès), 1527/8. Florina, Musée archéologique.

554

555

KASTORIA
et sa région

556

APERCU HISTORIQUE

Bâtie à l'emplacement exact de la ville actuelle, la Kastoria de l'empereur Justinien Ier, le Kastron (Forteresse) des textes de l'époque médiobyzantine, n'a conservé que de rares éléments du passé de la Grèce antique et de l'Empire romain: les trouvailles en nombre restreint, deux ou trois inscriptions, et quelques fragments architectoniques sont les seuls vestiges de Kélétron (la Celetrum de Tite-Live), cette cité de l'antique Orestide dont le destin orageux se reflète aujourd'hui encore dans les eaux sombres du lac du même nom. Les témoignages du passé, dans leur majorité (remparts, églises) remontent à l'époque byzantine ou post-byzantine. C'est là que passèrent les Romains du consul Sulpicius (199 av. J.-C.); c'est ce site encore qui fut détruit par Alaric Ier (395 ap. J.-C.) ou, selon d'autres sources, par Théodoric, roi des Ostrogoths (480 ap. J.-C.). Cette forteresse en bordure du lac fut conquise par la ruse en 918 ap. J.-C., par le tsar bulgare Syméon. En 1018, après la dissolution de l'État éphémère de Samuel, Basile II Bulgaroctone y installa son général Eustache Daphnomilis, ainsi qu'une armée pour surveiller la région et ses passages. Située au croisement nord-sud et est-ouest, Kastoria fut conquise après la défaite d'Alexis Ier Comnène à Dyrrachion, par les Normands du roi Bohémond Ier, fils de Robert

556. Vue panoramique de Kastoria.

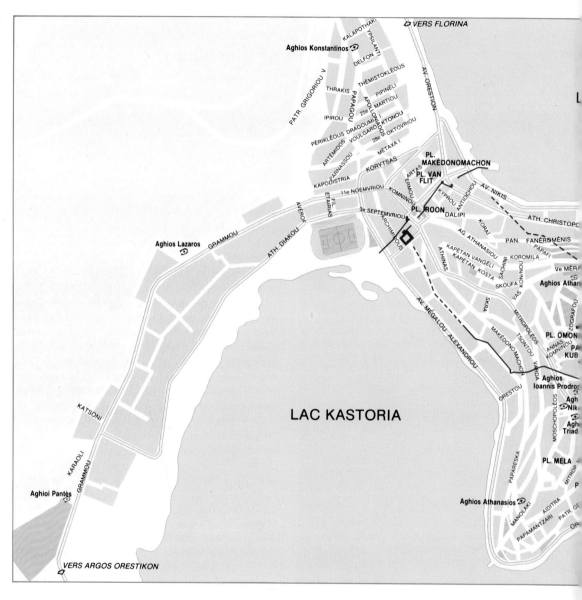

557. Relevé topographique de Kastoria avec ses monuments byzantins.

Guiscard (1081); elle fut soumise au "despotat" d'Epire (avant 1220), rentra dans le giron de l'empire de Nicée (1252, 1259) pour devenir, après 1261, partie intégrante de l'Empire byzantin restauré. De 1334 à 1341, la ville, victime de l'incertitude et de la mouvance qui prévalaient en Macédoine au lendemain des guerres intestines qui avaient déchiré les Paléologues, fut ballottée entre la volonté de conquête du roi serbe Stéphane Douchan et les tentatives d'Andronic III Paléologue pour conserver les territoires acquis. Cette même incertitude persista dans la région pendant tout le règne de Jean Cantacuzène (milieu du XIVème siècle ap. J.-C.) et après celui-ci. Un peu avant 1387 ap. J.-C., quand les derniers

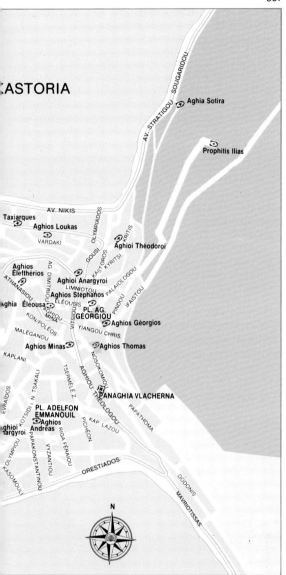

que versent dans le coeur des habitants saint Denys et plus tard Kosmas l'Etolien vient adoucir la servitude. Les activités lucratives auxquelles s'adonnent les habitants (commerce de la fourrure, métiers du bâtiment, etc.) allègent quelque peu le joug imposé par les infidèles; l'obscurantisme et l'intolérance sont tempérés par l'épanouissement des lettres, les contacts avec l'Europe libre et les expatriations. Siège du *kaïmakam* (commandant turc), Kastoria disposait dès 1614 d'une école, financée par des habitants de Constantinople originaires de Kastoria et où enseignèrent à un certain moment G. Palladas (devenu par la suite patriarche d'Alexandrie, 1688-1710), Méthode Anthrakitis, Anastasios Vasilopoulos etc. D'après Evliya Celebi et Chatzi Kalfa (XVIIème siècle), Kastoria aurait été la ville d'origine de la sultane Fatima et aurait constitué un *cazas* de 150 "blancs" comptant 110 villages dans sa circonscription. En dehors de la forteresse, on dénombrait 20 quartiers (dont 16 étaient habités par des Grecs, 3 par des Turcs et 1 par des Juifs) comportant 2500 maisons environ, quelque 100 magasins et des rues étroites. Pouqueville nous a laissé de très belles descriptions de la ville au début du XIXème siècle et le colonel Leake, qui a consigné les souvenirs de sa visite dans la cité, nous livre des informations concernant à la fois les antiquités et les activités des habitants. Jusqu'au XIXème siècle, les émigrés originaires de Kastoria qui s'étaient enrichis à Vienne, à Odessa et à Constantinople et à l'intérieur de l'Empire (P. Emmanouil, Papaterpos, Nantzis et Tsiatsapas) construiront leurs demeures, qu'ils décoreront somptueusement, et doteront leurs églises d'iconostases sculptées dans le bois, d'ambons et de chandeliers.

Au tournant du XVIIIème siècle, la riche et puissante Kastoria, "la ville hellène du Nord", comme l'appelle le géographe allemand L. Schultze Jena au début du XXème siècle, perçoit les premiers échos de la Révolution française et embrasse, avec ses fils expatriés, les visions de Rigas Féraios. Elle s'initie et initie à son tour les combattants du soulèvement. Elle aussi sacrifie sur l'autel de la Grande Idée ses martyrs, laïcs ou clercs. Elle se fortifie moralement, résiste aux pressions, offre refuge aux rebelles armés et finance la cause commune.

Néanmoins, figée devant le passage des armées, elle ne peut prendre part activement à la révolution de l'Olympe et du Bermion (1822). Elle s'oppose pourtant à l'expansionnisme slave et réussit à ne pas tomber sous l'obédience de l'"exarchat" bulgare créé après la guerre de Cri-

bastions se rendirent eux-aussi l'un après l'autre au "croissant" de l'Orient et que la main de Dieu se retira de Thessalonique, Evrénos, avec son armée turque, occupa Kastoria qui se trouvait depuis longtemps sous la dépendance des souverains albanais, Stoya et Théodore Mouzakis.

C'est avec l'occupation turque que se clôt pour la ville des castors, la ville aux "cent églises", la ville "richissime" qu'avait connue le voyageur arabe Idrisi (XIIème siècle ap. J.-C.), un brillant chapitre enluminé de fresques magnifiques, émaillé d'églises en brique aux silhouettes hautes et frêles, chargé de souvenirs de gloire et de prospérité.

Dans les siècles difficiles qui suivent, le baume

mée. Elle choisit d'autres armes pour combattre: la culture grecque (qui toujours a vaincu les barbares), et plante les arbres de la connaissance dans ses écoles qui comptèrent, parmi leurs brillants enseignants, Anastasios Pichéon. Elle lutte avec la foi orthodoxe (qui, de tout temps, l'a emporté sur les infidèles) et arme le coeur de ses clercs (l'évêque de Kastoria, Germanos Karavangélis, en est un vénérable exemple). Elle recouvre de sa terre la dépouille de Pavlos Mélas (1904), injustement tombé, juste avant l'ultime combat. La domination turque s'achève, suite à l'alliance des pays balkaniques contre la Sublime Porte, et la ville est libérée par l'armée grecque en 1912. Le sang du chef militaire Kotas, la plume du savant Athanasios Christopoulos, les poignards de Konstantinos Michael et de Thomas Mandakasis, qui s'étaient dévoués pour que la nation renaisse, ont enfin triomphé.

558. Tronçon du mur de Justinien conservé sur l'agora de Kastoria.

LES MONUMENTS

LES REMPARTS

Les quelques vestiges de remparts conservés jusqu'à nos jours, et l'étude de photographies anciennes, de textes et de cartes, nous invitent à penser que la fortification de Kastoria, en dépit de quelques rajouts, est restée presque intacte depuis l'époque de Justinien Ier. En forme d'ellipse ou de parallélogramme et barrant l'isthme de la péninsule, là où s'étendait et où s'étend aujourd'hui encore la ville, le rempart dont les deux bras parallèles enserrent les rives du lac avant de grimper jusqu'à l'acropole vient se refermer sur l'église de la Kubbélidiki.

LES EGLISES BYZANTINES

Les églises de Kastoria permettent d'étudier l'évolution de la peinture byzantine du Xème au XVIIIème siècle ap. J.-C. de façon presque continue. Ces églises privées, bâties presque toutes sur le même plan (basiliques coiffées d'une coupole ou d'un toit à double pente, à une ou trois nefs –la nef centrale étant alors généralement surélevée–, aux murs extérieurs en briques pré-

558

sentant une belle maçonnerie cloisonnée) avaient été érigées par de hauts fonctionnaires exilés de la cour de Constantinople et abritaient souvent les tombes de leurs donateurs.

Aghioi Anargyroi

Construite sur le modèle d'une basilique à trois nefs, présentant une nef centrale surélevée de façon asymétrique et un *narthex* sur le côté ouest, cette église est datée, à en croire les plus anciennes couches de peintures murales, du début du Xème siècle ap. J.-C.; des interventions plus récentes remontent au XIIème siècle ap. J.-C. La "Lamentation" sur le mur nord est une des plus belles peintures qui ornent l'église et préfigure, dans sa composition, les Pietà occidentales.

Aghios Stéphanos

Cette basilique à trois nefs, présentant un *narthex*, une nef centrale surélevée et un espace réservé aux femmes (*gynaikonitis*) à l'étage, date de la fin du IXème-début du Xème siècle, à en juger d'après les fresques passablement endommagées, qui appartiennent à la première phase de la décoration murale du monument. L'église fit l'objet d'interventions successives, dans les siècles qui suivirent (XIIème-XIIIème siècle).

Taxiarque (Archange) de la Métropole

Dédiée à l'archange Michel, cette église à trois nefs est l'une des plus anciennes de ce type au Xème siècle. Cependant, on date les fresques les plus récentes de l'époque où la ville fut occupée par le roi serbe Stéphane Douchan (1359-1360): il s'agit de compositions dans la plus pure tradition byzantine, caractéristiques des tendances artistiques de l'époque.

559

560

561

559. Vue extérieure de l'église des Aghioi Anargyroi (Saints-Anargyres).

560. Vue extérieure de l'église d'Aghios Stéphanos.

561. Vue extérieure de l'église du Taxiarque (Archange) de la Métropole.

Aghios Nikolaos de Kasnitzis

Ornée de splendides fresques, cette sobre église à une seule nef, dédiée à saint Nicolas et appelée Kasnitzis, du nom du propriétaire, sans doute homonyme du saint patron, constitue un point de référence important pour la peinture byzantine du XIIème siècle.

562

563

Panaghia Kubbélidiki

Cette petite église de plan triconque dédiée à la Vierge sous le surnom de "Kubbélidiki", en raison de son dôme étrangement haut au centre (*kubbe*: dôme en turc), unique exemple de ce genre dans l'architecture ecclésiastique de Kastoria, permet de suivre l'évolution de la peinture byzantine au XIIIème siècle. Les interventions sur les fresques du mur extérieur ouest remontent au XVème siècle ap. J.-C., tandis que celles qui ornent l'extérieur du *narthex* sont datées du XVIIème siècle.

Panaghia Mavriotissa

Oeuvre du XIIème siècle ap. J.-C., le *katholikon* du monastère de la Panaghia Mavriotissa, situé dans un endroit idyllique à une extrémité du lac de Kastoria et à une faible distance de la ville, marque les débuts du monachisme, par la sévérité de ses fresques, la thématique métaphysique et les couleurs sombres de ses compositions.

Aghios Ioannis Théologos (Saint-Jean l'Evangéliste)

Avec son décor de peintures murales caractéristique du milieu du XVIème siècle (1552) et conforme à la tradition locale de l'époque postbyzantine, cette église située dans le proche voisinage de la Panaghia Mavriotissa, initie le visiteur à la peinture ecclésiastique sous la domination ottomane.

562. *Vue extérieure de l'église d'Aghios Nikolaos de Kasnitzis.*

563. *Vue extérieure de la Panaghia Kubbélidiki.*

564. *L'archange Gabriel à genoux devant la Vierge (fragment de la Platytéra). Fresque du XIIème siècle provenant de la basilique à une seul nef d'Aghios Nikolaos de Kasnitzis.*

565. *"Le Christ commandant aux vents". Fresque de la chapelle d'Aghios Ioannis Théologos dans le monastère de Mavriotissa.*

566. *La Dormition de la Vierge. Fresque d'Aghios Nikolaos de Kasnitzis.*

564

565

566

LES MAISONS DE MAITRES

Parmi les maisons de maîtres de Kastoria (*archontarikia*), juchées sur le rocher surplombant le lac et disposées en terrasses, comportant deux ou trois étages, construites en enfilade ou isolées, entourées de jardins clos par des murs en pierres, certaines sont vouées à l'indifférence du temps, d'autres, délaissées et ignorées, et d'autres encore, ont été confiées aux soins de l'Etat et de particuliers, mais toutes sont les témoins indéniables de la richesse que connut la ville des castors, grâce à la pelleterie.

Construites sur le type des maisons macédoniennes/balkaniques, les maisons de maîtres des frères Emmanouil (contemporains et compagnons de lutte de Rigas Féraios), de Moralis-Tsiatsapas (1754), de Vasdékas (1728), de Pavlis-Némozias-Aïvazis, de Kyr Yannakis-Nantzis (1796), de Sapountzis, Bassaras etc. présentent tous les éléments architecturaux et ornementaux qui caractérisent aussi les demeures seigneuriales de Siatista, Kozani, Béroia, Ohrid, Vélésa, Perlépé tout en étant adaptées aux besoins de la région et aux moeurs de ses habitants: une cour intérieure bordée d'espaces annexes à ciel ouvert ou à moitié couverts, un rez-de-chaussée et un entresol solidement construits en pierre, un premier et un deuxième étage aux murs en bois recouverts d'un crépi (*tsatmas*), des fenêtres fermées par des barreaux, des oriels (*sachnisia*), des salons (*ontadès*) lambrissés de boiseries et éclairés par des petites fenêtres aux vitraux multicolores, des armoires murales, des cheminées et, à l'étage, des salles de réception (*doxata*) avec arcature en bois et mezzanines pour s'y reposer (*krévatès*) et enfin, des plafonds richement décorés.

Jadis en harmonie avec l'environnement, à la fois refermées sur elles-mêmes et bruissantes d'activités, ces maisons désormais silencieuses cachent les peines du lac dans chacune de leurs fissures et résistent obstinément à l'usure du temps. Leurs façades vieillies, dressées contre l'oubli, opposent à la froideur d'un "progrès" très contestable la chaleur de l'histoire et de l'humanité.

567

567. L'archontiko des frères Emmanouil.

568. Le grand salon (kalos ontas) de l'archontiko de Nérantzis Aïvazis.

569. Salon (ontas) de Kastoria.

569

570. L'archontiko de Nérantzis Aïvazis, aujourd'hui Musée des arts populaires.

571a. Détail du décor du salon au premier étage de l'archontiko d'Aïvazis à Kastroria.

571b. Détail du décor du salon au premier étage de l'archontiko d'Aïvazis à Kastoria.

572. Fresque avec vue de Constantinople au salon de l'archontiko d'Aïvazis à Kastoria.

571α

571β

572

LE MUSEE BYZANTIN

573

Le Musée de Kastoria, nouvellement construit dans un site privilégié et visible de toutes parts, est consacré à l'art byzantin. Il renferme exclusivement des icônes d'une qualité exceptionnelle. A l'avenir, une salle sera consacrée aux antiquités provenant de la région (Orestide) et datant des époques préhistorique (Dispilion), classique-hellénistique et romaine (stèles funéraires provenant d'Archangélos, à proximité de Nestori et de Pentavryso).

575

574

573. Panaghia Hodéghétria (icône à deux faces), XVIème siècle. Kastoria, Musée byzantin.

574. Le Christ de Pitié (revers de l'icône à deux faces mentionnée ci-dessus), début du XVème siècle. Kastoria, Musée byzantin.

575. Le prophète Elie, oeuvre représentative de la fin de l'art Comnène, 1180-1200. Kastoria, Musée byzantin.

576. La Dormition de la Vierge. Troisième quart du XIVème siècle. Kastoria, Musée byzantin.

576

LES LACS PRESPES
et leur région

577

APERCU HISTORIQUE –
MONUMENTS ANTIQUES
ET CHRETIENS

Le lever et le coucher du soleil, à la pointe occidentale de la Haute Macédoine, se reflètent dans les eaux plombées des lacs de la Mégalè (Grande) et de la Mikrè (Petite) Prespa, à travers les joncs et les plantes aquatiques qui envahissent les rives, dissimulant les barques des rares habitants de la région, qui, loin des vicissitudes de ce monde, vivent en solitaires dans ce coin écarté, aujourd'hui aux frontières de trois pays: l'Albanie, l'ex-Yougoslavie et la Grèce.

Accessible uniquement par trois passages étroits –le premier à Pisodéri, le second à Krystallopigi et un troisième à Monastir (Bitola)– l'endroit s'impose par l'isolement austère dans lequel l'ont enfermé les monts Barnous et Bernon et ensorcelle le visiteur auquel il réserve la surprise d'une nature totalement vierge, oubliée par les hommes.

La région des Prespès qui fait partie de l'Orestide, offre des découvertes intéressantes d'époque préhistorique et du début de l'âge du fer, des vestiges d'habitations d'époque hellénistique tardive (probablement la bourgade de Lykè dans la petite île d'Aghios Achillios, identifiée grâce à un document épigraphique) mais surtout une dizaine d'églises, dont la fondation s'échelonne entre le XIème et le XIXème siècle, tantôt grandioses et

577. Vue des lacs Prespès.

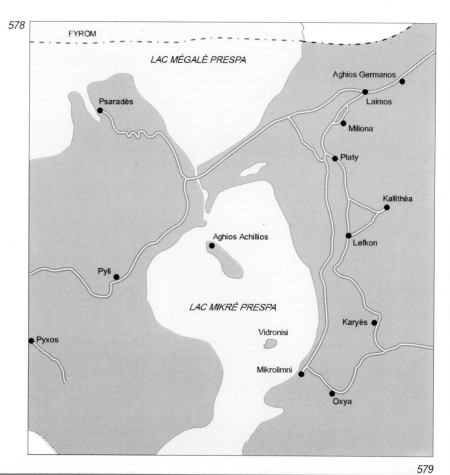

578. Carte des lacs
Prespès.

579. La basilique de
Saint-Achillios, intérieur.

Map labels:

FYROM

LAC MÉGALÈ PRESPA

Psaradès

Aghios Germanos
Laimos
Miliona
Platy
Kallithéa
Lefkon

Aghios Achillios

Pyli

LAC MIKRÈ PRESPA

Vidronisi

Karyès

Pyxos

Mikrolimni

Oxya

monumentales, au sommet de plateaux visibles de toutes parts, tantôt humbles et retirées, perchées au sommet de rochers qui bordent le lac, telles des pigeons de roche. Perdue dans l'obscurité des siècles, la région n'en règne pas moins sur le temps. Les églises de l'orthodoxie chrétienne, telles les pages jaunies de quelque manuel d'art et d'architecture byzantine et post-byzantine, nous retracent l'histoire des lacs Prespès depuis le temps où ils étaient aux mains du tsar bulgare Samuel (fin du Xème-début du XIème siècle: basilique de Saint-Achillios et tombe du roi lui-même), en passant par le temps où les armées byzantines de Basile II proclamèrent la gloire de l'Empire en protégeant cette région marécageuse par de puissants bastions, l'époque de Michel VIII Paléologue et de son fils Andronic II (skite de la Transfiguration, Mégalè Prespa, XIIIème siècle; Aghios Nikolaos Pylis, XIIIème-XIVème siècle), l'époque de la famille des Dragasides qui donna à Byzance son dernier empereur, martyr et apôtre, Constantin XI, et gouverna la plaine (skite de la Panaghia Eléousa ou Vierge Miséricordieuse, Mégalè Prespa, début du XVème siècle), jusqu'à la soumission aux Turcs et à la libération de 1912 (Saint-Georges dans la petite île d'Aghios Achillios, fin du XVème siècle; skite de la Petite Assomption à Mégalè Prespa, XVème siècle; église de l'Hypapanti à Laimos, XVème-XVIème siècle; monastère de la Panaghia Porphyra dans l'île d'Aghios Achillios, première étape 1524; église de Saint-Nicolas à Platy, 1591; église de Saint-Athanase à Aghios Germanos, 1816; église de l'Ascension à Karyès, 1883; église de Sainte-Paraskévi à Pyxos, 1899; église de Saint-Athanase à Mikrolimni, 1908).

Depuis des siècles, le lever et le coucher de la lune, à la pointe occidentale de la Haute Macédoine jettent des reflets d'argent sur les eaux profondes et mystérieuses de la Mégalè et de la Mikrè Prespa et colorent de nostalgie tous les murs envahis d'herbes folles que le temps a laissés debout et toutes les fresques qui ont résisté à l'usure des choses. Dans ce coin du monde, le crépuscule et l'aurore n'ont plus d'âge.

580

581

582

580. *Panaghia Porphyra, dans l'île d'Aghios Achillios.*

581. *Sainte-Paraskévi, dans le village de Pyxos.*

582. *Saint-Athanase, dans le village de Mikrolimni.*

583. Saint Spyridon. Fresque
du XIXème siècle provenant de
l'église de Saint-Athanase,
dans le village d'Oxya.

584. Saint Vincent. Fresque
de 1743, provenant de l'église
de Saint-Germanos.

585. La Cène. Fresque de
1591 provenant de l'église
de Saint-Nicolas (Aghia Sotira)
à Platy.

586. La dormition de la Vierge.
Fresque de 1410, provenant de
la chapelle de l'ermitage de la
Panaghia Eléousa (Vierge
Miséricordieuse).

584

ΟΙΝΟCΤΙΚΟC · · · ΛΙΠΝΟC

586

BIBLIOGRAPHIE

ARCHEOLOGIE

ΑΜΗΤΟΣ. Numéro spécial en hommage au professeur M. Andronikos (Thessalonique, 1987).

Αρχαία Μακεδονία I (1970). *II* (1977). *III* (1983). *IV* (1986). *V* (1993).

Το Αρχαιολογικό Έργο στη Μακεδονία και Θράκη 1 (1988). *2* (1991). *3* (1992). *4* (1993). *5* (1994).

Οι Αρχαιολόγοι μιλούν για την Πιερία 1 (1985). *2* (1986). *3* (1990).

I. Aslanis, *Η Προϊστορία της Μακεδονίας. I. Η Νεολιθική Εποχή* (Athènes, 1992).

Εγνατία 1 (1989). *2* (1990).

D. Gramménos, *Νεολιθικές έρευνες στην Κεντρική και Ανατολική Μακεδονία* (Athènes, 1991).

W. Hoepfner, L. Schwandner, *Haus und Stadt im Klassischen Griechenland* (Munich, 1986).

ΚΕΡΝΟΣ. Numéro spécial en hommage au professeur Y. Bakalakis (Thessalonique, 1972).

Macedonia and Greece in Late Classical and Early Hellenistic Times, Studies in the History of Art 10, 1982.

Μνήμη Δ. Λαζαρίδη (Hommage à D. Lazaridis) (Athènes, 1990).

ARCHITECTURE ET COUTUMES FUNERAIRES

M. Andronikos, *Βεργίνα I. Το νεκροταφείον των τύμβων* (Athènes, 1969).

M. Andronikos, *Βεργίνα: οι βασιλικοί τάφοι και οι άλλες αρχαιότητες* (Ekdotikè Athénon, Athènes, 1984).

St. Drougou, I. Touratsoglou, *Ελληνιστικοί λαξευτοί τάφοι Βεροίας* (Athènes, 1980).

B. Gossel, *Makedonische Kammergräber* (Berlin, 1980).

D. Lazaridis, K. Rhomiopoulou, I. Touratsoglou, *Ο τύμβος της Νικήσιανης* (Athènes, 1992).

M. Lilimbaki-Akamati, *Λαξευτοί θαλαμωτοί τάφοι της Πέλλας* (Thessalonique, 1987).

St. G. Miller, *Hellenistic Macedonian Architecture. Its Style and Painted Ornamentation* (Bryn Mawr, 1971).

St. G. Miller, *The Tomb of Lyson and Kallikles* (Mayence, 1992).

Ph. M. Petsas, *Ο τάφος των Λευκαδίων* (Athènes, 1966).

C. A. Rhomaios, *Ο Μακεδονικός τάφος της Βεργίνας* (Athènes, 1951).

K. Rhomiopoulou, "A New Monumental Chamber Tomb with Paintings of the Hellenistic Period near Lefkadia, West Macedonia", *AAA VI* (1973, p. 87-92).

Ch. Saatsoglou-Paliadéli, *Τα επιτάφια μνημεία από τη Μεγάλη Τούμπα της Βεργίνας* (Thessalonique, 1984).

I. Touratsoglou, *Λευκάδια* (Guides Κέραμος) (Athènes, 1973).

I. Vokotopoulou, *Οι ταφικοί τύμβοι της Αίνειας* (Athènes, 1990).

CATALOGUES D'EXPOSITIONS

Αρχαία Μακεδονία (Exposition en Australie / Melbourne, Brisbane, Sydney) (Athènes, 1988).

La Civilisation Grecque. Macédoine Royaume d'Alexandre le Grand (Exposition au Canada) (Athènes, 1993).

Θεσσαλονίκη. Από τα προϊστορικά μέχρι τα χριστιανικά χρόνια (Exposition au Musée de Thessalonique) (Athènes, 1986).

Θεσσαλονίκη. Ιστορία και Τέχνη (Exposition de la Tour Blanche) (Thessalonique, 1986).

Η Μακεδονία από τους μυκηναϊκούς χρόνους ως τον Μέγα Αλέξανδρο (Exposition au Musée de Thessalonique et à Bologne) (Athènes, 1988).

Μέγας Αλέξανδρος. Ιστορία και θρύλος στην τέχνη (Exposition au Musée archéologique de Thessalonique) (Athènes, 1980).

The Search for Alexander (Exposition) (Washington, 1980).

Σίνδος (Exposition au Musée archéologique de Thessalonique) (Athènes, 1985).

Treasures of Ancient Macedonia (Exposition au Musée Archéologique de Thessalonique) (Athènes, 1979).

EPIGRAPHIE

Ch. Edson, *Inscriptiones Graecae IX*, 2.1 (Thessalonica et viciniae) (Berlin, 1972).

Th. Rizakis, I. Touratsoglou, *Επιγραφές Άνω Μακεδονίας* (Athènes, 1985).

GUIDES ARCHEOLOGIQUES

M. Akamati, P. Véléni, *Νομός Φλώρινας, από τα Προϊστορικά στα Ρωμαϊκά Χρόνια* (Ministère de la Culture, 1987).

Ch. Bakirtzis, *Η βασιλική του Αγίου Δημητρίου* (Thessalonique, 1986).

V. Bitrakova-Grozdanova, *Monuments de l'époque hellénistique dans la R. S. de Macédoine* (Skopje, 1987).

G. Ch. Chionidis, *Ιστορία της Βέροιας (της πόλεως και της περιοχής)* (Béroia, 1960).

P. Chrysostomou, *Τα Γιαννιτσά και η περιοχή τους*, (17ème Ephorie des antiquités préhistoriques et classiques, 1992).

D. Evyénidou, I. Kanonidis, T. Papazotos, *The Monuments of Prespa* (Athènes, 1991).

G. Gounaris, *The Walls of Thessaloniki* (Thessalonique, 1982).

Guide de Thasos (Ecole Française d'Athènes, 1967).

Η Θεσσαλονίκη και τα Μνημεία της (Thessalonique, 1985).

G. Karamitrou-Mendessidi, *Αιανή Κοζάνης* (Guide archéologique) (Thessalonique, 1989).

G. Karamitrou-Mendessidi, *Κοζάνη. Πόλη Ελιμιώτιδος* (Guide archéologique) (Thessalonique, 1993).

D. Lazaridis, *Οι Φίλιπποι* (Thessalonique, 1956).

D. Lazaridis, *Νεάπολις, Χριστούπολις, Καβάλα* (Guide du Musée de Cavala) (Athènes, 1969).

Ch. I. Makaronas, *Η "Καμάρα". Το θριαμβικό τόξο του Γαλερίου στη Θεσσαλονίκη* (Thessalonique, 1969).

Ch. I. Makaronas, E. Giouri, *Οι οικίες Αρπαγής της Ελένης και Διονύσου της Πέλλας* (Athènes, 1989).

Chr. Mavropoulou-Tsioumi, *The Church of St. Nicholas Orphanos* (Thessalonique, 1986).

Chr. Mavropoulou-Tsioumi, *Μονή Βλατάδων* (Thessalonique, 1987).

N. Nikonanos, *Οι Άγιοι Απόστολοι Θεσσαλονίκης* (Thessalonique, 1986).

Οδηγός Θάσου (Ecole Française d'Athènes, 1974).

D. Pandermalis, *Δίον. Αρχαιολογικό Μουσείο και Αρχαιολογικός Χώρος*.

Th. Pazaras, *Η Ροτόντα του Αγίου Γεωργίου στη Θεσσαλονίκη* (Thessalonique, 1985).

K. Siambanopoulos, *Ιστορικό-Λαογραφικό Μουσείο Κοζάνης* (Association des lettres et des arts de N. Kozani, Kozani, 1992).

E. Tsigaridas, *Μονή Λατόμου (Όσιος Δαβίδ)* (Thessalonique, 1987).

E. Tsigaridas, *Christian Halkidiki* (Ministère de la Culture,
10ème Ephorie des antiquités byzantines, 1992).

A. Tsitouridou, *Η Παναγία των Χαλκέων* (Thessalonique,
1985).

A. Xyngopoulos, *Τα μνημεία των Σερβίων* (Athènes, 1957).

A. Xyngopoulos, *Έρευναι εις τα βυζαντινά μνημεία των
Σερρών* (Thessalonique, 1965).

N. Zikos, *Αμφίπολις. Παλαιοχριστιανική και βυζαντινή
Αμφίπολις* (Athènes, 1989).

HISTOIRE–TOPOGRAPHIE–PROSOPOGRAPHIE

V. Dimitriadis, *Τοπογραφία της Θεσσαλονίκης κατά την
εποχή της Τουρκοκρατίας (1430-1912)* (Thessalonique, 1983).

N. G. L. Hammond, *A History of Macedonia I* (Oxford,
1972).

N. G. L. Hammond, G. T. Griffith, *A History of Macedonia
II* (Oxford, 1979).

N. G. L. Hammond, F. W. Walbank, *A History of Macedonia III* (Oxford, 1988).

Ιστορία του Ελληνικού Έθνους (Ekdotikè Athénon,
Athènes).

J. N. Kalleris, *Les Anciens Macédoniens I* (Athènes,
1954), *II* (Athènes, 1976).

D. Lazaridis, *Φίλιπποι – Ρωμαϊκή Αποικία (Αρχαίες ελλη-
νικές πόλεις 20*, 1973).

La Macédoine. De Philippe II à la conquête romaine (Ekdotikè Athénon, Athènes, 1993).

*Μακεδονία. 4000 χρόνια ελληνικής ιστορίας και πολιτι-
σμού* (Ekdotikè Athénon, Athènes, 1982).

F. Papazoglou, "Les villes de Macédoine à l'époque romaine", *BCH Suppl. XVI*, 1988.

A. B. Tataki, "Ancient Beroia Prosopography and Society",
Ποικίλα (Μελετήματα 8) (Athènes, 1988).

Y. Théocharidis, *Ιστορία της Μακεδονίας κατά τους Μέ-
σους Χρόνους 285-1354* (Thessalonique, 1980).

A. Vacalopoulos, *Ιστορία της Μακεδονίας 1354-1833*
(Thessalonique, 1969).

E. Will, C. Mossé, P. Goulowsky, *Le monde Grec et l'Orient,
II* (Le IVème siècle et l'époque hellénistique) (Paris,
1985²).

LINGUISTIQUE

C. Brixhe, A. Panayotou, "L'atticisation de la Macédoine:
l'une des sources de la koinè", *Verbum 11* (1988,
p. 245-260).

A. Panayotou, "Des dialectes à la koinè: l'exemple de la
Chalcidique", *Ποικίλα (Μελετήματα 10)* (Athènes,
1990, p. 191-228).

NUMISMATIQUE

H. Gaebler, *Die antiken Münzen Nord-Griechenlands III².
Die antiken Münzen von Makedonia und Paionia*,
(Berlin, 1936).

S. Kremmydi, *Η Νομισματοκοπία της Ρωμαϊκής Αποικίας
του Δίου* (Thessalonique, 1993).

G. Le Rider, *Le monnayage d'argent et d'or de Philippe
II* (Paris, 1977).

M. J. Price, *The Coinage in the Name of Alexander the
Great and Philip Arrhidaeus* (Londres, 1991).

I. Touratsoglou, *Die Münzstätte von Thessaloniki in der
römischen Kaiserzeit 32/31 v. Chr.-268 n. Chr.* (Berlin, 1988).

REMERCIEMENTS

*Ekdotikè Athénon exprime sa profonde gratitude à tous
ceux qui, par leur généreux concours, ont permis à ce
Guide de voir le jour.*

*Ses remerciements s'adressent tout particulièrement aux
Ephories des antiquités préhistoriques, classiques et
byzantines de la Macédoine et la Faculté des Lettres de
l'Université "Aristotéleion" de Thessalonique pour les
précieuses informations et l'aide constante qu'elles lui ont
apportées, en lui procurant notamment les autorisations
de photographier les monuments et les collections
exposées dans les musées de Macédoine et de publier
les plans des sites archéologiques et des édifices
restaurés. Ekdotikè Athénon remercie également le
Musée numismatique d'Athènes, la Collection numismatique de la Banque du Crédit et la Caisse des recettes
archéologiques pour les diapositives qu'ils lui ont fournies.*

*Elle tient à exprimer aussi ses vifs remerciements aux
musées, aux collections et aux photographes étrangers
ci-dessous qui ont collaboré à l'illustration de ce Guide,
en fournissant un complément de diapositives:*

– *Dumbarton Oaks, Trustees of Harvard University,
Washington D.C. © 1994: fig. 97.*

– *Musée du Louvre, Paris. © Photos R.M.N.: fig. 107,
108, 109, 320.*

– *Staatliche Antikensammlungen und Glyptothek,
Munich. Photo Chr. Koppermann: fig. 203.*

– *Staatliche Museen Preußischer Kulturbesitz-
Münzkabinett, Berlin. © bpk. Photo Rosa Mai: fig. 429.*

– *Artephot, Paris. Photo A. Held: fig. 56.*

FYROM

LAC DOT

Mt. Boras

ALMOPIE

Skra
Evzoni
Eidoméni
Ch

Foustani

Aridaia

Apsalos

Mt. Païkon

Axioupoli
Polykastro

Gouménissa

Europos

Gynai

Axios

LAC MÉGALÈ PRESPA

Niki

Méliti

Mt. Barnous
(Kaïmaktsalan)

FLORINA

KELLÈ
LAC BÉGORRITIS

LAC PÉTRON

Pisodéri

ÉDESSA

YANITSA

PELLA

Skydra

Koufalia

Psaradès

LAC MIKRÈ PRESPA

Mélas

Mt. Bernon

Xino Néro

Amyntaion

Tria Pigadia

Lefkadia

MIÉZA

Chariessa

Krya Vrysi

Alexandreia

TH

ALBANIE

Krystallopigi

LAC CHEIMADITIS

Mt. Bermion

NAOUSA

Séli

BÉROIA

Méliki

Aiginion

Cap To
Néa M

Méthone

LAC KASTORIA

KASTORIA

Kleisoura

Korisos

PTOLÉMAIDA

Vergina
AIGÉAI

Kolindros

Argos Orestikon

Nestorio

Vogatsiko

Mt. Askion

Kastania
Mon. Souméla

Kitros

PYDNA

Mt. Grammos

Mt. Boïon

Néapoli

Ératyra

KOZANI

Haliacmon

Mts. Piériens

KATÉRINI

Korinos

Eptachori

Tsotyli

Siatista

Velvendos

Pyrsogianni

Pentalofos

Aianè
AIANÈ

Servia

Ag. Dimitrios

Livadi

Mt. Olympe

DION

Litochoro

Leibéthra

Plaka

GOL

Mt. Smolikas

Leptokarya

Konitsa

GRÉVÉNA

Haliacmon

Sarantaporo

Karya

Skotina

Platamona

ZAGORIA

Deskati

Krania Élassonas

Élassona

Pénée

Ambélakia

ÉPIRE

Tyrnavos

Kalambaka

THESSALIE

LARISA

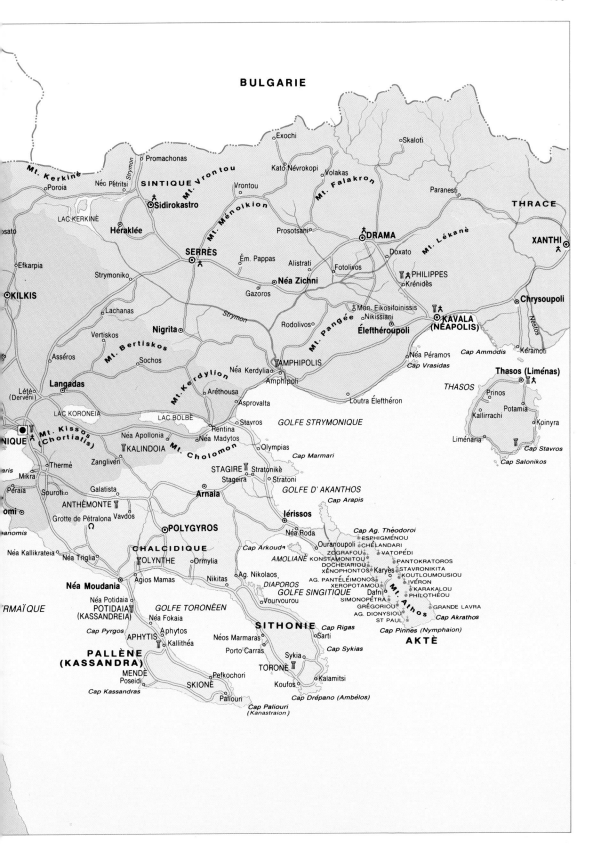

BULGARIE

THRACE

Exochi

Skaloti

Promachonas

Kato Névrokopi

Volakas

Mt. Kerkinè

Néo Pétritsi

Poroia

SINTIQUE

Mt. Vrontou

Vrontou

Mt. Falakron

Paranesti

Strymon

XANTHI

LAC KERKINÈ

Sidirokastro

Mt. Ménoikion

DRAMA

Doxato

Mt. Lékanè

Héraklée

Prosotsani

Ém. Pappas

Alistrati

Fotolivos

SERRÈS

Fotolivos

PHILIPPES

Chrysoupoli

Efkarpia

Néa Zichni

Krénidès

Strymoniko

Gazoros

Mon. Eikosifoinissis

KAVALA

(NÉAPOLIS)

KILKIS

Lachanas

Nikissiani

Kéramoti

Nigrita

Rodolivos

Mt. Pangée

Éleuthéroupoli

Nastos

Vertiskos

Strymon

Mt. Bertiskos

Sochos

Néa Péramos

Cap Ammodis

Asséros

AMPHIPOLIS

Cap Vrasidas

Thasos (Liménas)

Létè

(Derveni)

Néa Kerdylia

Amphipoli

THASOS

Prinos

Langadas

Mt. Kerdylion

Aréthousa

Loutra Éleuthéron

Potamia

LAC KORONEIA

Asprovalta

Kallirrachi

Koinyra

LAC BOLBÈ

Stavros

GOLFE STRYMONIQUE

NIQUE

Mt. Kissos

(Chortiatis)

Néa Apollonia

Rentina

Liménaria

Cap Stavros

KALINDOIA

Mt. Cholomon

Néa Madytos

Olympias

Cap Salonikos

Thermè

Zangliveri

Cap Marmari

Mikra

Souroti

Galatista

STAGIRE

Stratonikè

Péraia

ANTHÉMONTE

Stageira

Stratoni

GOLFE D' AKANTHOS

omi

Grotte de Pétralona

Vavdos

Arnaia

Cap Arapis

anomis

POLYGYROS

Iérissos

Néa Kallikrateia

CHALCIDIQUE

Néa Triglia

OLYNTHE

Ormylia

Néa Róda

Cap Ag. Théodoroi

ESPHIGMÉNOU

Cap Arkouda

Ouranoupoli

CHÉLANDARI

ZOGRAFOU

VATOPÉDI

Néa Moudania

Ágios Mamas

Nikitas

Ag. Nikolaos

AMOLIANÈ

KONSTAMONITOU

DOCHEIARIOU

PANTOKRATOROS

DIAPOROS

XÉNOPHONTOS

Karyès

STAVRONIKITA

Néa Potidaia

AG. PANTÉLEIMONOS

KOUTLOUMOUSIOU

POTIDAIA

Vourvourou

XEROPOTAMOU

IVÉRON

(KASSANDREIA)

Néa Fokaia

GOLFE SINGITIQUE

Dafni

KARAKALOU

RMAÏQUE

GOLFE TORONÉEN

SIMONOPÉTRA

PHILOTHÉOU

GRÉGORIOU

Mt. Athos

SITHONIE

AG. DIONYSIOU

GRANDE LAVRA

Cap Pyrgos

Aphytos

ST PAUL

Cap Akrathos

APHYTIS

Néos Marmaras

Cap Rigas

Cap Pinnes (Nymphaion)

Kallithéa

Sarti

AKTÈ

PALLÈNE

Porto Carras

Cap Sykias

(KASSANDRA)

Sykia

Cap Sykias

TORONE

MENDÈ

Pefkochori

Poseidi

Kalamitsi

SKIONÈ

Koufos

Cap Kassandras

Paliouri

Cap Drépano (Ambélos)

Cap Paliouri

(Kanastraion)

ΤΑΜΕΙΟ ΑΡΧΑΙΟΛΟΓΙΚΩΝ ΠΟΡΩΝ

ΤΑΠ

ΕΙΣΙΤΗΡΙΟ ΠΟΛΙΤΙΣΜΟΥ

1701286

€ 3,00

ΥΠΟΥΡΓΕΙΟ ΠΟΛΙΤΙΣΜΟΥ